TEXTES DE LA RENAISSANCE
sous la direction de Mireille Huchon
212

Ordonnances Generalles d'Amour

Étienne Pasquier

Ordonnances Generalles d'Amour

Édition critique par Jean-Pierre Dupouy

PARIS
CLASSIQUES GARNIER
2018

Jean-Pierre Dupouy a publié divers travaux sur Étienne Pasquier (1529-1615). Au-delà de l'exemple de ce juriste écrivain, il s'intéresse aux liens entre littérature et droit ainsi qu'à la question de la parole persuasive à l'époque de la Renaissance.

ISBN 978-2-406-07121-1 (livre broché)
ISBN 978-2-406-07122-8 (livre relié)
ISSN 2105-9950

INTRODUCTION

Les *Ordonnances Generalles d'Amour* ont un statut à part dans l'œuvre d'Étienne Pasquier. Publiées sous le couvert de l'anonymat en 1564 ou 1565[1], mais reconnues par leur auteur dans une lettre publiée en 1586[2], elles ont été écartées du recueil des œuvres complètes de l'auteur édité en 1723[3]. Les raisons de cette exclusion ont été clairement formulées par l'Abbé Goujet dans sa *Bibliotheque françoise*[4] :

> On ne trouve point dans cette édition ni le *Catéchisme des Jésuites*, ni les *Ordonnances d'Amour* que Pasquier, lettre 5. du livre 2. reconnoît avoir composées & qui sont autant licentieuses que son Catéchisme est satyrique.

Au XIXe siècle, les réactions qu'elles ont suscitées oscillent entre la condamnation effarouchée et la sympathie accordée aux œuvres gaillardes et pittoresques de la veine rabelaisienne. Feller, dans son *Dictionnaire historique* (première édition en 1781), évoque « une pièce obscène, remplie d'expressions dont on rougirait même dans les maisons de débauche[5] », à quoi Léon Feugère répond (en 1848) qu'elle lui semble dépourvue de « ces énormités » et qu'il la trouve « joviale[6] », se réjouissant qu'elle ait été rééditée de son temps dans un recueil intitulé *Joyeusetez, facecies et folastres imaginations de Caresme Prenant*[7].

---

1 *Ordonnances Generalles d'Amour*, Vallezergues [au Mans], par l'auctorité du Prince d'Amour, [1564]. Le problème posé par la date de la première édition sera abordé plus bas (*Histoire du texte*). Nous citons le texte d'après l'édition de 1574 (Anvers, Pierre Urbert).

2 *Lettres d'Estienne Pasquier*, Paris, Abel L'Angelier, 1586 (livre II, lettre 5, f. 38 v°-41 r°).

3 *Œuvres d'Estienne Pasquier*, Amsterdam, Aux dépens de la Compagnie des Libraires Associez, 1723, 2 vol.

4 Abbé Goujet, *Bibliotheque françoise ou Histoire de la littérature françoise : dans laquelle on montre l'utilité que l'on peut retirer des Livres publiés en françois depuis l'origine de l'Imprimerie [...]*, Paris, Hippolyte-Louis Guérin et P. G. Le Mercier, 1752, t. XIV, p. 257-258.

5 Cité par Léon Feugère, *Essai sur la vie et les ouvrages d'Étienne Pasquier*, Paris, Firmin Didot, 1848, p. CCVII.

6 *Ibid.*

7 Paris, Techener, 1833. Voir *infra* (*Histoire du texte*).

Un *Dictionnaire historique, critique et bibliographique* publié en 1822 la qualifie laconiquement de « livre obscène[8] ». En 1849, le bibliophile Paul Lacroix fait remarquer malicieusement à l'Administrateur général de la Bibliothèque Nationale que les trois exemplaires des *Ordonnances* que détenait celle-ci font désormais partie d'une « liste de deux ou trois cents volumes de gaie science qui n'existent plus que sur les catalogues[9] ». Sainte-Beuve, dans sa chronique des *Causeries du Lundi* consacrée à Pasquier, en date du 6 janvier 1851, y voit, non sans pertinence, « les saturnales extrêmes d'une gaillardise d'honnête homme au XVIe siècle[10] ». Les *Ordonnances* seront éditées à nouveau en 1855, au tome II des *Variétés historiques et littéraires. Recueil de pièces volantes rares et curieuses en prose et en vers*, par les soins d'Édouard Fournier, lequel les considère comme une des « œuvres gaillardes d'Étienne Pasquier[11] ». Mais, comme il les rapproche d'autres œuvres qui seraient appelées aujourd'hui plutôt « galantes » que « gaillardes », on peut s'interroger sur la valeur qu'il donne à cette épithète :

8 En ajoutant seulement : « On ne trouve pas cet écrit dans l'édition in-fol. des Œuvres de Pasquier » (*Dictionnaire historique, critique et bibliographique [...] par une société de gens de lettres*, tome vingt-unième, Paris, chez Ménard et Desenne, Libraires, 1822, p. 240).

9 Paul Lacroix, *Les cent et une. Lettres bibliographiques à M. l'Administrateur général de la Bibliothèque Nationale*, Paris, Paulin, 1849, p. 15. Paul Lacroix (1806-1884) se faisait appeler le Bibliophile Jacob. Dans sa lettre VII, pleine d'ironie à l'encontre des négligences de l'Administrateur général, il lui fait remarquer que les voleurs de livres sont surtout attirés par la « littérature légère ». Il déplore notamment la disparition des *Ordonnances Generalles d'Amour* (édition de 1574), qui, sous la même reliure et sous la même cote Y[2] 1300, avaient été jointes à deux « rarissimes facéties » : *La Mitistoire baragouine de Fanfreluche et Gaudisson* et *La Navigation du Compagnon à la bouteille*. Les accusations du Bibliophile ne paraissent pas très sérieuses puisque la Bibliothèque nationale de France possède, sous les cotes Rés.-Y2-2719-2720-2721, un recueil composite regroupant les trois titres cités. L'existence de ce volume suffit en tout cas à montrer que le texte de Pasquier a été perçu comme appartenant à la veine rabelaisienne. *La Mitistoire baragouine*, de Guillaume des Autelz, est une histoire fantaisiste calquée sur le *Pantagruel* et le *Gargantua*. Elle a sans doute été écrite peu après 1550. Pasquier la mentionne dans une lettre à Ronsard datée de 1555 (*Lettres*, livre I, éd. 1586, f. 13). Voir Margaret L. M. Young, *Guillaume des Autelz, A study of his life and works*, Genève, Droz, 1961, p. 98-113. D'auteur inconnu, *La Navigation du Compagnon à la bouteille* est un récit de voyage imaginaire qui reprend de nombreux motifs folkloriques merveilleux et s'inscrit dans la veine de la littérature carnavalesque. Elle a paru, toujours de manière anonyme, sous d'autres titres : *Le Disciple de Pantagruel, Le voyage, et navigation, que fist Panurge, Bringuenarilles cousin germain de Fessepinte*. La première édition est de 1538. Voir *Le Disciple de Pantagruel (les navigations de Panurge)*, éd. Guy Demerson et Christiane Lauvergnat-Gagnière, Société des Textes Français Modernes, Paris, Nizet, 1982.

10 Sainte-Beuve, *Causeries du Lundi*, 3e édition, Paris, Garnier frères, s. d., p. 266.

11 P. 169.

veut-il dire que les *Ordonnances* sont un texte parlant d'amour ou un texte grivois ? Peut-être n'est-ce pas une simple question d'appréciation morale, mais, plus fondamentalement, une question de lecture ? Feugère, en effet, déclare à propos de ces « énormités » qu'il reproche à Feller d'avoir voulu voir dans le texte : « J'avoue ingénûment que je [ne les] ai point aperçu[es] ». Cette ingénuité sera partagée au XXe siècle par Dorothy Thickett, pour qui le livre, loin de contenir de grossières plaisanteries comme l'ont prétendu des critiques qui ne se seraient pas donné la peine de le lire, présente en réalité les fondements d'une communauté idéale[12].

Que pourra donc découvrir dans le texte de Pasquier un lecteur qui ne serait ni naïf, ni obsédé par la recherche des sous-entendus grivois ? Dans un premier temps, il se verra en présence d'une déclaration solennelle en tous points démarquée des ordonnances royales rédigées à cette époque par la grande Chancellerie, puis, aidé en cela par de nombreux indices présents dès le titre, il comprendra que ces règlements très sérieux sont en réalité une fiction burlesque puisque le domaine auquel ils s'appliquent peut être celui des maisons closes ou, plus généralement, celui du libertinage. Il s'amusera donc à débusquer les mots porteurs d'équivoque et à rechercher d'autres sens derrière ces formules de notaire. Mais, revenant au contenu juridique et politique du texte de surface, il n'exclura pas d'y trouver quelques leçons de tolérance et de bon gouvernement, en lien avec la situation d'une France ébranlée par le déclenchement des guerres de religion.

LA PUBLICATION SOUS LE COUVERT DE L'ANONYMAT ET LA LETTRE À MARILLAC

Trois éditions des *Ordonnances* ont été publiées du vivant de Pasquier, l'une en 1564 (ou plutôt 1565) et les deux autres en 1574. Une édition posthume paraîtra en 1618. Aucune ne porte de nom d'auteur[13].

Ce n'est pas un cas unique. Pasquier a eu recours à l'anonymat chaque fois que ses publications pouvaient nuire à sa réputation ou même

12 Dorothy Thickett, *Estienne Pasquier (1529-1615). The versatile barrister of 16th century France*, Londres, Regency Press, 1979, p. 28.

13 Voir *infra* (*Histoire du texte*).

mettre en danger sa personne. Des poèmes qu'il écrivit sur les affaires politiques circulèrent sous forme de copies anonymes[14]. Mais les deux exemples les plus notoires sont *L'Exhortation aux princes*[15], qui prenait en 1561, peu avant l'échec du Colloque de Poissy, le parti audacieux de la tolérance religieuse, et le *Catéchisme des Jésuites*[16], qui attaquait avec violence, en 1602, un ordre déjà doté de puissants appuis. Cet anonymat fut souvent semi-transparent. Il put aussi n'être que provisoire. Pour se démasquer, Pasquier confia aux recueils de ses *Lettres* le soin de diffuser les révélations, authentiques ou fictives, qu'il avait faites à des proches[17].

C'est en 1586 que Pasquier reconnut publiquement la paternité des *Ordonnances Generalles d'Amour.* En insérant dans la première édition de sa correspondance la lettre adressée à Guillaume de Marillac accompagnant l'envoi qu'il lui avait fait de son livre, il choisissait de rendre public un aveu resté jusqu'ici dans la sphère privée[18]. Nous ne connaissons pas l'année de la révélation faite à cet ami, car la lettre ne porte aucune indication de date. Elle ne peut en tout cas être postérieure à 1573, année de la mort de Marillac, ni sans doute à 1568, car celui-ci y est présenté comme « maistre ordinaire en [la] chambre des Comptes », alors qu'il a cessé de l'être en 1568 pour devenir contrôleur général des finances. Quant à l'aveu public, effectué plus de vingt ans après la première édition des *Ordonnances*, Pasquier a dû le considérer comme étant alors dénué de tout risque pour sa réputation de lettré et d'homme de loi. De toute façon, le

14 La lettre XIX, 11, adressée à Loisel, met en scène un aveu assez semblable. Pasquier y reconnaît être l'auteur de poèmes satiriques ayant couru sous le manteau et visant notamment les rois Charles IX et Henri III.

15 *Exhortation aux princes et seigneurs du conseil privé du Roy, pour obvier aux seditions qui occultement semblent nous menacer pour le faict de la Religion*, s. l., 1561.

16 *Le Catéchisme des Jésuites ou examen de leur doctrine*, Villefranche, Guillaume Grenier, 1602.

17 Sur l'utilisation de l'anonymat par Pasquier, nous renvoyons le lecteur à l'article très complet de Catherine Magnien-Simonin : « Réflexions sur l'anonymat au XVIe siècle : l'exemple d'Estienne Pasquier (1529-1615) », *Écriture, Identité, Anonymat, de la Renaissance aux Lumières*, études réunies par Nicole Jacques-Lefèvre et Marie Leca-Tsiomis, *Littérales* n° 39, 2007, p. 9-28. « Sans grande originalité, écrit C. Magnien-Simonin, Pasquier recourait à l'anonymat lorsqu'il transgressait le code moral (par des propos gaillards), social (en publiant un avocat-poète amoureux), politique (en proposant la liberté de conscience) et religieux (en attaquant le pouvoir des jésuites). [...] Il tenait avant tout que l'on conservât de lui une certaine idée qui d'ailleurs constitue la vérité d'aujourd'hui, ce qui prouve qu'il a parfaitement réussi » (p. 27 et 28).

18 *Lettres d'Estienne Pasquier*, Paris, Abel L'Angelier, 1586 (livre II, lettre 5, f. 38 v°-41 r°). Nous reproduisons en annexe le texte de la lettre. Sur Guillaume de Marillac, voir l'annotation de la lettre.

secret était éventé, puisque la *Bibliotheque* de La Croix du Maine, parue en 1584, mentionne les *Ordonnances* parmi les autres œuvres de Pasquier, dont la liste est encadrée par deux jugements tout à fait élogieux :

> ETIENNE PASQUIER Parisien, l'un des plus eloquents Advocats de la cour du Parlement de Paris, & des plus doctes, Poëte Latin & François, historien & orateur &c.
> [...]
> Il florist à Paris cette année 1584. non sans s'estudier à profiter au public, en toutes façons treslouables[19].

Dans ces conditions, mieux valait pour l'auteur se montrer au grand jour, quitte à donner au lecteur quelques indications pour le guider dans son approche du livre. La lettre à Marillac a pour objet de livrer le code des *Ordonnances*, mais elle s'y emploie d'une manière qui est elle-même codée. Il nous appartient donc de décrypter les consignes de décryptage qu'elle nous propose.

Le choix du destinataire de la lettre est une première clé. Guillaume de Marillac est un ami proche, un correspondant avec lequel Pasquier aime à badiner. La lettre qui précède immédiatement celle sur les *Ordonnances*, également adressée à Marillac, offre un débat malicieux sur les mérites comparés de la ville et de la campagne : « aussi veux-je faire une saillie de notre Palais pour rustiquer maintenant avecques vous[20] ». Prenant le parti de la ville, Pasquier joue avec son correspondant, qu'il imagine sur ses terres de Ferrières-en-Brie, en train de converser avec les seuls interlocuteurs qu'il puisse avoir en ce lieu : ses arbres. De la même manière, la lettre sur les *Ordonnances* met en scène Marillac dans ses activités familières, non plus jardinier, mais bâtisseur, ainsi que dans sa posture de lecteur : un lecteur critique, refusant d'acquiescer aux vantardises de l'auteur : « & me semble vous voir secoüant à demy la teste me dire en paroles douces comme l'ancien philosophe. Mon amy, il est desormais temps que tu entres en cognoissance de toy, il faut que tu balances tes forces[21] ». La leçon est claire : c'est sur le mode

19 *Premier volume de la Bibliotheque du Sieur de La Croix-du-Maine. Qui est un catalogue general de toutes sortes d'Autheurs, qui ont escrit en François depuis cinq cents ans et plus, jusques à ce jourd'huy*, Paris, Abel L'Angelier, 1584, p. 79. *La Bibliotheque d'Antoine Du Verdier*, parue en 1585, ne mentionne pas les *Ordonnances Generalles d'Amour* dans son article *Pasquier*.

20 *Lettres*, II, 4, f. 34 v°.

21 *Lettres*, f. 40 r°.

du jeu, sans jamais s'en laisser conter, sans tomber dans le piège des provocations de l'auteur, que le lecteur des *Ordonnances* devra mener sa découverte du texte.

À ce grand bâtisseur qu'est Marillac, Pasquier dit qu'il s'est aussi livré à un travail de construction, à cette différence près que son édifice n'est pas matériel, mais politique. Annonçant la fin de la lettre, où il se présentera comme un nouveau Lycurgue, il se flatte d'avoir jeté les bases d'une république. Mais la caractéristique de cette république, c'est d'être universelle, ce qui donne à son fondateur une supériorité radicale sur tous les autres législateurs. Sans en dire plus sur son identité exacte, il affirme qu'elle est régie par un droit qui n'est pas inventé par l'homme, mais qui émane de la nature elle-même. Une référence à Cicéron, qui expose dans le *Pro Milone* comment le principe de la légitime défense s'inscrit dans le domaine du droit naturel, celui qui concerne l'ensemble des êtres animés, met le lecteur sur la piste d'une autre composante de ce *jus naturale* : le désir sexuel, qui les pousse à rechercher l'accouplement (la *conjunctio*). Ainsi pourra-t-il comprendre que cette république universelle, qui s'étend aux hommes « de quelque estat, qualité, region et religion qu'ils soient » et qui reçoit ses ordonnances de *Genius Archiprestre d'Amour*, personnage emblématique d'une conception naturaliste de la vie humaine, n'est autre que le domaine de la sexualité[22].

Le jeu se poursuit sous la forme d'un pseudo-débat : peut-on être à la fois un grand législateur, autrement dit un grand « Chancelier », et un grand « serviteur des Dames » ? Peut-on mener de front le docte travail de la rédaction de la loi et la frivolité des intrigues amoureuses ? La pseudo-réponse qui suivra (les rois, à la fois éminents législateurs et amoureux impénitents, sont la preuve vivante de cette compatibilité) ne doit pas faire illusion : la question est un leurre car la notion de « service amoureux », qui mène le lecteur sur la voie de la galanterie des cours, est destinée à masquer un autre registre, bien plus cru. Pour le comprendre, il faut décoder certaines des figures qui vont suivre en les mettant en relation avec le texte des *Ordonnances.* La métaphore « joüer [...] de l'aigu de la lance » fait écho à celles de « la lance en l'arrest » et « courre la bague », présentes dans l'article XXX. L'« homme coüard » que Pasquier voit dans son correspondant évoque ces « couartz » vilipendés

22 Sur la question du droit naturel, voir *infra* (*Le droit naturel*) et l'annotation de la lettre à Marillac (en annexe).

dans l'article XXXIII parce qu'ils portent la queue basse. La syllepse « il y a bien grande difference de coucher ou en du papier blanc, ou sur des draps blancs » indique clairement au lecteur la nature du texte qu'il doit chercher dans les *Ordonnances* sous les apparences d'un écrit de chancellerie. À cette condition, en effet, il pourra apprécier chez l'auteur la combinaison des deux offices apparemment opposés : le « service des Dames » et la responsabilité des sceaux. Et c'est ainsi que l'auteur aura défendu son droit à publier un texte libertin, puisque, en le faisant, il aura également démontré sa compétence dans l'écriture de la loi.

L'objection supposée du correspondant, rappelant à l'auteur de la lettre qu'il est maintenant trop vieux pour courtiser les dames et que celles-ci ne se contentent pas en amour de belles paroles, mais qu'elles exigent de leurs amants « la satisfaction de l'effect », introduit une nouvelle forme de badinage, liée cette fois aux convictions politiques de Pasquier. L'auteur répond que les lois qu'il a rédigées au nom de *Genius Archiprestre d'Amour* s'imposent à tous et qu'il ne saurait lui-même s'y soustraire à moins de tomber dans la folie de la tyrannie. Puisque « le Prince sage reduit sa puissance absoluë souz la civilité de la loy », Pasquier, chancelier d'Amour, ne peut se donner le droit de renoncer aux plaisirs de la chair. Vantardise propre à lui valoir une réputation de ridicule vieillard amoureux, mais qu'il ne faut évidemment pas prendre au sérieux. La fin de la lettre, en effet, lui ouvre une honorable porte de sortie : sans renier l'universalité des lois qu'il a édictées, il s'autorisera à ne pas les respecter pour suivre l'exemple prestigieux de Lycurgue, qui, afin de rendre irréversible la législation qu'il avait donnée à Sparte, s'était banni à jamais de la république qu'il avait fondée après avoir obtenu de ses concitoyens la promesse qu'ils n'y changeraient rien avant son retour, en leur cachant bien qu'il ne devait jamais revenir. Ainsi, en se retirant du jeu amoureux, Pasquier pourra-t-il déroger à ses propres lois tout en les confortant et tout en évitant d'endosser le rôle du *senex amator*[23].

---

23 Le type littéraire du vieillard amoureux a inspiré à Pasquier deux séquences en vers de sa *Jeunesse* (1610) : *La Pastorale du Vieillard amoureux* et la quatrième partie des *Jeus Poetiques*, intitulée *Vieillesse amoureuse*. Si la bergerie reconnaît le droit d'aimer à tout âge pourvu que ce soit avec le cœur, *Vieillesse amoureuse* accable de sarcasmes celui qui se laisse surprendre par l'amour en l'automne ou même en l'hiver de son âge : *De l'homme vieil l'Amour au monde put, / A sa maistresse il n'est rien que rebut, / Il fait l'amour et on luy fait la mouë* (*Les Jeus Poetiques*, éd. J. P. Dupouy, Paris, Honoré Champion, 2001, p. 325).

HISTOIRE DU TEXTE

La première édition, petit in-8° de 12 feuillets signés A-C^4, porte sur sa page de titre[24] :

> *ORDONNANCES // Generalles d'Amour, // ENVOYEES AU SEIGNEUR // Baron de Myrlingues Chancelier des Iles // hyeres, pour faire estroictement garder Par // les vassaulx dudict Seigneur en sa Jurisdiction // de la Pierre au laict, Et aultres lieux de l'o- // beissance dudict Seigneur. //*
> [vignette : bois gravé représentant un personnage entouré des signes du zodiaque et relié à chacun d'eux par un trait]
> *Imprimé à Vallezergues, Par l'auctorité // du Prince d'Amour. //*

Les bibliographies précisent toutes, pour cette édition sans indication de date, que la publication est de 1564[25]. Mais aucune n'en donne une justification. Elles se sont certainement contentées de reprendre la date mentionnée dans la formule finale des *Ordonnances* :

> Donné à nostre Chasteau de plaisance, pres beauté au mois de May, mil cinq cens soixante quatre.

Or cette date est un élément intra-textuel qu'on ne saurait confondre avec des indications qui seraient données en page de titre sur la publication du livre. Mais surtout, elle est suivie d'une autre date, celle de l'enregistrement, lequel ne peut avoir eu lieu la même année que si l'on se réfère à l'ancien style des datations :

> Faict en la ville de Congnac, aux grands Arrests, prononcez en robbe rouge, la veille de la solennité des Roys, l'an mil cinq cens soixante quatre.

24 La BnF en conserve un exemplaire sous la cote : BnF RES-Y2-2868.

25 *Dictionnaire bibliographique, historique et critique des livres rares, précieux, singuliers, curieux, estimés et recherchés*, Paris, Cailleau et fils, 1790, t. III, p. 386 (avec la mention : *Imprim. à Vellezargues* [*sic*]) ; Antoine-Alexandre Barbier, *Dictionnaire des Ouvrages anonymes et pseudonymes composés, traduits ou publiés en français et en latin, avec les noms des auteurs, traducteurs et éditeurs*, Paris, Barrois l'aîné, 1823, t. II, p. 524 (n° 13437) ; J.-Ch. Brunet, *Manuel du libraire et de l'amateur de livres*, Bruxelles, Société belge de librairie, 1838 (4e édition), t. III, p. 381 ; Dorothy Thickett, *Bibliographie des œuvres d'Estienne Pasquier*, Genève, Droz, 1956, p. 54 (n° 30) ; *Universal Short Title catalogue*, Hosted by the University of St Andrews, n° 16930. La notice de la BnF indique également 1564.

En effet, les Rois étant fêtés le 6 janvier et l'enregistrement étant évidemment postérieur à la rédaction des *Ordonnances*, il faut comprendre qu'il y a été procédé, selon le nouveau style, en 1565[26]. Sans voir dans cet élément fictionnel une indication certaine de l'année de publication, on pourra au moins conjecturer que la première édition des *Ordonnances* est de 1565, ou du moins qu'elle n'est pas antérieure à cette date. Quant au lieu d'impression : *Vallezergues*, il est fictif et les bibliographes déclarent qu'il s'agit en réalité du Mans. Sans doute suivent-ils l'avis de La Croix du Maine, qui mentionnait dans sa liste des ouvrages de Pasquier

> Les ordonnances d'amour, imprimees au Mans & en autres lieux, soubs noms dissimulez[27].

Les bois utilisés permettent en effet d'attribuer l'impression de l'ouvrage à Jérôme Olivier, imprimeur du roi installé au Mans[28]. Actif de 1553 à sa mort en 1595[29], celui-ci a publié de nombreux actes royaux[30]. Pour cette raison, et aussi parce qu'il tenait boutique à Paris, « au Palais Royal, joignant la petite porte », il devait certainement être connu d'Étienne Pasquier. Mais à la place de son nom, qui ne pouvait figurer sur un pastiche licencieux

---

26 Le changement de style résulte d'une disposition de l'édit daté de janvier 1564 (n. st.), communément appelé édit de Roussillon (article 39). Mais ce n'est que le 1er janvier 1565 que l'ancien style (ou style de Pâques) a été remplacé par le nouveau style. Et il faudra trois années avant que le Parlement de Paris ne vérifie l'édit et ne se conforme lui-même à ce changement. Voir Hélène Michaud, *La Grande Chancellerie*, Paris, P.U.F., 1967, p. 217.

27 *Op. cit.*, p. 79.

28 Telle est l'hypothèse du *Répertoire bibliographique des livres imprimés en France au seizième siècle*, 28e livraison, par Jean-Marie Arnoult, René Badogos et Louis Torchet, Baden-Baden, Éditions Valentin Koerner, 1978, p. 88 (n° 13).

29 À sa mort, sa veuve lui succéda dans cette activité.

30 Le *Répertoire bibliographique [...]*, p. 87, mentionne une édition de l'ordonnance d'Orléans qui lui est attribuée d'après le matériel utilisé : *Ordonnance du Roy charles neufiesme A present regnant faict en son Conseil, sur les plainctes, doleances & remonstrances des deputez, des trois estats tenuz en la ville d'Orleans*, s. l. n. d. (n °6). On y relève également, pour la même période, les titres suivants : *Declaration faicte par le roy sur l'edict de l'abbreviation des proces.* – Le Mans, 1564 : H. Olivier (n° 10) ; *De C. IX. Edict du roy, sur la confirmation de toutes transactions passees par les maieurs, pour le retranchement et diminution des proces.* – Le Mans, 1564 : H. Olivier (n° 11) ; *Ordonnance du roy sur l'abreviation des proces et, consignation de certaine somme de deniers par ceulx qui plaideront.* – Le Mans, 1564 : H. Olivier (n° 12) ; *Edict & ordonnance du roy pour le bien et reglement de la Justice, & police de son Royaume. Avec la declaration et ampliation dudict Seigneur sur aucuns articles d'iceluy Edict. Au Mans. Par Hierome Olivier Imprimeur & libraire demeurant pres Sainct Julian tenant boutique au Palais Royal joignant la petite porte, M.D.L.XV.* (n° 15). Il s'agit, pour le dernier titre, d'une impression de l'édit de Roussillon (voir *supra*).

de ses publications habituelles, on relève la formule : « Par l'auctorité du Prince d'Amour », qui affiche clairement la véritable nature du livre. Il semble cependant que Jérôme Olivier, en plus des actes royaux, publiait des ouvrages de divertissement, puisque La Croix du Maine signale qu'un « petit livre » de Samson Bedouin intitulé *Les Ordonnances et Statuts de M. de l'Aflac, et du jeu du Trois* est sorti de ses presses en 1565[31].

Deux nouvelles éditions verront le jour en 1574. Même si elles indiquent provenir de la même adresse, elles ne doivent pas être confondues. L'une[32], celle que nous reproduisons, a pour page de titre :

> *ORDONNANCES // GENERALLES // D'AMOUR, //*
> *Envoyees au Seigneur Baron de // Myrlingues, Chancelier des Isles // Hyeres, pour faire estroictement // garder par les vassaux dudict Sei // gneur, en la Jurisdiction de la Pier- // re au laict, & autres lieux de // l'obeissance dudict // Seigneur.*
> *EN ANVERS, //*
> *Par Pierre Urbert. //*
> *1574.*

Et l'autre[33] :

> *LES // ORDONNANCES // GENERALLES // D'AMOUR. //*
> *Envoyees au Seigneur Baron de // Myrlingues, Chancelier des Isles // Hyeres, pour faire estroictement gar // der par les vassaux dudict Seigneur, // en la Jurisdiction de la Pierre au laict // & autres lieux de l'obeissance dudit // Seigneur.*
> *EN ENVERES, //*
> *Par Pierre Urbert. //*
> *1574.*

Pierre Urbert est un imprimeur-libraire fictif. Le catalogue de la Bibliothèque nationale de France précise à son sujet :

31 *La Bibliotheque du Sieur de La Croix du Maine*, Paris, Abel L'Angelier, 1584, p. 452. Voir le *Répertoire bibliographique [...]*, n° 14, p. 89. Je n'ai pu retrouver cet ouvrage, mais Henri Chardon, auteur en 1874 d'une étude sur *Les Noëls de Samson Bedouin, moine de l'abbaye de la Couture du Mans* (Le Mans, Imprimerie Edmond Monnoyer), a mentionné dans un autre ouvrage « le gai moine de l'abbaye de la Couture qui, du 12 janvier 1526 date de sa profession à 1563 date de son décès, eut beau temps pour produire les échantillons de sa verve gauloise » (*Nouveaux documents sur les comédiens de campagne, la vie de Molière et le théâtre de collège dans le Maine*, Paris, Champion, 1905, t. II, p. 123).

32 In-8°, 15 feuillets signés A-D par 4 ; D. Thickett, *Bibliographie [...]*, p. 54, n° 31. La bibliothèque de l'Arsenal en conserve deux exemplaires : 8-BL-8932(2) et 8-BL-30647. L'exemplaire qui nous a servi pour établir notre texte est celui de la bibliothèque municipale de Versailles (B.P. in-8 EH 144).

33 In-16, 20 feuillets ; D. Thickett, *Bibliographie [...]*, p. 54, n° 32. BnF. RES-Y2-2721.

> Pseudonyme qui en 1574, sous l'adresse d'« Anvers » (ou « Enveres »), dissimule au moins 2 éditions probablement françaises des « Ordonnances generalles d'amour... » attribuées à Étienne Pasquier. À rapprocher peut-être d'un Pierre Vibert d'Anvers, lui aussi vraisemblablement fictif, figurant à l'adresse d'éd. de Philippe Desportes entre 1580 et 1587[34].

Il n'est pas exclu que les mentions de lieu *En Anvers* et *En ENVERES* soient un jeu d'équivoque suggérant au lecteur que ces ordonnances sont promulguées pour un monde renversé ou bien qu'il doit en faire, dans la réalité, un usage à rebours de ce qu'elles édictent. Cette lecture s'appuie sur la prescription finale de la formule d'enregistrement par le « Parlement de la basse Marche » : « & quand à tous les autres articles, celuy qui usera le moins de ces presentes Ordonnances, sera estimé le plus sage et trompera son compagnon ».

Une édition posthume des *Ordonnances* paraîtra en 1618, avec des variantes non négligeables. Le titre lui-même est modifié par l'introduction de la juridiction de la Samaritaine[35] et toute la fin du texte, à partir de l'article XLVIII, est supprimée :

> *ORDONNANCES // GENERALLES // D'AMOUR, // Envoyees au Seigneur Baron de // Mirlingues Chevalier des islse* [*sic*] *// Hyeres, pour faire estroitement // garder par tous les Secretaires, // Procureurs, Postulants, & Advo- // cats de la Samaritaine, tant en la- // dicte Jurisdiction qu'au ressort de // la Pierre au laict, & autres lieux en // dependant.*
> *À PARIS, // Par JEAN SARA, devant les Es- // coles de Decret. // 16018* [*sic*][36]

34 Data.bnf.fr/15600677/pierre_urbert/. Pierre Vibert est également présenté comme un imprimeur probablement fictif dans le *Dictionnaire des imprimeurs, libraires et éditeurs des* XV*e et* XVI*e siècles dans les limites géographiques de la Belgique actuelle.* Par Anne Rouzet, Nieuwkoop, B. de Graaf, 1975, p. 237. Il existe trois éditions « En Anvers, par Pierre Vibert » des *Premieres Œuvres* de Desportes (1580, 1583 et 1587). Voir le « Catalogue provisoire des éditions anciennes des *Premières Œuvres* (1573-1615) », in *Philippe Desportes (1546-1606). Un poète presque parfait entre Renaissance et Classicisme*, études réunies et publiées par Jean Balsamo, Paris, Klincksieck, 2000, p. 519-524. On connaît également deux éditions des *Dialogues* de Jacques Tahureau publiées, en 1568 et 1574, à l'adresse de *Pierre Vibert, Envers* (Voir *Les Dialogues de Jacques Tahureau*, éd. F. Conscience, Paris, Alphonse Lemerre, 1870, p. X). Le rapprochement entre les deux noms d'éditeurs se justifie d'autant plus que la majuscule initiale de *Urbert* se présente sous la forme V et que le « r » ne se distingue guère du « i » que par l'absence de point : peut-être s'agirait-il d'une coquille volontaire pour brouiller davantage les pistes.

35 Pour ce que représentait le quartier de la Samaritaine, voir *infra*.

36 In-8°, 15 p. ; D. Thickett, *Bibliographie [...]*, p. 54, n° 33 ; BnF RES-Y2-2732. Jean Sara était un imprimeur-libraire installé à Paris, rue Jean de Beauvais. Il a été actif de 1610 à 1625. Voir le catalogue de la BnF. Philippe Renouard (*Répertoire des imprimeurs parisiens,*

Dans l'exemplaire de la Bibliothèque nationale de France, l'ordre des pages est perturbé : à la page 11 succèdent les pages 14 et 13, puis 12 et 15.

La première réédition moderne des *Ordonnances Generalles d'Amour* date de 1833. Elle reproduisait l'une des éditions de 1574 (*En Anvers. Par Pierre Urbert*, in-8°). Le texte de Pasquier figurait parmi d'autres pièces anciennes considérées comme burlesques, curieuses et relevant de la « veine rabelaisienne ». La collection s'intitulait *Les Joyeusetez, Facecies et Folastres Imaginacions de Caresme prenant, Gauthier Garguille, Guillot Goriu, Roger Bontemps, Turlupin, Tabarin, Arlequin, Moulinet, etc.* et comportait quatorze volumes in-16 (Paris, Techener, 1829-1834). Le *Grand Dictionnaire Universel du* XIX*e siècle* de Pierre Larousse précise que le tirage n'en fut que de 76 exemplaires et que l'éditeur s'appelait L.-A. Martin. Sans doute s'agit-il de Louis-Aimé Martin (1782-1847), conservateur de la Bibliothèque Sainte-Geneviève, littérateur et éditeur de nombreuses œuvres des XVIIe et XVIIIe siècles. Le tome XIV, dans lequel sont insérées les *Ordonnances* de Pasquier, s'ouvre sur un *Avis des Trois Bibliophiles*, qui leur consacre les lignes suivantes :

> *Les Ordonnances generalles d'amour* furent composées par Etienne Pasquin [*sic*][37], savant auteur des *Recherches sur la France* [*sic*]. Lui-même avoue cet ouvrage dans le second livre de ses lettres (*Lettre 5e*). Il est curieux de lire les *Ordonnances* plus que grivoises, échappées à la plume du grave magistrat, et la manière dont il voulait que fût gouverné l'empire amoureux.
>
> Les *Ordonnances* ne furent pas recueillies dans ses œuvres. Ses éditeurs pensèrent avec raison qu'elles n'étaient pas destinées aux honneurs de l'in-folio[38].

Nous sommes également éclairés sur la lecture qui était alors faite du texte de Pasquier par la nature de ceux qui l'entourent. Deux farces ouvrent le recueil, qualifié dans *L'Avis* de « macédoine de facéties » :

---

libraires et fondeurs de caractères en exercice à Paris au XVII*e siècle*, Nogent-le-Roi, Jacques Laget, Librairie des Arts et Métiers-Éditions, 1995, p. 396) précise qu'il exerçait son métier « dans la maison des Estienne, qui lui avaient sous-loué leur atelier ».

37 La confusion entre Pasquier et Pasquin s'explique par la publication en 1603, sous un pseudonyme, d'un ouvrage polémique écrit par le jésuite Louis Richeome contre l'auteur des *Recherches de la France* : *La Chasse du renard Pasquin, descouvert et pris en sa tannière du libelle diffamatoire faux-marqué le Cathechisme des Jesuites, par le Sieur Foelix de La Grace, gentil-homme François*, Villefranche, Le Pelletier, 1603. Dans cet ouvrage publié en réponse à son *Catéchisme des Jésuites* (1602), Pasquier est identifié au renard, parangon de la fourberie, et à Pasquin, qui était le nom donné à une statue antique très mutilée à laquelle les Romains avaient pris l'habitude d'attacher les écrits satiriques et diffamatoires.

38 P. V-VI.

Le Valet à tout faire, de Jacques Corbin (1606) et *La Farce des Quiolars* (fin du XVIIe siècle). Elles sont suivies d'un *Dialogue du Fou et du Sage* (début du XVIe). Un texte satirique en vers : le *Blason du Bonnet carré* (écrit sous Henri III), puis les *Prognostications de Maistre Arnaud Mousang*, qui imitent de très près la *Pantagrueline prognostication pour l'an 1533* de Rabelais, complètent le volume. Et il est à noter que, immédiatement après les *Ordonnances* de Pasquier, se trouve inséré un texte du même type : le *Privilege des Enfans sans soucy*, qui se présente comme une lettre patente de Bacchus visant à créer un ordre honorifique intitulé l'« ordre du Tonneau ». Le style de la Chancellerie royale y est pastiché comme dans les *Ordonnances*, mais, après celui de la sexualité, le domaine visé est celui de la boisson :

> Bacchus, par grace du destin, Empereur des Enfans sans soucy, Prince de Gosier-brûlant, Comte de Bois-sans-fin, Marquis de l'Altération [...].
>
> A tous passez, presens et avenir, Salut ;
>
> [...] Nous avons créé, établi, créons et établissons par ces présentes perpétuelles et irrévocables, un ordre général, sous le titre de l'ordre du Tonneau, que nous voulons réserver à notre personne[39].

L'Avis des trois Bibliophiles ne nous renseigne en rien sur l'origine de ce texte, se contentant de le présenter comme « une de ces facéties échappées à la grosse gaîté des buveurs du temps » et de l'inscrire de manière abusive dans la veine rabelaisienne[40]. Le titre de la collection ne nous laisse en tout cas aucun doute sur l'intention de l'éditeur de rattacher les *Ordonnances* de Pasquier à ce que nous appelons aujourd'hui la littérature carnavalesque. Outre la mention des Jours gras et de leurs mascarades (*Caresme prenant*), les noms cités désignent des comédiens ou personnages propres au théâtre comique populaire : Gaultier-Garguille (pseudonyme de Hugues Guéru, 1573-1633, farceur et chansonnier), Guillot-Gorju (Bertrand Hardouin, 1600-1648, médecin et comédien), Roger Bontemps (personnage de comédie gai et insoucieux, qui apparaît notamment dans les œuvres de Roger de Collerye[41]), Turlupin (nom de scène du farceur Henri Legrand, 1587-1637), Tabarin (Antoine Girard, 1584-1626, farceur du Pont-Neuf), Nicolas Le Moulinet (avocat normand

39 P. 1-3.

40 P. VI.

41 Voir Jean-R. Gosselin, « Une légende tenace : Roger Bontemps », *The French Review*, vol. XLVIII, 4, mars 1975, p. 690-694.

devenu comédien, auteur de *Facecieux devis et Plaisans contes*, Paris, 1612), Arlequin (personnage de valet bouffon dans la commedia dell'arte).

Une autre collection de textes rares et curieux accueillera, en 1855, les *Ordonnances Generalles d'Amour* : les *Variétés historiques et littéraires*, éditées par Édouard Fournier[42]. Les pièces recueillies dans les dix volumes de cette collection, publiés de 1855 à 1863, sont présentées dans la préface comme des documents méconnus, susceptibles d'enrichir et de renouveler les études historiques et littéraires de la période comprise entre la seconde moitié du XVIe siècle et la Révolution. L'ambition d'Édouard Fournier (1819-1880), érudit polygraphe, auteur notamment d'ouvrages sur l'histoire de Paris, était de rendre accessibles aux amateurs savants un nombre assez considérable de récentes trouvailles de bibliophiles. Comme il le revendique dans la préface, il publie ces 272 textes sans aucun souci d'ordre chronologique ou de classement typologique, mais une « table méthodique », à la fin du dernier volume, propose des regroupements et range les *Ordonnances* de Pasquier parmi les « pièces sur les femmes, l'amour et le mariage[43] ». Dans le deuxième tome, elles sont précédées d'un récit de l'incendie du Palais en 1618 et d'un arrêt du Parlement, daté de 1618 également, ordonnant de restituer toutes les pièces qui avaient été dérobées à la faveur de cet incendie. Une certaine logique préside à cette succession, puisque c'est dans son édition de 1618, chez Jean Sara, qu'est repris le texte de Pasquier. Il est suivi dans le volume par une satire en vers datant probablement de 1624 : *L'Adieu du Plaideur à son argent*[44]. Quelques pages plus loin, on relève un texte, non daté, d'un humour qu'on pourrait qualifier d'« érotico-juridique » : *La Permission donnée aux servantes de coucher avec leurs maistres*[45], qui narre une assemblée des servantes, présidée par une maquerelle de haut vol, *dame Avoye*, laquelle promulgue une ordonnance « enjoignant à toutes servantes, chambrières, filles de chambre, damoiselles suivantes, de coucher avec leurs maistres[46] ». L'édition d'Édouard Fournier contient une présentation des *Ordonnances* et des annotations qui, pour être lacunaires, n'en sont pas moins très précieuses. Depuis lors, le texte n'a pas été republié.

42 *Variétés historiques et littéraires. Recueil de pièces volantes rares et curieuses en prose et en vers. Revues et annotées par M. Édouard Fournier*, À Paris, chez P. Jannet, Libraire, 1855, t. II, p. 169-196.

43 T. X, p. 312.

44 P. 197-210.

45 P. 237-245.

46 P. 240.

À QUELLE *REPUBLICQUE*[47] CES ORDONNANCES SONT-ELLES DESTINÉES ?

La formule d'enregistrement présente à la fin des *Ordonnances Generalles d'Amour* mentionne le *Parlement de la Basse Marche* comme la juridiction compétente pour leur vérification. Si l'expression *basse(s) marche(s)* appartient originellement au lexique de la géographie politique et sert à désigner les « régions situées en aval (en particulier à l'Ouest de Paris)[48] », il ne fait aucun doute qu'au XVIe siècle, par détournement de sens, le domaine de la ou des basse(s) marche(s) était celui de la sexualité, du bas du corps. Ainsi, par exemple, *Le Pourpoint fermant à boutons*, petit texte traitant de la vérole publié en 1540[49], signale qu'il porte « sur les parties et regions des basses marches de ma dame Venus[50] ». Le lecteur attentif à cette formule finale ne peut manquer de la mettre en relation avec l'ouverture du préambule, qui désigne *Genius* comme *archiprestre d'amour, vicaire et lieutenant general pour Sa Majesté en tous ses païs et contrées.* Il comprend que ces cinquante articles législatifs, qui semblent concerner diverses questions politiques et sociales couramment traitées par les textes issus de la Chancellerie royale de l'époque, ont en fait pour seul ressort le domaine du sexe.

Ainsi, les *Ordonnances generalles d'amour* peuvent être lues comme une codification des relations amoureuses prenant le contre-pied de tous les règlements moralistes habituels, comme la formulation juridique d'une sorte d'anti-loi rappelant celle de l'Abbaye de Thélème : *fais ce*

47 Voir l'article II : « ceste nostre Republicque sera desormais appellée le Convent de la Charité ».

48 DMF : *Dictionnaire du Moyen Français*, version 2012 (DMF 2012). ATILF – CNRS & Université de Lorraine. Site internet : http://www.atilf.fr/dmf, article « marche » : « En leurs compaignies avoit grant foison de Bretons, de Poitevins et d'Angevins et de Saintongiers et des gens des basses marches » (Froissart, *Chroniques*, Troisième livre (suite), t. 14, éd. Albert Mirot, Paris, Klincksieck, 1966, 129). Sur cette expression, voir également l'annotation de l'article XIX des *Ordonnances Generalles d'Amour.*

49 Sur cet opuscule, voir la note 200 sur l'article XLIX.

50 Cité par Rose M. Bidler, *Dictionnaire érotique : ancien français, moyen français, Renaissance*, Montréal, CERES, 2002. Ce sens est également attesté dans les dictionnaires Godefroy et Huguet. Autre exemple similaire, chez Guillaume Coquillart : « Princesse de basse contree / Et preste à chevaucher sans selle » (*L'Enqueste d'entre la Simple et la Rusee*, v. 315-316, *Œuvres*, éd. M.-J. Freeman, Paris-Genève, Droz, 1975, p. 73).

que vouldras. Le *Convent de la charité* institué par *Genius* serait ainsi la métaphore d'un corps social régi par la toute-puissance de la sexualité. Mais cette lecture de portée très générale ne doit pas en écarter une autre, dotée d'une visée plus précise, qui verrait dans ce *convent* une maison de prostitution dont les règles de fonctionnement seraient formulées dans le style de la Chancellerie de la monarchie française, pastiché de manière à faire entendre des équivoques licencieuses. Ces *Ordonnances* sont en effet, comme l'indique la page de titre, destinées à une *Jurisdiction* portant le nom d'une rue fort mal famée de Paris : *la Pierre au laict*. La variante de l'édition posthume de 1618 oriente en tout cas le lecteur dans cette direction. Cette fois, ce sont *les secretaires, procureurs, postulans et advocats de la Samaritaine, tant en la dite jurisdiction qu'au ressort de la Pierre au Laict et autres lieux en dependant* qui sont les destinataires des *Ordonnances*. Or ce quartier parisien de la Samaritaine était bien connu, au début du XVIIe siècle, pour abriter tout un peuple de malandrins, de souteneurs et de prostituées. Le Pont-Neuf, peu de temps après la fin de sa construction en 1607, avait été flanqué d'une grande pompe, qui permettait de faire monter les eaux de la Seine et qui était appelée La Samaritaine car le bâtiment qui l'abritait portait un bas-relief représentant le Christ en compagnie de la Samaritaine auprès du puits de Jacob. Ce motif biblique[51] s'associait d'autant mieux au quartier qu'il évoquait non seulement le rôle vital de l'eau, mais aussi la personnalité trouble d'une femme à qui le Christ déclare : « Tu as eu cinq maris, et celui que tu as maintenant n'est pas ton mari[52] ». Édouard Fournier, dans son *Histoire du Pont-Neuf*, raconte : « Lorsque la police se mettait à faire la chasse aux filles perdues, c'est sur le Pont-Neuf que les battues étaient les plus heureuses et les rafles les plus salutaires, car nulle part les pestes de la prostitution ne faisaient courir de plus grands dangers à la santé publique[53] ». Une *confrairie de la Samaritaine* a été évoquée par Tabarin, le bateleur établi sur le Pont-Neuf, dans l'une de ses questions fantaisistes : *quels chevaux on doit prendre à louage*. Le texte fait rapidement comprendre de quelle *confrairie* et de quelles montures il s'agit en l'occurrence :

---

51 Jean, IV, 1-30.

52 Jean, IV, 18.

53 Édouard Fournier, *Histoire du Pont-Neuf*, Paris, E. Dentu, 1862, p. 265. Rappelons qu'Édouard Fournier fut aussi, en 1855, l'éditeur des *Ordonnances generalles d'amour* dans son recueil de *Variétés historiques et littéraires*.

> Je vous veux enseigner le moyen de parler a certaines personnes de la confrairie de la Samaritaine, qui vous loüeront une monture ou vous pourez gaigner quelque chose. [...] si vous voulez loüer une bonne monture il faut vous addresser à un macquereau : il vous donnera une beste qui courrera l'amble & vous conduira en moins de demie heure, de Paris à Naples[54] & encore vous aurez ce pardessus & cest advantage, que quand vous aurez rendu la monture a son maistre les poulains[55] vous demeureront pour les gages[56].

Toujours en ce début de XVIIe siècle, deux épigrammes satiriques de François Maynard ont mentionné la Samaritaine d'une manière éclairante :

> Paul, vous estes le Capitaine
> Des Voleurs qui toute la nuit
> Courtisent la Samaritaine ;
> Et font plus de mal que de bruit.
>
> Vous battez la fausse monnoye.
> Vous rafinez l'art des Berlans ;
> Et Paris n'a Maison de joye,
> Qui ne vous doive ses chalans[57].
>
> Colin, cét homme notable
> Nous dit, que soir, & matin,
> L'ordinaire de sa table
> Vaut un superbe festin.
>
> Sa vanité m'importune.
> Les restes de sa Fortune
> Ne sçauroient payer un œuf.
>
> Il n'a rente, ny domaine ;
> Et disne sur le Pont-neuf
> Avec la Samaritaine[58].

Citons également l'explication donnée au XVIIe siècle par Oudin dans *Les Curiositez françoises* :

---

54 Le mal de Naples : la syphilis.

55 Poulain : « bubon syphilitique » (La Curne de Sainte-Palaye, qui cite un exemple tiré d'Ambroise Paré).

56 *Inventaire universel des œuvres de Tabarin, contenant ses fantaisies, dialogues, paradoxes, gaillardises, rencontres, farces et conceptions*, Paris, P. Rocollet et A. Estoc, 1622, p. 49-50.

57 *Les Œuvres de Maynard*, Paris, Augustin Courbé, 1646, p. 95.

58 *Ibid.*, p. 152.

> Officier de la Samaritaine.i. *macquereau*

et celle donnée au XVIIIe siècle par La Curne de Sainte-Palaye dans son *Dictionnaire historique de l'ancien langage françois* :

> Samaritaine (officier ou gentilhomme de la). Expression injurieuse, macquereau.

Ce *convent de la charité* institué par les *Ordonnances* est d'autant plus assimilable à une maison de prostitution que les mots « abbaye » et « abbesse » ont été employés dès 1400 pour désigner respectivement le bordel et sa tenancière[59]. Et, à la fin du texte, la formule d'enregistrement faisant écho à la mention de la juridiction contenue dans la page de titre (*Leues publiees & enregistrees, ce requerant les gens d'Amour, au Parlement de la basse Marche*) renforce aussi cette interprétation, car l'expression « basses marches », quand elle ne désigne pas les parties sexuelles de la femme, peut signifier « lieu de débauche[60] ». Ainsi peut-on décrypter le texte comme étant le règlement d'une « maison », adressé à ses clients habituels, qui ont sans doute grand besoin, comme le précise le préambule, de « tranquilliter entre eux toutes choses ».

Outre la mention de la *Jurisdiction de la Pierre au laict*, la page de titre introduit deux indices pour orienter le lecteur : les *Ordonnances Generalles d'Amour* sont *Envoyees au Seigneur Baron de Myrlingues, Chancelier des Isles Hyeres*. Très clairement, l'auteur indique qu'il attend une lecture de son texte similaire à celle qui est requise par les livres de Rabelais. Se souvenant que c'est devant le parlement de *Myrelingues* que le juge Bridoye, dans le *Tiers Livre*, doit justifier une décision contestée en appel et que l'auteur

59 D'après le *Trésor de la Langue Française*. Dans le *Glossaire* de Du Cange, à l'article « abbatissa » (« abbesse »), on relève les explications et attestations suivantes : « *Abbatissas etiam dictas reperimus lenas et meretricum magistras in Computis ann. 1414 et 1426. Quam improprie vero, ut nomen quod illis tantum competit quae virtutis, modestiae et castitatis Magistrae sunt, iis tribuatur quae omnis flagitii Auctores exsistunt.* (« Nous trouvons aussi des entremetteuses et des maquerelles appelées "abbesses" dans des comptes des années 1414 et 1426. Emploi tout à fait abusif, dans la mesure où ce nom qui est tellement propre à celles qui enseignent la vertu, la pudeur et la chasteté est attribué à celles qui se montrent comme la source de toute ignominie »). [...] *ann. 1451* [...] *Le suppliant fut requis à aller querir une jeune femme au bourdeau de la ville de Thoulouse, que l'Abbesse ou maistresse lors dudit bourdeau avoit promis de bailler.* [...] *ann. 1389.* [...] *Oye la supplication qui faite nous a esté de la partie des filles de joye du bordel de nostre ville de Thoulouse, dit la grant Abbaye, etc.* ».

60 *DMF* : *Dictionnaire du Moyen Français*, version 2012 (DMF 2012). ATILF-CNRS & Université de Lorraine. Site internet : http://www.atilf.fr/dmf.

de ce même roman s'intitule *docteur en Medicine, et Calloier des Isles Hieres*, le lecteur des *Ordonnances* se sent invité à découvrir un livre où règneront une fantaisie sans frein et une joyeuse grivoiserie, qui n'excluront pas certains appels à un questionnement sur l'état de la société[61]. Pasquier a lui-même expliqué sa manière de lire Rabelais, guidée à la fois par le plaisir du rire et la recherche d'un « profit » intellectuel :

> Cettuy és gayetez qu'il mit en lumière, se mocquant de toutes choses, se rendit le nompareil. De ma partie reconnoistray franchement avoir l'esprit si folastre, que je ne me lassay jamais de le lire, et ne le leu oncques que je n'y trouvasse matiere de rire, et d'en faire mon profit tout ensemble[62].

Le « Convent de la charité » que fonde *Genius* et dont il formule la règle ne peut que rappeler l'abbaye de Thélème. Si, en 1930, un spécialiste de Rabelais, Lazare Sainéan, avait eu le mérite d'y voir une bonne raison de placer Pasquier dans la zone d'influence de ce dernier, nous ne pouvons cependant le suivre lorsqu'il affirme que les *Ordonnances Generalles d'Amour* constituent « une critique piquante du règlement de l'Abbaye de Thélème[63] ». Dans ces articles législatifs, rien ne vient s'opposer au principe de la liberté accordée aux Thélémites : les autorisations y sont plus nombreuses que les interdictions, lesquelles d'ailleurs condamnent essentiellement ce qui entrave la libre jouissance. Comme

61 Sur le sens précis que l'on peut donner à ces références au texte rabelaisien, voir l'annotation de la page de titre.

62 *Recherches de la France*, livre VII, chap. 5, édition sous la direction de Marie-Madeleine Fragonard et François Roudaut, Paris, Honoré Champion, 1996, t. II, p. 1410. Voir également VII, 12, p. 1478. Lecteur assidu et très attentif de Rabelais, Pasquier l'évoque aussi à plusieurs reprises dans ses *Lettres*. Et surtout, il a fait de lui l'un des deux personnages du *Pourparler* intitulé *L'Alexandre*, publié en 1581, mais écrit vraisemblablement dans les années 1560 (voir Étienne Pasquier, *Pourparlers*, éd. Béatrice Sayhi-Périgot, Paris, Honoré Champion, 1995, p. 14-17). Il a vu en lui « le Lucian de nostre temps » (*Recherches*, IX, 38, éd. citée, t. III, p. 1923) et « un Démocrite français » (« *Gallus Democritus* ») (*Œuvres d'Estienne Pasquier*, 1723, t. I, col. 1266, *Iconum Liber, Franciscus Rabelesius*). Selon un lieu commun de l'Antiquité, Démocrite est le philosophe qui rit, tandis qu'Héraclite est le philosophe qui pleure. À propos de l'influence de Rabelais sur Pasquier, voir Denis Bjaï, « La bibliothèque d'Étienne Pasquier au miroir de sa correspondance », *Les labyrinthes de l'esprit. Collections et bibliothèques à la Renaissance*, sous la direction de R. Gorris-Camos et d'A. Vanautgaerden, Genève, Droz, 2015, p. 403-419 ; Emmanuelle Lacore-Martin, « Portraits d'Alexandre : des anecdotes exemplaires de Rabelais à leur écho dans le *Pourparler d'Alexandre* d'Étienne Pasquier », *Figures d'Alexandre à la Renaissance*, éd. Corinne Jouanno, Turnhout, Brepols (« *Alexander redivivus* » 2), 2012, p. 133-151.

63 L. Sainéan, *L'influence et la réputation de Rabelais*, Paris, libr. J. Gombert, 1930, p. 188.

Rabelais, Pasquier voit dans l'interdit la source même de l'attrait du mal[64]. Pour autant, le « convent » de *Genius* n'est pas non plus une nouvelle Thélème. Ce serait confondre un pur jeu langagier fondé sur un décryptage d'équivoques avec le projet philosophique rabelaisien consistant à imaginer une nouvelle société. Tout au plus pourrons-nous y déceler çà et là, derrière le divertissement gratuit d'un juriste « en goguette », certaines interrogations sur les fondements et les finalités de la loi.

UN PASTICHE DES ÉCRITS DE CHANCELLERIE

Le texte de Pasquier adopte très précisément la forme d'une ordonnance royale. C'est par ce terme qu'était désignée toute mesure législative émanant du roi lorsqu'elle revêtait un caractère de généralité et de permanence. L'ordonnance se distinguait ainsi de l'édit, qui ne concernait qu'un seul sujet, et du privilège, qui était prononcé en faveur d'un groupe particulier (corps de métier, abbaye, ville ou pays)[65]. Les différents éléments qui la composaient se retrouvent fidèlement dans le pastiche imaginé par Pasquier.

En termes de chancellerie[66], les ordonnances appartenaient à la catégorie des lettres patentes, qui étaient données au nom du roi, expédiées ouvertes et scellées du grand sceau royal. Elles se présentaient selon une forme strictement établie. Le texte commençait par la suscription traditionnelle, désignant l'auteur de la lettre et son titre : *N., par la grâce de Dieu Roy de France*, et se poursuivait par l'adresse et la salutation, par exemple : *à tous présents et à venir, salut*. Venait ensuite le corps de la lettre, composé d'un exposé des motifs ayant justifié la décision royale,

64 Article I.

65 Sur les ordonnances royales, voir Brigitte Basdevant-Gaudemet et Jean Gaudemet, *Introduction historique au droit. XIIIe-XXe siècles*, 2e édition, Paris, L.G.D.J., 2003, p. 87-96 et 286-294 ; Fr. Olivier-Martin, *Histoire du droit français des origines à la Révolution*, Paris, CNRS éditions, 1995 [1re édition : Paris, Domat Montchrestien, 1948], p. 345-353.

66 Sur la Chancellerie française, voir Georges Tessier, *Diplomatique royale française*, Paris, Éditions A. et J. Picard et Cie, 1962 ; Hélène Michaud, *La Grande Chancellerie et les écritures royales au XVIe siècle*, Paris, Presses Universitaires de France, 1967.

du dispositif législatif proprement dit et des formules finales. L'exposé pouvait indiquer si l'ordonnance avait été prise par le souverain sur la requête de certains de ses sujets ou de son propre mouvement (*motu proprio*) et mentionner le rôle joué par le Conseil. Le dispositif se présentait sous la forme d'une suite d'articles détaillant les mesures prises. Dans ses formules finales, l'acte mentionnait les autorités chargées d'exécuter ces mesures (*Si donnons en mandement*) et formulait éventuellement des clauses restrictives ou dérogatoires. La lettre s'achevait par un protocole comprenant d'une part la date de l'acte, introduite par la formule *Donné à*, avec l'indication du lieu, de l'année de l'ère chrétienne et de celle du règne du souverain, et d'autre part la signature. Le texte était en effet signé par le secrétaire responsable de sa rédaction, lequel faisait précéder son nom de l'expression *Par le Roy* ou *Par le Roy en son Conseil*, désignant l'autorité qui lui en avait donné l'ordre (la *jussio*). Au-dessus de cette signature, il arrivait que le roi apposât la sienne ou la fît imiter[67]. Enfin, la lettre devait porter le sceau chargé de l'authentifier. À la différence des documents à effet limité dans le temps, qui étaient scellés de cire jaune, les lettres patentes dont la validité se voulait perpétuelle portaient l'empreinte du grand sceau royal sur de la cire verte. C'est au cours des audiences du sceau que l'opération du scellement avait lieu : après que le chancelier eut donné un avis favorable, la lettre était transmise au valet chauffe-cire, qui réalisait l'empreinte et l'attachait au bas du document au moyen de lacets (ou *lacs*) de soie rouge et verte. L'ordonnance était ensuite portée devant le Parlement pour y être enregistrée. Si la vérification ne suscitait aucune objection majeure, le greffier y ajoutait la formule d'enregistrement : *Lue et publiée, le procureur du roi le requérant, ou y consentant ou ayant été entendu, à Paris, en Parlement, à telle date*[68]. Le texte enregistré comportait éventuellement les modifications ou restrictions demandées par le Parlement[69]. Si celui-ci considérait que la décision royale n'était pas conforme au Droit et à l'intérêt du royaume, il pouvait exercer sa prérogative de remontrances en formulant ses réserves sur le bien-fondé de telle ou telle mesure. Le texte

---

67 Selon A. Giry (*Manuel de diplomatique*, Paris, Hachette, 1894, p. 770-771), la signature royale, à partir du règne de François Ier, serait devenue indispensable, au même titre que le sceau, pour garantir l'authenticité d'une lettre patente. Hélène Michaud (*op. cit.*, p. 218-220) a contesté cette affirmation.

68 Fr. Olivier-Martin, *op. cit.*, p. 541.

69 Voir Hélène Michaud, *op. cit.*, p. 380.

était alors ou bien amendé avec l'accord du roi, ou bien enregistré tel quel en vertu d'une lettre de jussion, le dernier mot en cas de conflit devant appartenir au roi. La formule d'enregistrement ayant été inscrite, le Parlement pouvait alors procéder à la publication du texte, c'est-à-dire à sa lecture à voix haute devant tous ses membres assemblés et le public présent, puis à sa diffusion sous forme de copies collationnées à l'original et envoyées aux juridictions inférieures (baillages et sénéchaussées).

Dans les *Ordonnances Generalles d'Amour*, le jeu pratiqué par l'auteur consiste en une observation rigoureuse de ce protocole, assortie évidemment d'une distorsion burlesque. L'autorité responsable de la *jussio*, en principe celle du roi, est remplacée par celle de *Genius*, « Archiprestre d'Amour Vicaire & Lieutenant general pour sa Majesté en tous ses bas païs & contrees ». On se serait attendu à ce que les ordonnances fussent prises par le dieu Amour lui-même, en raison de la souveraineté qu'il exerce sur tous les êtres. La délégation de pouvoir à *Genius*, qui déclare légiférer au nom de son « grand et souverin Prince », s'explique sans doute par les références littéraires qui sont attachées à ce nom et que nous préciserons plus loin. Après s'être désigné par son nom et par son titre, Genius adresse sa salutation, selon la formule consacrée, « à tous presens & advenir ». Il passe ensuite à l'exposé des motifs, au cours duquel il précise qu'il répond à la requête des sujets d'Amour qui lui ont fait part de leur trouble, dû à l'existence, en matière amoureuse, de coutumes orales « fluctuantes », et de leur désir de se référer désormais à des « Loix & Constitutions certaines », dûment mises par écrit. *Genius* procède alors à la formulation des cinquante articles détaillant les mesures prises pour mieux faire respecter l'autorité d'Amour en ce monde. Le dernier article se prolonge par une formule exécutoire : « Si donnons en mandement, aux gens tenans nostre court de parlement de la basse marche, maistres des requestes ordinaires de nostre hostel, Vicontes, Vidames, Viguiers, Vibaillifs, Viseneschaux [...] que nos presentes Ordonnances, ils entretiennent, gardent & observent, & facent inviolablement observer, lire, publier & enregistrer, sans venir directement ou indirectement, au contraire, sur peine de grandes amandes & punitions corporelles encontre les infracteurs d'icelles[70] ». Suit la

70 La page de titre mentionne, sur le même mode burlesque, un autre destinataire des *Ordonnances* : *Envoyees au Seigneur baron de Myrlingues, Chancelier des Isles Hyeres, pour faire*

formule rituelle, transposition en français du *nobis placuit* des juristes de l'empire romain : « Car tel est nostre plaisir[71] », rappel de l'autorité souveraine de celui qui légifère. Viennent enfin la date (« Donné à nostre Chasteau de plaisance, pres beauté au mois de May, mil cinq cens soixante quatre ») et la signature du secrétaire chargé de la rédaction de l'acte (*Clopinet*), précédée de celle de *Genius*, tenant lieu de signature royale, ainsi que de l'annonce du sceau (« seellé du grand seel de Cire verde, avec un las d'Amours »). Le texte de l'ordonnance est suivi par la formule traditionnelle d'enregistrement, mais avec deux substitutions burlesques, le procureur du roi étant remplacé par les « gens d'Amour » et le Parlement concerné étant celui de « la basse Marche » : « Leues publiees & enregistrees, ce requerant les gens d'Amour, au Parlement de la basse Marche ». La formule inclut des modifications des articles V et XXIX, la suspension de l'article X, en attendant qu'il ait fait l'objet de nouvelles remontrances, ainsi qu'une préconisation générale pour le moins paradoxale, puisqu'elle inverse la logique du texte : « celuy qui usera le moins de ces presentes Ordonnances, sera estimé le plus sage ». La décision du Parlement est datée de « la veille de la solennité des Roys, en la Ville de Congnac ». Elle porte la signature du greffier *Pousse Motte.*

Les *Ordonnances* fictives de Pasquier pastichent aussi le type d'écriture qui était de règle à la Chancellerie royale. On y retrouve l'énonciation à la première personne du pluriel, avec cette différence que le « nous » de majesté n'a pas pour référent le roi, mais *Genius* [...] *Archiprestre d'Amour.* Les verbes employés à cette personne et exprimant la volonté de l'auteur de l'édit y sont évidemment nombreux (« voulons », « enjoignons », « prohibons », « defendons », etc.), parfois combinés en séries énumératives. Ils sont en général au présent de l'indicatif, mais peuvent faire l'objet d'un emploi dédoublé : au passé composé à valeur d'accompli est associé un présent à valeur d'inaccompli (« avons... cassé, supprimé & anullé, cassons, supprimons & anullons », article XIX)[72]. Le temps des autres verbes est le futur, employé de manière injonctive : « S'entrecommuniqueront lesdictes partyes leurs pieces respectivement, puis se vuydera le proces à huys clos », article XII.

---

estroictement garder par les vassaux dudict Seigneur, en la Jurisdiction de la Pierre au laict, & autres lieux de l'obeissance dudict Seigneur.

71 Voir B. Basdevant-Gaudemet et J. Gaudemet, *op. cit.*, p. 91.

72 Cette habitude remonte au XIVe siècle. Par la suite, les notaires de la Chancellerie ont eu tendance à la renforcer. Voir Georges Tessier, *Diplomatique royale française*, p. 241.

Ainsi se trouve élaborée une fiction juridique associant les formes du discours de la Chancellerie royale française à des entités appartenant à la littérature amoureuse (Amour, Génius, Clopinet, le mois de mai, le château allégorique de Plaisance), à des jeux relevant de l'équivoque obscène (la ville de *Congnac*, dont le choix se trouve justifié par la présence des *Vicontes, Vidames, Viguiers, Vibaillifs, Viseneschaux*, le Parlement de *la basse Marche*, le greffier *Pousse Motte*, etc.) ainsi qu'à des allusions à la débauche (la juridiction de *la Pierre au laict*[73]).

L'exposé des motifs fait référence à un fait majeur dans l'évolution du droit au XVIe siècle : la rédaction des coutumes. Au Moyen Âge, l'oralité et la diversité des coutumes étaient sources de nombreuses incertitudes : comment faire la preuve de la tradition invoquée ? Le juge pouvait ordonner une enquête « par turbe » (ce à quoi fait allusion le préambule), c'est-à-dire en constituant un groupe de praticiens chargé d'apporter la preuve de l'existence de telle ou telle coutume. Mais le procédé était loin d'être parfait, les sages consultés n'étant pas toujours au-dessus de tout soupçon, comme l'atteste l'adage recueilli par Antoine Loisel : « Qui mieux abreuve mieux preuve[74] ». Cette difficulté avait conduit quelques juristes des XIVe et XVe siècles à rédiger les premiers coutumiers. Mais l'initiative décisive viendra de la monarchie : en 1454, l'ordonnance de Montils-les-Tours prescrit aux baillis et sénéchaux de rédiger les coutumes de leur ressort, sous le contrôle de commissaires royaux. Le travail n'allant pas sans tâtonnements ni contestations, Charles VIII lui donnera un nouvel élan en confiant aux commissaires royaux la conduite directe de l'opération (Lettres patentes de septembre 1497). Ainsi s'affirmera l'autorité royale et sa volonté d'unification du droit. Avec cette procédure plus efficace, la rédaction des coutumes sera pratiquement achevée avant l'avènement d'Henri IV. Les textes établis seront très vite commentés par les juristes. Il est intéressant de noter qu'après Charles du Moulin et Bertrand d'Argentré, deux de ces commentateurs sont des proches de Pasquier : Pierre Pithou et Antoine Loisel, l'un et l'autre élèves de Cujas. Le premier est l'auteur d'une glose de la coutume de Troyes, le second, dans ses *Institutes coutumières* (1607), plaidera en faveur de l'unification du droit français, de manière à

73 Les équivoques sont commentées dans les notes sur le texte.

74 *Institutes coutumières* (1607), V, 5, 1 (cité par Fr. Olivier-Martin, *op. cit.*, p. 419).

réduire à « la conformité d'une seule loi » les provinces « rangées sous l'autorité d'un seul roi[75] ».

Le préambule des *Ordonnances Generalles d'Amour* se présente comme une transposition dans le domaine amoureux des textes officiels justifiant la politique royale de rédaction des coutumes. De même que l'article 125 de l'ordonnance de Montils-les-Tours stipulait qu'il fallait « mettre certaineté es jugemens tant que faire se pourra, et oster toutes matieres de variations et de contrarietez[76] », *Genius* déclare avoir écouté les requêtes de ses sujets, motivées par « l'incertitude qu'ils disoyent avoir par faute de bonnes Ordonnances, disans pour excuse generalle, qu'à la verité ils estoyent fondez en quelques longues coustumes, qu'ils tenoyent de père en filz, non toutesfois reduictes & redigees par escript ». Après avoir rejeté la solution de la « verification par tourbes », il décide donc de leur « bailler par escript Loix & Constitutions certaines, à fin de tranquilliter entre eux toutes choses, & qu'aucun ne se peut d'icy en avant masquer d'aucun pretexte d'ignorance ». Cette volonté de clarifier et d'unifier les lois reflète non seulement une tendance générale du droit à l'époque de Pasquier, mais aussi son sentiment personnel à ce sujet. On en trouve le témoignage dans une lettre *A Monsieur Robert, Advocat en la Cour de Parlement de Paris*, où il expose les sources du droit en France. Même si, historiquement, la coutume, orale et diverse, a précédé la loi, écrite et unifiée, « c'est une regle tres-certaine, affirme-t-il, que non seulement dedans Rome, ains dedans ce Royaume [...], la Loy generale du Prince efface par un seul trait de plume, toutes les Coustumes particulieres de chasque Province[77] ». Quant à l'usage de l'enquête par turbe, il ne semble pas y accorder grand crédit, même s'il tient à faire remarquer qu'« il n'est permis qu'aux Cours Souveraines d'ordonner qu'il soit informé par Tourbes[78] ». Si telle coutume est obscure, il faut avoir recours à celle du baillage voisin, ou, à défaut, à celle de Paris, et seulement en dernier recours à l'enquête par turbe « tout ainsi qu'aux maladies desesperees, on employe pour dernier remede le fer ou le feu[79] ». Dans cette même lettre, il évoque le rôle qu'il a joué dans la rédaction de la coutume réformée de Paris, publiée en 1580. Même si l'événement est postérieur d'une

75 Voir Fr. Olivier-Martin, *op. cit.*, p. 425.

76 Cité par B. Basdevant-Gaudemet et J. Gaudemet, *op. cit.*, p. 254.

77 *Les Lettres d'Estienne Pasquier*, tome second, Paris, Laurent Sonnius, 1619, XIX, 15, p. 525-526.

78 *Ibid.*, p. 527.

79 *Ibid.* p. 527.

quinzaine d'années aux *Ordonnances d'Amour*, il éclaire leur préambule en montrant l'implication de Pasquier dans ce processus d'unification du droit français. C'est en tant que membre d'une commission de dix avocats qu'il fut consulté sur cette codification des coutumes à laquelle le Parlement de Paris avait été étroitement associé. Il s'agissait d'ériger la Coutume de Paris en modèle pour l'ensemble du royaume, ce dont il se félicitait dans cette même lettre : « je vous puis dire, comme chose tres-vraye, la Coustume de Paris n'estre autre chose qu'un abregé de l'air general des Arrests de la Cour de Parlement, & à tant que on ne se repentiroit d'y avoir recours en defaut des autres Coustumes, comme aussi estant Paris dedans ce Royaume, ce qu'estoit Rome dedans l'Empire[80] ». Pasquier suivait en cela les préconisations de Charles du Moulin (« l'un des premiers Jurisconsultes de nostre France », dit-il de lui dans les *Recherches de la France*[81]), qui, dans son *Oratio de concordia et unione consuetudinum Franciae* (1546), cherchait à unifier le droit français en prenant pour modèle la coutume de Paris, généralisable à l'ensemble du pays. Le but visé était de « doter le royaume d'un droit simple, conforme à la raison, d'accès facile, qui ne [fût] plus connu des seuls initiés trouvant leur profit dans l'obscurité et la chicane[82] ». C'est cette volonté qu'on trouvait déjà, par exemple, dans le préambule d'un édit de novembre 1542 confirmant l'institution des tabellions et notaires :

> Comme ce soit chose très-exquise et très-utile en l'administration de la chose publicque, mesmement ès monarchies, de faire statuer et establir loix et ordonnances, qui soient générales pour tous les subjets, sans aucune diversité, division, ou particularité, qui ne peuvent communément apporter fors obscurité, confusion, querelles et procez, à fin que par ce moyen soit baillé à tous une lumière et clarté commune, pour estre de chacun suivie en la direction et conduite de leurs affaires, et autres choses qui importent pour la seureté et tranquillité de la chose publique. [...] Avons dit, statué [...][83].

Dans le texte de Pasquier, les cinquante articles qui suivent le préambule ne pastichent pas une ordonnance contemporaine particulière,

80 *Ibid.*, p. 528.

81 *Recherches*, livre III, chap. 22, éd. citée, t. I, p. 675.

82 Jean Bart, *Histoire du droit privé de la chute de l'Empire romain au* XIX*e siècle*, Paris, Montchrestien, 1998, p. 150.

83 Isambert, Decrusy, Armet, *Recueil général des anciennes lois françaises, depuis l'an 420 jusqu'à la Révolution de 1789*, t. XII, Paris, Belin-Leprieur, 1828, p. 790 et 793.

mais, d'une manière générale, le style propre à ce genre d'écrit, notamment celui des ordonnances dites de réformation. Se présentant comme des réponses à des requêtes des sujets, ces textes de lois pouvaient traiter de questions extrêmement variées, avec le souci de restaurer dans leur pureté des institutions qui, au cours du temps, avaient eu tendance à se dénaturer. Ainsi l'ordonnance d'Orléans, en 1561, tout en concernant surtout le fonctionnement de la Justice, contenait aussi des dispositions sur les bénéfices ecclésiastiques, les universités, la chasse, le port d'armes à feu, etc. Cette *Ordonnance générale rendue sur les plaintes, doléances et remontrances des états assemblés à Orléans* contient un certain nombre d'articles qui ne sont pas sans ressemblances avec ceux des *Ordonnances Generalles d'Amour*. On en jugera d'après les exemples suivants :

1- Sur l'obligation de résidence des ecclésiastiques :

L'article 3 de l'ordonnance d'Orléans stipule : « Résideront tous archevêques, ou évêques, abbez et curez, et fera chacun d'eux en personne son devoir et charge, à peine de saisie du temporel de leurs bénéfices[84] ». Les *Ordonnances Generalles d'Amour*, en leur article IV, font écho à ces obligations, déjà formulées en mai 1560 dans l'édit de Romorantin[85], et rappelées par l'Église dans un décret de réformation pris à la session 23 du concile de Trente en 1563, mais en en détournant le sens pour en faire une recommandation aux amants de ne pas s'éloigner de celles qui leur accordent leurs bienfaits : « Pour extirper les abuz qui ont par cy devant eu vogue, par faute d'avoir presté par les curez residence actuelle sur les lieux de leurs benefices curez, il n'y aura autres beneficiers que commandataires & prieurs, dont ceux la seront mariez & ceux cy non. Ausquels nous enjoignons de resider actuellement sur les benefices dont ilz seront joyssants ».

84 Isambert, Decrusy, Taillandier, *Recueil général des anciennes lois françaises [...]*, t. XIV, 1829, p. 65.

85 *Edict du Roy, sur la residence des evesques & autres prelaz Ecclesiastiques, Et de la correction des Heretiques à eulx baillée par ledict Seigneur.* Tout en confiant aux tribunaux épiscopaux le soin de juger les hérétiques, l'édit de Romorantin rappelait aux évêques leur devoir de résidence : « Et s'il y avoit aucuns desdits prélats qui ne fissent résidence en leurs éveschez, nous enjoignons expressément par ces présentes à nosdits baillifs, séneschaux, ou leurs lieutenans, et à nos advocat et procureur desdits bailliages, qu'ils ayent à nous advertir, et envoyer les noms de ceux qui ne résideront » (Isambert, *[...]*, t. XIV, p. 32).

2- Sur l'interdiction du port des armes à feu.

À un moment où se multiplient les signes d'un embrasement imminent, le pouvoir royal cherche à le prévenir en rappelant les ordonnances déjà prises pour interdire le port des « pistolets ou harquebuses » (article 120)[86]. Une déclaration de François II, datée du 23 juillet 1559, avait en effet proclamé cette interdiction et condamné les contrevenants à une amende de cinq cents écus d'or ou aux galères, et les récidivistes à être « pendus et estranglez[87] ». En raison d'une application peu zélée, elle avait dû être renouvelée le 17 décembre 1559 et le 5 août 1560. L'« édit de Juillet », en 1561, la rappellera également[88], ainsi que les édits du 21 octobre 1561 et du 16 août 1563[89]. Les *Ordonnances d'Amour*, tout en faisant référence à ces interdictions, légifèrent de manière opposée en autorisant tous les « confreres à porter pistolets, batons de feu, pour gibier » (article XXV). La teneur clairement licencieuse de l'article précédent, consacré à la « chasse », permet de comprendre tant la nature de ce gibier que celle des armes des « chasseurs ». On remarque également que, au rebours de l'ordonnance d'Orléans qui entend « maintenir les gentils-hommes en leurs droits de chasses aux grosses bestes, ès terres où ils ont droit, pourvu que ce soit sans le dommage d'autrui, même du laboureur[90] », *Genius* interdit aux « Gentils-hommes & Damoyselles [...] de chasser aux grosses bestes » (article XXII). Mais sans doute faut-il ici donner à l'expression le sens de « personnes stupides ».

3- Sur la question des épices.

L'ordonnance d'Orléans, dans le but de moraliser la justice, défend aux « juges, avocats et procureurs [...] de prendre ou permettre estre pris des parties plaidantes, directement aucun don ou présent, quelque

86 Isambert, *[...]*, t. XIV, p. 93.

87 *Ibid.*, p. 2.

88 *Ibid.*, p. 111.

89 *Ibid.*, p. 144. L'édit du 16 août 1563 fut le premier acte de la majorité de Charles IX. Il était destiné à confirmer l'édit de pacification d'Amboise (mars 1563). Comme il avait été promulgué devant le parlement de Rouen, lors du lit de justice tenu par le roi pour la proclamation de sa majorité, les membres du parlement de Paris rechignèrent à l'enregistrer. Charles IX répliqua sèchement qu'ils devaient se cantonner à rendre la justice sans se mêler de la politique de l'État et, sur son ordre, l'édit fut finalement enregistré le 28 septembre. Voir Sylvie Daubresse, *Le Parlement de Paris ou la voix de la raison (1559-1589)*, Genève, Droz, 2005, p. 147-160.

90 Article 108, *ibid.*, p. 91.

petit qu'il soit [...] à peine de concussion[91] » (article 43). Elle stipule également : « Tous différens qui ne requerront ample connaissance et expédition, seront vuidez par les juges du lieu sur le champ, [...] sans pour ce prendre aucune chose pour les épices, à peine de rendre le quadruple par le juge qui aura contrevenu[92] » (article 57). Le souci des *Ordonnances Generalles d'Amour* de ramener l'usage des épices à sa forme ancienne, c'est-à-dire « en dragees et confitures » (article XIIII), semble vouloir indiquer que Pasquier déplore les excès de cette pratique à son époque. Mais, en un autre sens, si l'on place l'expression dans un contexte de galanterie, il semble qu'elle montre tout l'intérêt des dons de friandises, préludes à d'autres plaisirs, dans les entreprises de séduction.

4- Sur la question des jeux.

Les *Ordonnances Generalles d'Amour* font écho à l'article 101 de l'ordonnance de 1561, tout en inversant le sens de la prescription : elles recommandent la pratique des jeux alors que le texte royal l'interdisait au nom de la préservation de la morale publique. Les lieux où ils se pratiquaient étaient souvent en effet les mêmes que ceux qui abritaient la prostitution. L'article 101 énonce : « Défendons aussi tous bordeaux, berlans, jeux de quilles et de dez, que voulons estre punis extraordinairement, sans dissimulation ou connivence des juges, à peine de privation de leurs offices[93] ». *Genius*, dont le « convent » a tous les traits d'un lieu voué à la licence et dont les volontés sont transmises à un quartier louche de Paris, la *Jurisdiction de la Pierre au laict*, ne peut évidemment aller dans le sens de cette austérité et prône donc un usage assidu des jeux les plus variés. Il en va de même pour la pratique de la danse, dont nous traiterons plus loin.

5- Sur les banqueroutiers.

L'article 143 de l'ordonnance d'Orléans punit de mort les banqueroutiers, considérés comme coupables de manœuvres frauduleuses. De la même manière, sous l'appellation de « saffranniers », ils sont chassés du « convent » par *Genius* (article XXXVII), mais cette fois la banqueroute visée est sans doute le fiasco en amour.

91 *Ibid.*, p. 76.
92 *Ibid.*, p. 9.
93 *Ibid.*, p. 88.

6- Sur les produits de luxe.

Le roi de France, par l'article 146, défend « à tous manans et habitans de [ses] villes, toutes sortes de dorures sur plomb, fer ou bois : et l'usage des parfums apportez des païs étrangers, et hors de [son] royaume, à peine d'amende et de confiscation de la marchandise[94] ». Cet article s'inscrit dans la lignée des ordonnances somptuaires prises au XVIe siècle, d'une part dans un souci de protectionnisme économique et d'autre part afin de préserver la visibilité de la hiérarchie sociale. François Ier motivait ainsi l'édit de Fontainebleau du 3 décembre 1543 : « Ayant mis en considération l'excessive et superflue depense qui se fait de présent en cestuy nostre royaume, à cause des habillemens tant de drap d'or, d'argent, pourfilleures[95], passemens, brodures d'or et d'argent qui se portent par plusieurs personnes : Au moyen de quoi grandes sommes de deniers se tirent de cestuy nostre royaume, par les estrangers, qui apres en secourent et aident à nos ennemis[96] ». Quant à l'édit *sur la réforme des habits* du 12 juillet 1549, déplorant qu'« on ne peut choisir ne discerner les uns d'avec les autres[97] », il précisait très minutieusement, pour chaque catégorie de la population, le degré de luxe vestimentaire qui lui était permis. Les articles XXXVIII, XXXIX et XL des *Ordonnances Generalles d'Amour* font écho à ces dispositions législatives, mais ils détournent le patriotisme économique en prônant l'usage exclusif, dans le domaine des « huilles » et « drogueries », de l'huile de « Reins » (pour jouer de l'homonymie entre la ville de Reims et les reins, considérées comme le siège de l'énergie sexuelle), et ils inversent la censure vestimentaire en disposition permissive : du point de vue de la loi, « les habits et vestemens » feront partie des « choses indifferentes » et le seul « contre-rolle » devra en être réservé à la chambre des accouchées, où, comme l'on sait, les bavardages malveillants vont bon train et sont tout à fait à même de démasquer toutes les falsifications de la véritable anatomie de chacun. La censure sociale suffira bien à déjouer l'« ypocrysie » des braguettes trop avantageuses et celle des « Vasquines » et « Vertugales » destinées à dissimuler les défauts des formes féminines.

94 *Ibid.*, p. 97.

95 *pourfilleures* : broderies.

96 Isambert, Decrusy, Armet, *Recueil général des anciennes lois françaises [...]*, t. XII, p. 834.

97 Isambert, Decrusy, Armet, *Recueil général des anciennes lois françaises [...]*, t. XIII, p. 101.

7- Sur le trafic des monnaies.

L'ordonnance d'Orléans stipule : « Tous changeurs et autres personnes qui se mêlent de changer, seront tenus incontinent qu'ils auront acheté l'espèce d'or ou d'argent, légère, cassée ou souldée, la cizailier en la présence du vendeur ou porteur des espèces, sans qu'ils la puissent remettre ou allouer, à peine de la hart[98] » (article 148). De même, l'article XLVIII des *Ordonnances d'Amour* interdit de *rongner les pieces*, mais en produisant une équivoque sur cette expression.

Le législateur des *Ordonnances Generalles d'Amour* calque donc souvent, au moins en leur sens apparent, ses injonctions et prohibitions sur celles de l'ordonnance d'Orléans, quitte à légiférer en sens inverse. Des réminiscences d'autres édits publiés en cette même année 1561 sont également perceptibles dans le texte. Ainsi un édit sur l'obligation de résidence des évêques, un autre sur l'entretien des pauvres, un autre encore sur la réforme des habits, tous trois datés d'avril 1561[99], trouvent-ils quelques résonances dans les articles IIII, IX et XXXIX, qui ont respectivement pour objet la chasse aux « bénéfices », la « charité » en amour et la liberté vestimentaire.

À PROPOS DE LA DANSE

L'article XXXII énonce à propos des danses des injonctions positives : « Authorisons, advouons ». Dans une époque où la danse a fait l'objet d'une réglementation restrictive, ces approbations ne sont pas que de simples prétextes à jeux de mots. En inversant le contenu des textes en vigueur, les *Ordonnances Generalles d'Amour* légitiment une certaine exultation du corps ainsi que des pratiques sociales directement liées à la séduction amoureuse. Dans son article 23, l'ordonnance d'Orléans, rendue en 1561, après avoir prononcé l'interdiction de toute forme de blasphème, proscrivait les danses dominicales en public : « Défendons à tous juges permettre qu'ès jours de dimanches et festes annuelles et

98 Isambert, Decrusy, Taillandier, *Recueil général des anciennes lois françaises [...]*, t. XIV, p. 97.

99 *Ibid.*, p. 101, 105-107 et 108.

solemnelles, aucunes foires et marchez soient tenus, ni dances publiques faites : et leur enjoignons de punir ceux qui y contreviendront[100] ». Cette défense sera confirmée en mai 1579 par l'article 38 de l'ordonnance de Blois[101]. On relève un écho de ces marques d'austérité chez Brantôme, qui déplorera que les veuves, du temps d'Henri III, ne soient plus autorisées à porter des tenues colorées ni à danser, comme c'était le cas à l'époque de François Ier, « qui vouloit sa cour libre en tout ; et mesmes que les vefves y dansoient, et les prenoit-on aussi librement que l'on faisoit les filles et les femmes mariées[102] ». C'est surtout de la part des Réformés que les attaques contre la danse se font particulièrement vives en ces années. En 1551, paraît un ouvrage anonyme au titre éloquent : *Chrestienne Instruction touchant la pompe et excez des hommes débordez et femmes dissoliies, en la curiosité de leurs parures et attiffemens d'habits qu'ils portent, contrevenans à la doctrine de Dieu, et à toute modestie chrestienne. [...] Plus l'abus invétéré et diabolique invention des dances* (s. l.)[103]. Et en 1564, l'année de la publication des *Ordonnances Generalles d'Amour*, Thomas Chesneau, ou celui auquel cet éditeur protestant a peut-être servi de prête-nom, fait paraître un *Traicté des danses. Auquel il est monstré que les danses sont accessoires de paillardise, et par ainsi que d'icelles ne doit estre aucun usage entre les Chrestiens* (s. l.)[104]. Ces ouvrages polémiques, que d'autres suivront bientôt[105], comme *Le traité des danses* du calviniste Lambert Daneau (1579), fustigent la danse en la présentant comme une forme de luxure

100 *Ibid.*, p. 70.

101 *Ibid.*, p. 391.

102 Brantôme, *Recueil des Dames*, éd. Étienne Vacheret, Paris, Gallimard, « Bibliothèque de la Pléiade », 1991, p. 526.

103 Voir Marie-Joëlle Louison-Lassablière, *Études sur la danse. De la Renaissance au siècle des Lumières*, Paris, L'Harmattan, 2003, p. 116.

104 *Ibid.*, p. 116-117. Voir également Anne Wéry, *La Danse écartelée, de la fin du Moyen Âge à l'Âge classique. Mœurs, esthétiques et croyances en Europe romane*, Paris, Honoré Champion, 1992.

105 Lambert Daneau, le *Traité des danses, auquel est amplement resolue la question, asavoir s'il est permis aux Chrestiens de danser*, s. l., 1579. Faisant observer que, dans la danse, « le comble du mal est, que les hommes y sont meslez & les femmes tout ensemble » (chap. IX, p. 32), l'auteur dénonce son rôle de parade amoureuse : « Tellement que pour bien faire l'amour, il faut aller à l'echole de la danse » (chap. III, p. 13). La conclusion sera, à l'inverse des *Ordonnances*, une interdiction formelle des danses : « Et afin de revenir au poinct, nous disons puisque les danses n'ont autres meilleures defenses, rien n'empesche que de tout droit elles soyent bannies & exterminees d'entre les Chrestiens » (chap. XIX, p. 85 ; nous avons consulté l'édition de 1582, s. l., s. n.). Voir Frank Lestringant, *Jean de Léry ou l'invention du sauvage. Essai sur l'*Histoire d'un voyage faict en la terre du Brésil, Paris, Honoré Champion, 1999, p. 135-138.

et s'en servent pour discréditer les catholiques, qui ne la condamnent pas et s'y adonnent volontiers. Ainsi prend tout son sens la caution que lui donne Amour : dans un contexte où la danse est souvent considérée comme licencieuse, l'article XXXII manifeste clairement une opposition au puritanisme.

À PROPOS DES JEUX

L'article XXIX légitime la pratique des « jeuz honnestes », ce qui, contrairement aux prescriptions concernant la danse, ne contredit en rien le discours moral de l'époque. En 1574, le sévère contempteur des danses Lambert Daneau établira, dans sa *Brieve Remonstrance sur les jeux de sort, ou de hazard*[106], une distinction entre les jeux « licites & honnestes » et les jeux « defendus & desraisonnables ». Cette dernière catégorie englobe les jeux de sort, c'est-à-dire les dés et les cartes, et la première les jeux relevant d'un « sain et moderé exercice du corps[107] » ainsi que ceux qui permettent une « recréation de l'esprit[108] », à l'instar des échecs. Les jeux de hasard, outre qu'ils s'assimilent au vol puisqu'ils visent un gain pécuniaire non justifié, visent à détourner au profit de l'homme la puissance divine, qui se manifeste par le sort. C'est ainsi qu'on ne peut concevoir qu'un seul inventeur de ces jeux : le diable[109]. La notion de « jeux honnêtes » n'est pas propre aux réformés, mais relève d'une tradition à la fois religieuse, morale et juridique[110]. En la reprenant, Pasquier, même sous le masque d'un législateur animé par l'esprit de « sotie », ne fait preuve d'aucune liberté d'esprit. Mais il lui

106 Lambert Daneau, *Brieve Remonstrance sur les jeux de sort, ou de hazard. Et principalement de Dez & de Cartes. En laquelle le premier inventeur desdits jeux, & maux infinis qui en adviennent, sont declarez. Contre la dissolution de ce temps.* s. l., Jacques Bourgeois, 1574, p. 11.

107 P. 41.

108 P. 35.

109 P. 32.

110 Voir Jean-Michel Mehl, *Les jeux au royaume de France du XIIIe siècle au début du XVIe siècle*, Paris, Fayard, 1990, p. 313-374. L'image des jeux de hasard était ordinairement associée à celle des lieux qui les abritaient : la taverne et le lupanar. Voir p. 561 (note 7) la liste des ordonnances royales relatives au jeu de 1254 à 1537 : elles sont en fait assez peu nombreuses, sans doute en raison de la difficulté à définir le délit et à faire respecter les interdictions.

donne une portée humoristique en en faisant un emploi décalé : seront considérés comme *jeuz honnestes* tous ceux dont le nom est porteur d'une équivoque grivoise : « le trou Madame », « le jeu du billart », « tous jeux de Dame souz le tablier », etc. Tous considérés comme licites par la tradition, ils serviront de caution au jeu par excellence, objet innommé du texte : le jeu sexuel.

LE ROI ET LE DROIT

La formule d'enregistrement des ordonnances par le *Parlement de la basse Marche* est à considérer avec attention. L'importance des restrictions qui leur sont apportées par la cour et notamment la demande paradoxale de les observer le moins possible illustrent sur le mode de la plaisanterie l'une des convictions politiques essentielles de Pasquier. À maintes reprises, en effet, il a rappelé le rôle que devait tenir le Parlement dans l'élaboration de la loi. Le principe de la vérification des textes royaux et l'usage des remontrances constituaient à ses yeux des rouages fondamentaux de la monarchie française. Une expression revient plusieurs fois dans ses écrits : « la civilité de la loi », pour désigner la garantie juridique que le Parlement apporte aux décisions royales. Ainsi, au chapitre 4 du livre second des *Recherches de la France*, il présente avec un enthousiasme évident cette particularité des institutions françaises :

> Grande chose veritablement, et digne de la Majesté d'un Prince, que nos Roys (ausquels Dieu a donné toute puissance absoluë) ayent d'ancienne institution voulu reduire leurs volontez sous la civilité de la loy : et en ce faisant, que leurs Edits et decrets passassent par l'alambic de cét ordre public. Et encores chose pleine de merveille, que deslors que quelque ordonnance a esté publiée et verifiée au Parlement, soudain le peuple François y adhere sans murmure : comme si telle compagnie fust le lien qui nouast l'obeyssance des sujets avec les commandemens de leur Prince. Qui n'est pas œuvre de petite consequence pour la grandeur de nos Roys. Lesquels pour cette raison ont tousjours grandement respecté cette compagnie, encore que quelquesfois sur les premieres avenuës, son opinion ne se soit en tout et partout renduë conforme à celle des Roys[111].

111 *Recherches*, II, 4, éd. citée, t. I, p. 361.

Le rôle dévolu au Parlement ne remet pas en cause le principe de l'absolutisme royal, il n'en est qu'une émanation, qui permet au roi, en tant que personne dont la volonté peut être surprise, de ne prendre aucune décision non conforme à l'ordre constitutionnel du royaume[112]. Et c'est justement parce que le roi tolère ce devoir de conseil qu'il assoit son autorité auprès du peuple. La métaphore de « l'alambic » évoque le long processus de réflexion et de délibération conduit par les membres du Parlement afin de ne garder pour la publication qu'un texte conforme à l'essence des lois du Royaume. Ainsi examinés, les textes royaux acquièrent un caractère sacré et perpétuel. La « civilité de la loi », sous laquelle doit être réduite la volonté du souverain, désigne l'autorité du trésor juridique du royaume, la sagesse du Droit, gardienne ancestrale de la cohésion du corps social[113]. L'expression se retrouve dans le texte de la plaidoirie de Pasquier pour la ville d'Angoulême, prononcée devant le parlement de Paris en 1576, telle qu'on peut la lire dans une lettre adressée par l'auteur à Scévole de Sainte-Marthe :

> Non que pour cecy[114] noz Roys ayent estimé se mettre souz la tutelle d'autruy, mais reduisants par ce moyen leur puissance absoluë sous la civilité de la loy, ils se sont garantiz de l'envie publique, & des importunitez de ceux qui pour leurs faveurs particulieres, abusoient de la debonnaireté de leurs Maistres : Se rendants par ce moyen aimez de leurs sujets sur tous les Princes de l'Europe. Chose qui a conservé leur grandeur successivement, depuis unze cens ans jusques à huy[115].

---

112 Voir Philippe Pichot-Bravard, *Conserver l'ordre constitutionnel (XVIe-XIXe siècle). Les discours, les organes et les procédés juridiques*, Bibliothèque d'histoire du droit et du droit romain, tome 24, Paris, L.G.D.J., 2011.

113 Philippe Pichot Bravard (*op. cit.*, p. 50) glose ainsi l'expression de Pasquier : « Le terme "civilité" désigne ici, selon la définition d'Oresme, "la manière, ordonnance et gouvernement d'une cité", c'est-à-dire les usages et les règles qui constituent l'ordre constitutionnel et permettent l'harmonie sociale ». La formule sera également utilisée par Achille de Harlay, premier président du Parlement, qui invite en 1581 le roi Henri III à « réduire sa puissance à la civilité de la loi » (cité par Ph. Pichot-Bravard, *op. cit.*, p. 50), ainsi que par Montaigne, alors maire de Bordeaux, dans une lettre au conseiller du roi Nantouillet, datée du 22 novembre 1582, dans laquelle il évoque « les trois freins [...] par lesquels la puissance absolue du prince et monarque, laquelle est appelée tyrannique quand on en use contre raison, est refrenée et réduite à civilité et par ainsi est reputée juste, tolérable et aristocratique » (cité par S. Daubresse, *Le Parlement de Paris ou la voix de la raison (1559-1589)*, Genève, Droz, 2005, p. 268). Les protestants s'en serviront pour contester le pouvoir royal, notamment dans le *Reveille-Matin des François*, publié en 1574 (*ibid.*).

114 Pasquier vient d'évoquer l'homologation par le Parlement des lois et traités.

115 *Les Lettres d'Estienne Pasquier*, VI, 1, éd. 1586, f. 168 r°. Scévole de Sainte-Marthe (1536-1623), avec qui Pasquier a entretenu une correspondance étroite, fut contrôleur général des finances à Poitiers, puis trésorier général du Poitou.

En 1588, dans une autre lettre à Scévole de Sainte-Marthe, en cherchant à expliquer la journée des barricades, Pasquier affirme à nouveau ce qui devrait être un des piliers de la monarchie :

> Il ne faut rien esperer de bon, si le Roy par sa bonté ne reduit sa puissance absoluë, sous la civilité des Loix Royalles de la France, comme ont fait ses Predecesseurs. En ce faisant il aura la paix avec Dieu, il l'aura dans son Royaume, il l'aura avec ses Subjects[116].

Dans une lettre qui ne peut être que plus tardive, puisque Pasquier y remercie son correspondant, l'avocat au Parlement Anne Robert, de l'envoi de son livre de *Rerum judicatarum*, recueil jurisprudentiel dont la première édition date de 1596[117], on relève à nouveau l'expression dans un développement consacré aux « Ordonnances royaux », la première des quatre sources du droit français, les trois autres étant : les « Coustumes diverses des Provinces », les « Arrests generaux des Cours souveraines » et le « Droit des Romains » :

> [...] combien que l'Ordonnance soit le vray ouvrage de nos Rois, non moins souverains dedans leur Royaume, que les Empereurs dedans leur Empire, toutesfois leurs Ordonnances n'ont aucun effect, qu'elles n'ayent esté premierement publiees & verifiees par les Cours souveraines, des Parlements, des Comptes, des Aydes, chacune en droit soy, selon que le subject y est disposé : & avant que les publier, elles les peuvent modifier, selon le devoir de leurs consciences. Ce que nos Rois ordinairement reçoivent de bonne part & ne pensent pour cela leurs Majestez en estre amoindries, ains accreuës. Que si ces modifications ne leur plaisent, on procede par humbles remonstrances envers eux : Et souventesfois s'en rendent capables : Autrement, il faut passer par leurs volontez : mais avec ceste condition, que l'on insere aux Registres, les lettres avoir esté publiees, verifiees, & enregistrees par l'expres commandement du Roy. Ce sont les façons que nous aportons en ceste France, en la publication d'un Edict, lequel estant verifié (qui nous tient lieu des affiches de Rome) adoncques nos Rois, par une bienvueillance naturelle qu'ils portent à leurs subjects, reduisants leur puissance absoluë sous la civilité de la Loy, obeïssent à leur Ordonnance[118].

Tel est donc le critère qui permet de distinguer la monarchie française d'une tyrannie. Et même si, effectivement, en cas de conflit, le dernier mot

---

116 *Les Lettres d'Estienne Pasquier*, XII, 8, éd. 1619, t. I, p. 817-818.

117 Sur Anne Robert, voir Marie Houllemare, « Un avocat parisien entre art oratoire et promotion de soi (fin XVIe siècle) », *Revue historique*, 2004/2, n° 630, p. 283-302.

118 *Les Lettres d'Estienne Pasquier*, XIX, 15, éd. 1619, tome second, p. 524-525.

revenait toujours au roi, les propos de Pasquier illustrent bien l'attachement des parlementaires du XVIe siècle à ce rôle de conseil et à l'indépendance d'esprit qui le rendait possible. C'est pourquoi la formule du « Parlement de la basse Marche » stipulant que « quand à tous les autres articles, celuy qui usera le moins de ces presentes ordonnances, sera estimé le plus sage & trompera son compagnon », doit sans doute être lue comme un sourire de connivence à l'adresse des parlementaires, un rappel des prérogatives de ceux qui se considèrent comme les membres d'un Sénat français, chargés, en raison de leur culture juridique et historique, ainsi que de leur pondération, de veiller à la sagesse des décisions royales. *Amour*, l'autorité au nom de laquelle sont prises ces ordonnances organisant la licence amoureuse, n'est après tout, dans la tradition littéraire venue de l'Antiquité, qu'un enfant irresponsable. Il n'en est pas moins un dieu, qui étend sa domination sur tous les êtres. Alors, tout en enregistrant avec respect sa volonté souveraine, l'assemblée des sages l'assortit d'une clause qui l'assimile à la règle d'un jeu et vise à en inverser les effets.

Même si cette pirouette finale rappelle surtout au lecteur que *Les Ordonnances d'Amour* ne sont qu'un jeu, elle contribue donc à valoriser le rôle du Parlement. Or il n'est pas indifférent de constater que le livre a paru à un moment où les relations entre le roi et les parlementaires ont été particulièrement tendues. L'année 1563, comme l'a montré Sylvie Daubresse, a été marquée par une série de conflits engendrés par le refus de la compagnie d'enregistrer rapidement et sans remontrances plusieurs édits essentiels à la conduite de la politique royale[119]. L'édit d'aliénation des biens d'Église, destiné à combler le déficit financier de la monarchie, l'édit d'Amboise autorisant le culte protestant en dehors de la vicomté et prévôté de Paris, ainsi que la décision de dessaisir le Parlement des procès touchant à son application, la déclaration de majorité du roi Charles IX, prononcée devant le parlement de Rouen et non celui de Paris, font l'objet de remontrances ou se heurtent pour leur enregistrement à la mauvaise volonté des parlementaires. En octobre 1563, le roi réplique par un rappel à l'ordre : les Parlements doivent se cantonner à leur fonction judiciaire et renoncer à se mêler des affaires de l'État. Et l'on sait par une lettre de 1563 relative à l'aliénation des biens d'Église que Pasquier, sans être lui-même membre du Parlement, partageait l'opposition de la cour à cette décision :

---

119 *Le Parlement de Paris [...]*, p. 121-166.

> Pour reparer la breche faite par les troubles & fournir au defroy de la guerre on fait une autre nouvelle breche. L'on vend, par Edit, du domaine du bien de l'Eglise jusques à trois millions de livres. Chose à quoy dix ans auparavant on n'eust seulement osé penser. Le Parlement en a fait plusieurs refuz : en fin il a esté publié. Ce n'est pas un autre petit advantage pour les Huguenots, lesquels estiment qu'en affoiblissant le Clergé, leur cause s'en fortifie. La plus part d'entr'eux court à l'envy aux acquisitions de ce bien[120].

Il est donc fort probable que la formule finale des *Ordonnances d'Amour* s'inscrit dans un contexte qui lui donne la valeur d'une prise de position politique. L'examen des formules d'enregistrement du Parlement de Paris permet d'ailleurs de constater que, sans se prévaloir des pouvoirs que lui attribue la fiction de Pasquier, il lui arrivait cependant de préciser à propos de tel article d'un édit : « sans avoir esgard audit article, on fera le contraire[121] ». Il semble donc que Pasquier ait voulu, dans l'espace du jeu, étendre jusqu'à des limites extrêmes les prétentions du Parlement à faire entendre, en contrepoint de la parole royale, ce qu'il considérait comme la voix de la raison.

LE JEU DU TEXTE

La date et le lieu mentionnés à la fin des *Ordonnances*, tout autant que l'autorité dont elles émanent (*Genius*), sont des leviers importants du basculement du discours juridique dans le domaine amoureux :

> Donné à nostre Chasteau de plaisance, pres beauté, au mois de May.

Le mot « donné », remplaçant dans les textes en français le latin *datum*, était le terme consacré, dans les usages de la Chancellerie, pour introduire la date et le lieu de la rédaction du texte[122]. Mais le « Chasteau de plaisance » introduit un nouvel univers de référence : le lieu relève

---

120 *Les Lettres d'Estienne Pasquier*, IV, 22, éd. 1586, p. 125.

121 Cité par Hélène Michaud, *La Grande Chancellerie [...]*, p. 380n. L'édit modifié est du 13 février 1550 (n. st.).

122 C'est du pluriel de *datum* (*data*), pris pour un singulier féminin, que vient le mot français « date ».

de la fiction littéraire et plus précisément du discours allégorique. Si le terme « plaisance » était à peu près l'équivalent de notre actuel « plaisir », il désignait surtout le plaisir lié à l'amour. Tel est le sens qu'il avait dans le titre d'une anthologie poétique publiée à l'orée du XVIe siècle : *Le jardin de Plaisance*[123]. Pasquier ne devait pas en ignorer l'existence, car elle connut au moins neuf éditions. À l'instar d'un jardin, le recueil aligne comme des parterres des poèmes ayant tous pour sujet l'amour. Leur compilateur, qui se donne le nom de *l'Infortuné*, combine en un récit ballades, chansons, rondeaux et autres genres poétiques des XIVe et XVe siècles. On y trouve, dépourvus du nom de leur auteur, des poèmes de Guillaume de Machaut, d'Alain Chartier, de Villon, des Grands Rhétoriqueurs. On y relève aussi la présence d'un texte qui n'est pas sans rapport avec les *Ordonnances Generalles d'Amour* : *Le Parlement d'Amour* (ou *Accusation contre la Belle Dame sans Mercy*) de Baudet Herenc[124]. D'autre part, le terme « plaisance », selon le dictionnaire d'Estienne (1549), a aussi le sens de « plaisanterie » : « Quelle plaisance ! c'est pour rire. *Quam faceté*[125] ! » Dans ce lieu allégorique de Plaisance, jardin devenu château sans doute par souci de cohérence avec la rédaction d'une ordonnance, *Genius* a donc publié des décisions qui proclament les droits du plaisir amoureux, mais qui ne devront pas être interprétées autrement que comme une plaisanterie.

Quant au mois de mai, c'est celui qui sert ordinairement de cadre temporel aux amours dans la poésie médiévale. Pasquier, qui a montré dans ses *Recherches de la France* son intérêt pour les origines de la littérature française, a raconté avoir consulté à la bibliothèque royale de Fontainebleau un manuscrit contenant les poésies de Froissart[126]. Dans ce manuscrit aujourd'hui conservé à la Bibliothèque nationale de France sous la cote Ms. Fonds français 831, il dit avoir trouvé « un traité où [Froissart] louë le mois de May ». En effet, après deux poèmes inscrits dès leur titre dans la tradition allégorique (*Le Paradis d'Amour*, *Le Temple d'Honneur*), on y relève un texte versifié intitulé exactement : *Chi s'ensieut un tretiers amourous a le plaisance dou mois de May* (f. 24 r°-27 v°). Outre

---

123 *Le jardin de plaisance et fleur de Rethoricque*, Paris, Antoine Vérard, s. d. [1501]. *Fac-similé* (t. I), *Introduction et notes* (t. II) par E. Droz et A. Piaget, Paris, Firmin-Didot, 1910 et 1925.

124 Voir *infra* : « L'esprit de la Basoche ».

125 *Quam faceté* : « comme c'est plaisant ! ».

126 *Recherches*, VII, 5, éd. citée, t. II, p. 1405.

sa présence dans le titre, le mot « plaisance » y sert aussi à désigner un personnage allégorique : c'est à la demande de *Plaisance* que l'auteur affirme avoir composé une ballade qui est insérée dans le texte et dont le refrain supplie ainsi la dame :

> Par vostre gré je puisse rechevoir
> Le gratieux plaisant don de merci (f. 26 v°).

L'addition de l'autre édition anversoise de 1574 : « pres beauté, *en l'isle & port d'amoureuse mercy*, au mois de May 1564 » confirme à la fois la référence à cette tradition littéraire et la nature charnelle de cet amour sur lequel il est légiféré. Les dames dont parlent les *Ordonnances* ne sont pas « sans merci » à l'égard de leurs galants et ne doivent pas contrarier l'arrivée à bon port de leurs désirs.

La présence récurrente de la « plaisance », avec une dimension sexuelle évidente, dans ce texte qui, étant consacré à la louange du mois de mai, reprend les éléments constitutifs de la reverdie (la végétation renaissant au printemps, les fleurs et leur parfum, les chants des oiseaux et l'éclosion de l'amour) renforce l'idée que c'est à ce genre littéraire, et peut-être même à ce poème de Froissart en particulier, que la formule de datation des *Ordonnances* fait référence. Mais on peut y voir une autre raison : le mois de mai étant la période des principales festivités de la Basoche, la date choisie signalerait au lecteur que le texte doit être considéré comme relevant de cette culture de divertissement propre aux professions juridiques.

LA FÊTE DES ROIS, LES SATURNALES ET L'ÂGE D'OR

Dans *Les Recherches de la France*, Pasquier a présenté la fête des Rois comme une survivance des Saturnales romaines, ces fêtes instituées en l'honneur de Saturne et chargées de rappeler le mode de vie des premiers hommes au temps de l'âge d'or, assimilé au règne de ce dieu[127]. En ce temps-là, dit-il, non seulement, il n'y avait pas de distinction entre le maître et l'esclave,

127 *Recherches*, IV, 10, éd. citée, t. II, p. 919-921. Voir également VIII, 7, t. III, p. 1546.

mais toutes choses étaient communes. La formulation employée au livre IV des *Recherches* (« il n'y avoit ny mien ny tien entre les vivans ») fait écho à celle que l'on peut lire à l'article III des *Ordonnances Generalles* (« les aucuns des Confreres disans que pour le contentement d'un chacun, il failloit que toutes choses fussent communes, & les autres au contraire approuvans seullement le mien & le tien »), ce qui laisse penser que cet opuscule peut être lu comme la reconstruction imaginaire d'un âge d'or, image inversée du monde réel et paradigme d'une société rendue heureuse par la possession commune, non des biens, en l'occurrence, mais des femmes.

Le lecteur du XVIe siècle ne pouvait ignorer la référence implicite de l'article III : le premier adage, à partir de l'édition de 1508 et jusqu'à la version finale, commenté par Érasme dans son livre des *Adages* : *Amicorum communia omnia* (« Entre amis tout est commun »). En plaçant cette glose au seuil de son livre, Érasme avait voulu lui conférer une forte charge symbolique :

> Comme aucun proverbe n'est plus utile ni plus fameux que celui-ci, j'ai voulu, en quelque sorte, débuter cette collection d'adages sous son heureux patronage. D'ailleurs, s'il était fixé dans le cœur des hommes autant qu'ils l'ont à la bouche, il n'y a pas de doute que la plus grande partie des malheurs de notre vie nous serait épargnée. Socrate déduisait de ce proverbe que les hommes vertueux possèdent tout, autant que les dieux[128].

Par le biais de cette référence à Érasme, Pasquier mettait son texte sous son « heureux patronage », et, par son intermédiaire, sous celui de Socrate. Et la notion de « compassion », invoquée dans l'article III pour régir les relations amoureuses, pouvait rappeler la convergence entre la philosophie grecque et la prédication du Christ, qui constitue le point culminant du commentaire :

> C'est extraordinaire de voir à quel point les chrétiens haïssent cette communauté de Platon et lui jettent la pierre, alors que jamais aucun philosophe païen n'a rien dit qui soit plus conforme à la parole du Christ[129].

Rien n'interdit de rapprocher la « compassion », prônée par l'article III à propos des rapports amoureux, de l'*agapè* ou de la *caritas*. En se

128 Érasme de Rotterdam, *Les Adages*, sous la direction de Jean-Christophe Saladin, Paris, Les Belles Lettres, 2011, vol. I, p. 42.
129 *Ibid.*, p. 43.

permettant de solliciter pour sa pochade licencieuse la bienveillante autorité d'Érasme, Pasquier suggérait sans doute au lecteur qu'il pourrait y chercher, à défaut d'une substantifique moelle ou d'un plus haut sens qui n'y ont point leur place, du moins une furtive allusion à un « humanisme chrétien » appelant de ses vœux un monde où règneraient les notions de partage et d'amour du prochain.

Mais la présence de cette notion de communauté des biens et/ou des femmes en deux autres ouvrages de Pasquier nous permet d'avancer davantage dans l'interprétation. On la relève dans *Le Monophile* (1554), où ce n'est pas, ainsi qu'on s'y attendait, le personnage de Philopole, héraut de l'inconstance, qui s'y réfère, mais Monophile, champion de la fidélité, dans le but de discréditer les arguments de son adversaire : aller de femme en femme, c'est, dit-il, se comporter comme les Mahométans qui pratiquent la polygamie ou comme les cyniques qui « en leur sotte imagination de Republique, entre leurs autres conceptions, voulurent les femmes en general estre communes. Laquelle opinion, neantmoins, fut tousjours bannie de toute cité bien ordonnée et digerée[130] ». Elle figure également dans *Le Pourparler de la Loy*[131], où le Premier Esclave, jouisseur égoïste qui pratique allègrement le vol, le duel et l'amour libre, se justifie en se fondant sur le concept de nature : « je voy que au cours de nostre premiere nature, tout estoit tellement uny, que sans distinction du mien & tien, un chacun vivoit à sa guise, mettant en communauté ce que lors la terre gaye produisoit de son propre instinct[132] ». En conséquence, le véritable voleur ne saurait être que « celuy qui premier mit bornes aux

130 *Le Monophile*, éd. E. Balmas, Milano-Varese, Istituto Editoriale Cisalpino, 1957, p. 75. Les cyniques, en effet, si l'on se réfère à Diogène Laërce, prônaient la communauté des biens et celle des femmes. Antisthène encourageait la pratique de l'aumône par le sage, puisque, disait-il, « tous les biens d'autrui lui appartiennent » (Diogène Laërce, *Vies et doctrines des philosophes illustres*, VI, 11, traduction française sous la direction de Marie-Odile Goulet-Cazé, Paris, Librairie Générale Française, 1999, p. 689). Quant à Diogène, « il demandait la communauté des femmes, ne parlant même pas de mariage, mais d'accouplement d'un homme qui a séduit une femme avec la femme séduite. Pour cette raison il demandait aussi la communauté des enfants » (Diogène Laërce, VI, 72, p. 738). L'adage I, 1 cité *supra* (« Entre amis, tout est commun »), attribué par Érasme à Socrate, était présenté par Diogène Laërce comme un précepte de Diogène le Cynique (VI, 37 et VI, 72). Voir Michèle Clément, *Le Cynisme à la Renaissance*, Genève, Droz, 2005, p. 94-95.

131 La date de publication du dialogue est 1581 (Paris, Gilles Robinot, à la suite des deux premiers livres des *Recherches de la France*), mais Béatrice Sayhi-Périgot montre qu'il a dû être rédigé vers 1560 (*Pourparlers*, éd. B. Sayhi-Périgot, Paris, H. Champion, 1995, p. 14-17).

132 *Ibid.*, p. 165.

champs, celuy qui encourtina de murs les bourgades[133] ». Quant à la « paillardise », on ne saurait la condamner puisqu'elle n'est que l'effet d'une disposition naturelle : « Aussi faisant le foye ses distributions naturelles en nous, il envoye aux vaisseaux spermatiques le sang plus espuré[134] ». Si ces propos qu'on peut qualifier de « subversifs » ne sont pas validés par l'agencement global des dialogues, il n'empêche qu'ils y sont admis et qu'ils contribuent à en faire des espaces où la parole jouit d'une grande liberté. Certes, dans *Le Monophile*, la communauté des biens et des femmes sera en fin de compte présentée comme une erreur[135], un pur sophisme (« ce sont propos[136] ») propre à ceux « qui se rompent le cerveau à disputer[137] ». De même, une manchette du *Pourparler de la Loy*, formulant ce que le lecteur doit comprendre comme étant la pensée de l'auteur et non l'opinion d'un des personnages[138], précisera que les propos du Premier Esclave (un Italien !) ne sont que « masquée deffense de paillardise[139] ». Et, un peu plus loin, une autre manchette introduira par ces termes l'argumentation du Second Esclave, défenseur de la vertu : « Discours du vray philosophe ». Il ne saurait donc y avoir la moindre ambiguïté sur la leçon à retenir. Néanmoins, le genre du dialogue, tel que Pasquier le pratique, ne censure pas les opinions non conformes à la doxa, mais au contraire leur donne un rôle de stimulant intellectuel. À la fin du *Pourparler de la Loy*, le Premier Esclave est, malgré ses opinions erronées, invité par les deux autres protagonistes à poursuivre avec eux la discussion afin de passer les temps morts de la navigation en « propos d'eslite[140] ». Semblablement, dans *Le Monophile*, Philopole soutient que le débat doit se situer hors du cadre de la loi en vigueur (en l'occurrence la famille monogamique) et envisager la possibilité d'autres règles de vie, ce qui revient à postuler la nécessité de la liberté de pensée et d'expression :

---

133 *Ibid.*, p. 166.
134 *Ibid.*, p. 168.
135 « Cest erreur de communion, où estes inadvertement tombé » (*Le Monophile*, p. 79).
136 *Ibid.*, p. 78.
137 *Ibid.*
138 Même si, comme le pense Béatrice Sayhi-Périgot, les manchettes ne peuvent pas être considérées avec certitude comme étant de Pasquier lui-même, elles n'en ont pas moins un rôle « auctorial », en guidant le lecteur dans son interprétation du livre (*Pourparlers*, p. 22-23).
139 *Ibid.*, p. 168.
140 *Ibid.*, p. 181.

> Car qui vous a appris, Seigneur Monophile, le mariage d'un à une estre meilleur, que celuy d'un à plusieurs, sinon la loy ? laquelle neantmoins, si par manière de dispute il nous est loisible mettre hors (comme sont nos pensées libres) estimez-vous, que ce dernier mariage ne se munisse de deffence, tout aussi bien que le vostre[141] ?

Et Philopole se fera un malin plaisir de montrer que, si son contradicteur avait été parfaitement honnête, il aurait reconnu que l'idée de la communauté des femmes (que d'ailleurs lui-même ne soutient pas) n'était pas seulement défendue par les cyniques et les mahométans, dont les opinions sont évidemment peu recommandables, mais que Platon lui-même, théoricien incontesté de l'amour, l'avait préconisée[142].

Dans son principe même, le dialogue en tant que genre littéraire est un jeu. Avant d'énoncer une pensée digne d'être retenue, il fait entendre, pour le plaisir des auditeurs, le cliquetis des armes intellectuelles maniées par les protagonistes. Au plus brillant, au plus subtil, de faire admirer ses coups. Il est admis que l'on puisse y faire l'*essai* de toute opinion, aussi paradoxale et provocatrice soit-elle. La connaissance des choses, dit le narrateur du *Pourparler du Prince*, s'élabore par la confrontation des opinions opposées, de même que c'est par « le heurt & attouchement violent du caillou avec l'acier » que se produisent les étincelles[143]. Ce jeu du dialogue nous mène au jeu de la fausse ordonnance, au pastiche burlesque, où, par convention, toute proposition contraire aux opinions reçues sera la bienvenue. Un modèle opposé à l'ordre institué y est non seulement autorisé, mais attendu. Sans doute n'en faudra-t-il rien retenir en définitive et se contenter d'en rire, mais, de même que certaines paroles du fou de cour peuvent changer le regard porté sur les signes du pouvoir, du spectacle de ce monde inversé pourront sourdre quelques interrogations salutaires sur le monde tel qu'il est. Si *Les Ordonnances Generalles d'Amour* ne doivent pas être considérées *in fine* comme une mise en cause de la loi en vigueur, que ce soit dans le domaine de la sexualité ou dans quelques autres relevant du législateur, elles instilleront

141 *Op. cit.*, p. 77.

142 *Ibid.*, p. 78. Voir l'annotation de l'article III des *Ordonnances Generalles d'Amour.*

143 Pasquier, *Pourparlers*, éd. B. Sayhi-Périgot, Paris, H. Champion, 1995, p. 51. Voir J.-P. Dupouy, « *Le heurt du caillou avec l'acier* ou les effets du dialogue selon Étienne Pasquier », *Les États du dialogue à l'âge de l'humanisme*, sous la direction d'E. Buron, P. Guérin et C. Lesage, Presses universitaires François-Rabelais de Tours, Presses universitaires de Rennes, 2015, p. 145-153.

tout de même dans l'esprit du lecteur l'idée que d'autres modèles de vie seraient possibles, alors même que l'histoire les a discrédités ou rejetés dans l'oubli. Ainsi, dans l'espace bien circonscrit du jeu, peuvent-elles prêter autant à penser qu'à rire et ne sont-elles pas dénuées, pour la recherche du vrai, de vertus heuristiques.

En présentant « les desbauches que nous faisons à la feste des Roys[144] » comme un exemple de la survivance des cultes païens dans une société christianisée, Pasquier tempère sa condamnation morale par la conscience des compromis nécessaires entre la Vérité divine et la réalité des mentalités populaires : « on tolera en nostre Religion les danses, banquets, et allegresses, souffrant aucunement un mal, pour en empescher un pire[145] ». Sa connaissance des fêtes célébrées en l'honneur de Saturne lui venait de Macrobe, qu'il cite dans le chapitre des *Recherches* consacré conjointement aux bonnets des étudiants venant d'obtenir leur maîtrise, qu'il considère comme un emprunt à la tradition romaine du bonnet des affranchis, et à la fête des Rois[146]. L'auteur latin, dans le dialogue qui a précisément pour titre *Les Saturnales* et qui est censé retranscrire un débat qui se serait tenu lors de ces fêtes, du 17 au 19 décembre, illustrait une culture païenne entrée en résistance contre le christianisme triomphant du ve siècle. Il rappelait ainsi le lien entre les débordements propres à ces fêtes et le mythe de l'Âge d'or, règne de Saturne :

> Son règne passe pour avoir été une période très heureuse, d'une part en raison de l'abondance des ressources, d'autre part parce qu'il n'existait pas encore de différence fondée sur l'esclavage ou la liberté, ce qui peut se déduire de la liberté totale accordée aux esclaves pendant les Saturnales[147].

D'autre part, Pasquier ne pouvait ignorer les descriptions de l'Âge d'or données dans *Le Roman de la Rose*, étant un lecteur assidu de cette œuvre qu'il évoque fréquemment dans *Les Recherches de la France*. Aux vers 8357-8458, Ami oppose la vénalité des amours modernes aux ébats innocents de « nos premiers peres et de nos premeraines meres[148] » sur

144 *Recherches*, VIII, 7, éd. citée, t. III, p. 1546.

145 *Ibid.*, p. 1548.

146 *Recherches*, IV, 9, éd. citée, t. II, p. 918-921 : *Des Bonnets, qu'on prend aux Licences, et Maistrises des Escoliers, Estreines, Banquets que l'on fait à la feste des Roys.*

147 Macrobe, *Les Saturnales*, I, 26, éd. Charles Guittard, Paris, Les Belles Lettres, 1997, p. 37.

148 Guillaume de Lorris et Jean de Meun, *Le Roman de la Rose*, v. 8359-8360, éd. Armand Strubel, Paris, Librairie Générale Française, 1992, p. 502.

des parterres de fleurs présentés comme des courtepointes confectionnées par Zéphir et Flora :

> Sour tels coustes com je devise,
> Sanz rapine et sanz convoitise,
> S'entracoloient et baisaient
> Cil cui les geus d'amours plaisaient[149].

Dans ce monde des origines, le vol n'existe pas, puisque tout est commun :

> Trestuit paraill estre soloient,
> Ne rien propre avoir ne voloient[150].

Un peu plus loin, aux vers 9497-9531, Ami décrira une société vivant dans l'abondance, la paix et la loyauté, jusqu'au jour où les maux s'abattirent sur la terre et où l'instauration de la propriété signa la fin de l'innocence primitive :

> De mal faire puis ne cessierent
> Car fals et tricheour devindrent.
> As proprietez lors se tindrent[151].

Enfin, aux vers 20036-20212, le mythe de Saturne fera l'objet d'un nouveau récit, mais cette fois le narrateur sera Genius. Or on sait que Pasquier a désigné ce personnage comme étant l'autorité à qui le dieu Amour a délégué le pouvoir de prendre des *Ordonnances generalles.* Ce que Genius représente dans l'œuvre de Jean de Meung éclaire donc le sens de l'opuscule de Pasquier. C'est à l'intérieur d'un long discours, qui tient du « sermon joyeux[152] », que le personnage rappelle, pour la condamner, la castration de Saturne par son fils Jupiter. La référence explicite aux *Géorgiques* (I, 125-128) pour évoquer un temps où la propriété privée était inconnue[153] prend place à l'intérieur d'un éloge de la sexualité et de la procréation. Genius, comme l'indique la racine *gen-*, est le personnage qui incarne les forces de la génération, en lutte avec

149 *Ibid.*, v. 8435-8438, p. 506-508. Les *coustes* sont des lits de plume.
150 *Ibid.*, v. 8451-8452, p. 508.
151 *Ibid.*, v. 9594-9596, p. 570.
152 Voir A. Strubel, éd. citée, p. 1131.
153 *Ibid.*, v. 20119-20130, p. 1152.

celles de la mort[154]. Il est le chapelain de Nature, laquelle a été elle-même prise par Dieu pour chambrière ainsi que

> Pour conestable et pour vicaire[155].

Les relations entre Dieu, Nature et Genius dans *Le Roman de la Rose* étaient bien connues de Pasquier, qui cite ce vers dans le chapitre XII du livre second des *Recherches*, à l'appui de son analyse historique de la fonction de connétable dans le royaume de France :

> Depuis ce regne [celui de Louis VIII], je ne lis point les Connestables, qu'avec tiltre de superiorité et superintendance des armes, et pour dire le vray, Lieutenans generaux du Roy. Pour laquelle cause Jean de Mehun, introduisant Nature parlant à l'Archiprestre Genius, du Seigneur qui l'avoit commise pour son Vicegerant sur toutes creatures, dit ainsi :
>
> Cettuy Grand Sire tant me prise
> Qu'il m'a pour sa chambriere prise,
> Pour sa chambriere, certes voire,
> Pour Connestable ou pour Vicaire[156].

Désigné par Pasquier dans ce passage comme « l'Archiprestre » de Nature, le Genius du *Roman de la Rose* devient dans les *Ordonnances*, selon les termes employés dans le préambule, l'« Archiprestre d'Amour Vicaire & Lieutenant general pour sa Majesté en tous ses bas païs & contrees ». Son rôle sacerdotal s'y manifeste par son pouvoir de diriger les mœurs de la communauté, d'imposer ou d'interdire des comportements. Il ajoute une touche religieuse à la nature essentiellement juridique du texte. Outre ce statut de ministre d'un culte rendu à la sexualité, le Genius des *Ordonnances* tient de son prédécesseur sa maîtrise du langage à double entente. Ainsi peut-on lire dans le *Roman de la Rose*, quand Genius prononce son sermon, des équivoques érotiques qui n'ont rien à envier à celles des *Ordonnances* :

---

154 *Deus qui preest nupciis* (« le dieu qui préside aux noces ») : c'est ainsi que Genius est défini dans le *Dictionarius* (1440) de Firmin Le Ver (*Firmini Verris Dictionarius*, éd. par Brian Merrilees et William Edwards, Turnhout, Brepols, 1994).

155 *Ibid.*, v. 16786, p. 970.

156 Pasquier, *Recherches de la France*, éd. citée, t. I, p. 439. Pasquier mentionne également deux fois le Genius du *Roman de la Rose* au livre VIII de ses *Recherches* : au chapitre V (« Et dans le Roman de la Roze, Nature discourant avec Genius Archiprestre de la puissance que Dieu luy avoit donnée », éd. citée, t. III, p. 1536) et au chapitre LIII, (« Genius discourant de la creation de ce monde », t. III, p. 1667).

Arez, pour dieu, baron, arez,
Et vos lignages reparez ! [...]
Et du soc bouter vous penez
Roidement en droite voie,
Pour mieux afonder en la roie[157].

Dans la littérature médiévale, avant *Le Roman de la Rose*, la figure de Genius avait fait son apparition chez Bernard Silvestre, dont le *De Mundi Universitate* (1147) mettait en scène plusieurs *genii*, conçus, à la manière antique, comme des génies protecteurs, chacun d'eux étant, en l'occurrence, lié à une entité de la nature, et chez Alain de Lille, dont le *De Planctu Naturae* (vers 1170) présente Genius comme le chapelain et l'auxiliaire de Nature, chargé d'excommunier ceux qui transgressent ses lois et associé à l'œuvre de la génération[158]. Si Pasquier n'a pas connu ces deux ouvrages, le *De Planctu Naturae* n'en a pas moins exercé indirectement sur lui une certaine influence puisque Jean de Meung s'en était fortement inspiré. Et il est certain qu'il avait une bonne connaissance d'une autre œuvre, postérieure au *Roman de la Rose*, et où le personnage de Genius tient également un rôle important : *La Concorde des deux Langages* de Jean Lemaire de Belges (publiée en 1513). C'est en effet par une évocation de ce parallèle entre les langues française et italienne qu'il introduit le chapitre 8 du livre VII des *Recherches de la France* : *Si la Poësie Italienne a quelque advantage sur la Françoise*[159]. Le prosimètre de Lemaire de Belges est essentiellement composé de la description de deux temples : celle du temple de Vénus en « vers tiercetz à la fasson ytallienne », c'est-à-dire en terza rima comme chez Dante, et celle du temple de Minerve en « ryme françoise que on dit alexandrine », autrement dit en alexandrins[160]. Le temple de Vénus, situé à Lyon, a pour grand prêtre Genius, « prelat venerïen[161] », coiffé d'une « mytre, / Bien acoustré d'habitz pontificaulx[162] » et assisté de deux diacres venus du *Roman de la Rose*, Dangier et Belacueil. Aux vers 365-616, Genius prononce un sermon pour exhorter les fidèles à

157 *Ibid.*, v. 19705-19706 et 19716-19718, p. 1130.

158 Voir A. Strubel, éd. citée, p. 1119. Voir également Guy Raynaud de Lage, « *Natura* et *Genius* chez Jean de Meung et chez Jean Lemaire de Belges », *Les premiers romans français et autres études littéraires et linguistiques*, Genève, Droz, 1976, p. 15-28.

159 Ed. citée, t. II, p. 1434.

160 Jean Lemaire de Belges, *La Concorde des deux Langages*, éd. Jean Frappier, Textes Littéraires Français, Paris, Droz, 1947, p. 6.

161 *Ibid.*, v. 206.

162 *Ibid.*, v. 331-332.

la procréation. Portant en exergue le thème de la brièveté de la jeunesse, printemps de la vie (*Etatis breve ver*, v. 365), ce sermon est un hymne à la grande force cosmique de l'amour, qui pousse à s'accorder entre eux tant les animaux que les éléments et les astres :

> Les cerfz ou bois tiltre d'Amours observent,
> Les oiseletz maintenant s'apparient
> Et par grand sens leurs especes conservent.
>
> Les elementz les ungz aux aultres rient,
> Celestes corps l'un à l'autre se jouent,
> Toutes choses d'amours ores se prient.
>
> Tous sexes or en concorde se vouent ;
> Masle, femelle ont accord reciprocque,
> Jusque aux poissons qui soubz les undes nouent[163].

Instillée en toutes les créatures par Vénus, la « vertu concupiscible[164] » est ainsi l'agent de la concorde universelle et de la conservation de la vie. Les êtres humains ne peuvent s'exempter de suivre cette loi commune, sous peine d'être anathémisés par Genius :

> Et s'il s'en treuve aucun si negligent
> Qu'en son temps n'ayt servy Venus, sa dame
> Il en mourra de pardon indigent,
>
> Et sera dit anatheme et infame,
> Fourclos d'aller aux beaux Champs Helisées
> Où le siege est de mainte benoite ame[165].

La présence du personnage de Genius dans les *Ordonnances Generalles d'Amour* est donc un indice clair que Pasquier a voulu inscrire son texte dans la continuité des éloges du désir sexuel que l'on trouve chez Jean de Meung et chez Lemaire de Belges[166]. Que la suite d'articles soit non

163 *Ibid.*, v. 376-384.

164 *Ibid.*, v. 405.

165 *Ibid.*, v. 502-507.

166 On relève une autre apparition de Genius en dehors du *Roman de la Rose* dans un poème, composé de 36 dizains décasyllabiques, inclus dans un manuscrit datant de 1480 environ (BnF fr. 1661, f. 66 r°-71 v°) : *La Bulle du pardon d'amours*. L'incipit en est : « Dan Genius, vicaire appostolicque / De Cupido du hault des cieulx venuz ». Voir *Deux moralités de la fin du Moyen Âge et du temps des Guerres de Religion*, éd. Jean-Claude Aubailly et Bruno Roy, Genève, Droz, 1990, p. 18.

seulement signée par *Genius* mais aussi contresignée par *Clopinet* en apporte la confirmation. C'est en effet sous cette variante de son patronyme que Pasquier désigne l'auteur du *Roman de la Rose* au chapitre III du livre VII de ses *Recherches de la France*[167]. Il serait pour autant erroné d'y chercher le message d'une idéologie naturaliste : ce texte législatif détourné n'est qu'un divertissement et ne doit pas être compris comme une réelle incitation à l'amour sans contraintes, tout au plus peut-il donner à un public éclairé l'occasion de réfléchir aux fondements de la loi en vigueur, en lui rappelant qu'elle n'est pas la seule imaginable. De la fête des Rois aux Saturnales, du mythe de l'Âge d'or au *Roman de la Rose*, on voit se dessiner une ligne de cohérence portant l'idée d'un autre monde possible : un monde qu'il n'est pas question de substituer au monde réel, mais qui permet de mieux le comprendre. On en conclura avec Pasquier lui-même, parlant de la « coustume [...] des Roys », « qu'il fallait que ceux qui en furent les premiers introducteurs fussent gens de Lettres par toutes les rencontres qui se trouvent en ce deduit[168] ».

LE DROIT NATUREL

Dans sa lettre à Marillac[169], Pasquier a placé ses ordonnances sous le patronage de Cicéron : « je vous remets devant les yeux ces belles & magnifiques loix : loix que je puis dire, souz meilleurs gages que Ciceron en sa harangue pour Milon, non dictées ains nées, lesquelles nous n'avons aprises, prises, ou par longue lecture acquises, ains qui de la mesme nature se tirent, s'inspirent & de ses propres mammelles s'espuisent[170]. De manière que je me vanteray que toutes les autres ne sont que masques au regard de celles-cy[171] ». Dans le *Pro Milone*, c'est en effet par référence au droit naturel que l'avocat s'attachait à atténuer la

167 Ed. citée, t. II, p. 1385 : « comme aussi le Roman de la Rose commencé par Guillaume de Lorry, parachevé 40. ans aprés par Jean Clopinet de Mehun ». Les autres occurrences du patronyme se présentent sous la forme *Clopinel* (t. II, p. 968 ; t. III, p. 1526 et 1770).

168 *Ibid.*, t. II, p. 919 (livre IV, chap. 9).

169 *Lettres d'Estienne Pasquier*, Paris, Abel L'Angelier, 1586 (livre II, lettre 5, f. 38 v°-41 r°).

170 *s'espuisent* : sont puisées.

171 Voir en annexe l'annotation de la lettre à Marillac.

culpabilité de son client : le meurtre de Clodius résulterait du droit de tout homme de riposter aux agressions dont il est victime. Le principe de la légitime défense était complété par celui du droit à la copulation dans les passages du *De officiis* et *du De finibus* consacrés aux instincts naturels sur lesquels se fonde toute société et que Cicéron considérait comme étant communs aux hommes et aux animaux[172]. Et Ulpien, dans un fragment rapporté au Digeste[173] et repris dans les Institutes[174], avait fondé sur cette conception sa définition du droit naturel : « *Jus naturale est, quod natura omnia animalia docuit : nam jus istud non humani generis proprium, sed omnium animalium, quae in terra, quae in mari nascuntur, avium quoque commune est. Hinc descendit maris atque feminae cunjunctio, quam nos matrimonium appellamus, hinc liberorum procreatio, hinc educatio* » (« Le droit naturel est celui que la nature a appris à tous les êtres vivants : car ce droit n'est pas propre au genre humain, mais il est commun à tous les êtres vivants qui naissent sur les terres et dans les mers, ainsi qu'aux oiseaux. C'est de lui que sont issues l'union du mâle et de la femelle, que nous appelons mariage, la procréation des enfants et leur éducation »). Dans son commentaire des Institutes rédigé à l'intention de ses petits-fils, Pasquier a contesté, comme bien d'autres juristes humanistes[175], le principe d'un droit qui serait commun aux hommes et aux animaux, réservant la connaissance du droit au genre humain, seul capable de raison. Comment, sans la raison, pourrait-on pratiquer l'art du juste et du bien (« *ars æqui et boni* »), en quoi consiste précisément le droit ? Pour réfuter Ulpien, Pasquier se sert de l'autorité d'Aristote, qui, dans l'*Éthique à Nicomaque*, distingue un droit naturel (*jus naturale*), commun à toutes les sociétés et donc propre à l'espèce humaine (« qui court par tout l'univers naturellement[176] »), et un droit légal (*jus legitimum*), né de la décision du magistrat et « particulier en chasque républicque[177] ». Mais, aussitôt après avoir opposé le droit, qui relève de la seule raison humaine, et l'instinct, commun à tous les êtres vivants, Pasquier revient à Cicéron pour affirmer

172 *De officiis*, I, 4, 11 ; *De finibus*, III, 19, 62-65 (le livre III est consacré à la présentation des conceptions stoïciennes du Bien suprême).

173 I, 1, *De justitia et jure*, 1, § 3.

174 I, 2, § 1, *De jure naturali, gentium et civili.*

175 Voir sur cette question l'étude de Jean-Louis Thireau : « Cicéron et le droit naturel au XVIe siècle », *Revue d'histoire des facultés de droit et de la science juridique*, Paris, 1987, n° 4, p. 55-85.

176 Pasquier, *L'Interprétation des Institutes de Justinien*, chap. VIII, *Sur le titre De jure naturali, gentium et civili*, éd. Ch. Giraud, Paris, Videcoq et Durand, 1847, p. 19.

177 *Ibid.* Voir Aristote, *Éthique à Nicomaque*, V, 1134b.

que tous les êtres vivants tendent à la conservation de leur être, y compris à travers la sexualité et la procréation. Et, sans crainte de se contredire, il n'hésite pas à déclarer : « Cet instinct de nature doibt estre vrayment appellé droict[178] ». Ainsi, s'autorisant du *Corpus Juris civilis* qu'il venait de contester, il reconnaît comme des droits la riposte aux attaques et la conjonction des sexes : « Le semblable fault il dire de la copulation du masle à la femme, car cet instinct est un droict qui réside en nous, pour la pullulation de nostre société, chascun en son espéce[179] ». Telle paraît bien être la leçon à tirer des *Ordonnances d'Amour* : comme tous les êtres animés, l'homme relève du droit naturel, ce qui suffit à rendre légitime la satisfaction de son désir sexuel[180]. La licence autorisée dans le « convent » est la traduction directe de ce principe et les cinquante articles des *Ordonnances* le déclinent dans les termes du droit positif. Pour autant, ce rappel de notre nature *d'animans* n'a qu'un caractère spéculatif et le juriste ne peut oublier que le mariage a été institué par le magistrat pour polir cette donnée brute, c'est-à-dire pour policer cet instinct qui, s'il était dépourvu de tout contrôle, engendrerait bien des désordres. L'absence de tout frein en amour serait aussi préjudiciable à la société que la généralisation de la « vie coelibe[181] ». Mais le jeu carnavalesque, qui n'est pas destiné à œuvrer à une transformation réelle de l'ordre social issu de l'intervention du magistrat, a le mérite de nous faire concevoir un état originel du droit, tiré des « mammelles » de la nature. Et c'est

---

178 *Ibid.*, p. 21.

179 *Ibid.*, p. 23.

180 L'assise juridique donnée par le droit romain au désir sexuel ne pouvait que séduire les juristes humanistes. Le passage d'Ulpien cité et commenté par Pasquier avait été mentionné par Étienne Forcadel dans son *Cupido jurisperitus* (« Cupidon jurisconsulte »), publié en 1553 chez Jean de Tournes. Il s'en autorisait pour affirmer : « Ainsi, dès que les hommes ont été créés, ils ont appris à connaître l'amour et à prendre soin de procréer des enfants. [...] Bien mieux, le mariage, qui est dû à l'amour, exista bien avant les autres cérémonies religieuses » (« *Proinde ab initio ubi creati fuere homines, amare noverunt, & liberorum procreationi operam dare. [...] quinetiam matrimonium, quod amori debetur, multò ante fuit quàm sacra reliqua* », p. 11). Dans cet ouvrage, Étienne Forcadel, futur professeur de droit à l'université de Toulouse, réfléchissait avec beaucoup de sérieux aux rapports entre le droit civil et le thème de l'amour, vu au prisme de la poésie antique. Très éloigné des facéties basochiennes, ce *Cupido jurisperitus* montre que l'amour est par essence un contrat et que, par conséquent, « l'Amour et le Droit, par lesquels les hommes sont conduits à la concorde, partagent les mêmes fins » (« *Amorem et Jus, quo perducuntur homines ad concordiam, iisdem finibus contineri* », p. 3). Voir Étienne Forcadel, *Œuvres poétiques. Opuscules, chants divers, encomies et élégies*, éd. Françoise Joukovsky, Genève, Droz, 1977, p. 37.

181 Pasquier, *L'Interprétation des Institutes de Justinien*, p. 23.

au juriste qu'il appartient de rappeler ou d'imaginer d'autres règles que celles en vigueur, non pour faire en sorte qu'elles soient appliquées, mais pour contribuer à l'intelligence de la réalité sociale.

L'ESPRIT DE LA BASOCHE

Les Ordonnances Generalles d'Amour appartiennent sans conteste à cette littérature qu'on appelle basochienne parce que ses auteurs et ses récepteurs se rattachent plus ou moins directement à la communauté des clercs du Palais, la Basoche. Elles s'inscrivent dans une tradition illustrée notamment dans la seconde moitié du XVe siècle par *Les Arrêts d'Amour* attribués à Martial d'Auvergne. À ceci près qu'il ne s'agit pas d'ordonnances prises par le *Prince d'Amour*, mais d'arrêts émanant de son Parlement, le principe textuel en est le même : des questions amoureuses sont formulées dans le langage du Palais, avec l'intention évidente de divertir la communauté des professionnels du droit. Ce Parlement d'Amour, transposition du Parlement de Paris, juge en appel des causes déjà plaidées devant des juridictions inférieures ou connaît directement de causes relevant de sa compétence. Les 51 arrêts qu'il prononce tranchent des conflits entre amants rivaux ou bien entre une femme et son amant (ou un galant trop empressé). Martial d'Auvergne, également auteur des *Vigiles de la mort de Charles VII* et des *Matines de la Vierge*, était procureur au Parlement et notaire au Châtelet et il aurait rédigé ces *Arrêts d'Amour* dans les années 1460-1470[182]. Comme ils ont été édités au moins à sept reprises entre 1500 et 1541, ils étaient certainement bien connus d'Étienne Pasquier. Quelques détails permettent même de penser que *Les Ordonnances d'Amour* faisaient volontairement écho aux *Arrêts d'Amour* : on y retrouve les mêmes lieux allégoriques de Plaisance et Beauté[183] et la même plaisanterie sur les femmes assimilées

182 Voir l'édition critique de Jean Rychner, Paris, Picard, 1951. *Les Matines de la Vierge* témoignent également de la culture juridique de leur auteur, qui use de la métaphore judiciaire pour se plaindre à la Vierge, comme devant une juridiction, des tourments et des tentations que le démon lui inflige (éd. Yves Le Hir, Genève-Paris, Droz-Minard, 1970, *La sixiesme leçon*, p. 98-103).

183 Voir l'article L des *Ordonnances*.

à des « bénéfices » dont il faut jouir ou dont il faut, en cas de vacance, se pourvoir[184]. Des deux arrêts apocryphes parus après la mort de Martial d'Auvergne, l'un développe une autre plaisanterie exploitée par Pasquier dans l'article XVI des *Ordonnances* : celle des « arreraiges requis par les femmes à l'encontre de leurs maris », c'est-à-dire des dettes contractées en matière de devoir conjugal[185]. Mais cette fois, c'est probablement d'un écho en sens inverse qu'il s'agit, puisque cet arrêt a paru en 1566, deux ans après le texte de Pasquier. Quoi qu'il en soit, cela atteste d'un répertoire d'équivoques propre à la communauté des gens du Palais. De même, l'erreur commise par La Croix du Maine, qui attribuait à Pasquier un vingt-sixième *Arrest d'Amour*, présente pour nous l'intérêt de montrer que le public de l'époque avait le sentiment d'une filiation directe de Martial d'Auvergne aux *Ordonnances d'Amour*[186].

En 1533, *Les Arrêts d'Amour* ont été réédités avec de savantes gloses en latin de Benoît Le Court[187]. Cette publication témoigne de la porosité de la frontière entre le discours juridique et ses pastiches. Détournement plaisant des arrêts du Parlement, le livre de Martial d'Auvergne a ainsi fait en retour l'objet de très sérieuses investigations fondées sur les diverses sources du droit (droit romain, droit canonique, coutumes et ordonnances). Le travail de Le Court s'inscrit dans la perspective de l'humanisme juridique : il entend procéder à une *explanatio* des arrêts à partir des acquis de la philologie et de l'histoire. Néanmoins, ses gloses se veulent également divertissantes : « Je serai satisfait si tu accueilles ces

---

184 Voir l'article IIII des *Ordonnances.*

185 Le LIIIe arrêt, publié pour la première fois avec les *Arrêts d'Amour* dans l'édition de Marnef et Cavellat, Paris, Abel L'Angelier, 1566. Voir l'édition de Jean Rychner, *Introduction*, p. XLI-XLII.

186 *Premier volume de la Bibliothèque du Sieur de La Croix du Maine*, Paris, Abel L'Angelier, 1584. L'erreur a été relevée par La Monnoie dans l'édition des *Bibliothèques françoises de La Croix-du-Maine et de Du Verdier.* t. I, *Nouvelle édition... augmentée d'un Discours sur le progrès des lettres en France, et des remarques historiques, critiques et littéraires de M. de La Monnoye et de M. le président Bouhier,... de M. Falconet,... par M. Rigoley de Juvigny*, Paris, Saillant et Nyon, Michel Lambert, 1772, p. 186 : « Mais je n'ai point vu ce *vingt-sixième Arrêt d'Amour*, que spécifie La Croix du Maine, ni ne puis même deviner ce que c'est, n'y ayant en cela nulle allusion aux anciens Arrêts d'Amours de Martial d'Auvergne, lesquels excédent de beaucoup le nombre de vingt-cinq. (M. DE LA MONNOYE) ».

187 *Aresta Amorum. Cum erudita Benedicti Curtii Symphoriani explanatione.* Lyon, Sébastien Gryphe, 1533. Voir Valérie Hayaert, « *Serio ludere* et humanisme juridique : les gloses de Benoît Le Court aux *Arrêts d'Amour* de Martial d'Auvergne », *Des « arrests parlans ». Les arrêts notables à la Renaissance entre droit et littérature*, études réunies et publiées par Géraldine Cazals et Stéphan Geonget, Genève, Droz, 2014, p. 103-126.

commentaires d'une humeur joyeuse », dit-il dans son épître dédicatoire (« *mecum bene erit, si hos commentarios hilare receperis* »).

Par sa parenté avec *Les Arrêts d'Amour*, le texte de Pasquier recueillait un double héritage : celui de la littérature courtoise juridico-amoureuse et celui, plus caustique, des divertissements burlesques de la Basoche. Martial d'Auvergne avait en effet assuré la jonction de ces deux courants[188]. Du côté de la tradition courtoise, André le Chapelain avait, dans les années 1185-1187, inventé le genre littéraire de l'arrêt d'amour. Au livre II de son *Traité de l'amour courtois*, il mettait en scène de hautes autorités féminines (la comtesse Marie de Champagne, la reine Aliénor d'Aquitaine, la comtesse de Flandre, Ermengarde de Narbonne, voire une « cour de dames ») chargées de trancher des litiges relevant de l'interprétation de l'éthique amoureuse. Ce dispositif judiciaire était suivi d'un appareil législatif, les règles dictées par le roi d'Amour et consignées dans une charte. Les métaphores juridiques (un code et des instances chargées de juger les différends) érigeaient le sentiment amoureux en un corps d'exigences morales transcendant les affects individuels[189]. À cette tradition se rattachaient également les nombreuses allégories du dieu Amour et de sa cour dans la littérature du XIIIe siècle[190]. Ainsi, dans *Le Court d'Amours* de l'auteur picard Mahieu le Poirier, on assiste à une audience de la cour formée du bailli d'Amour et de ses douze assesseurs (Biau Parler, Deduiant, Ami...), devant laquelle sont venus se plaindre divers personnages s'estimant victimes d'une injustice amoureuse et qui prononce des décisions sur les questions soulevées[191]. Dans la première moitié du XVe siècle, la fiction judiciaire est mise au service du discours de la courtoisie par plusieurs acteurs de la querelle de *La Belle Dame sans Mercy*. Baudet Herenc, l'auteur de *L'Accusation contre la Belle Dame sans Mercy*, traduit la protagoniste du poème d'Alain Chartier devant le Parlement du dieu

188 « Le recueil [des *Arrêts d'Amour*] se situe à un carrefour entre la tradition courtoise et l'innovation bazochienne » (Karin Becker, « La mentalité juridique dans la littérature française (XIIIe-XVe siècles) », *Le Moyen Âge*, t. CIII, 1997, p. 309-327 ; voir p. 326).

189 André le Chapelain, *Traité de l'amour courtois*, livre II, chapitres VII et VIII, éd. Claude Buridant, Paris, Klincksieck, éd. 2002, p. 165-183.

190 Voir Karin Becker, art. cité, p. 321.

191 *« Le Court d'Amours » de Mahieu le Poirier et la suite anonyme de la « Court d'Amours »*, éd. T. Scully, Waterloo (Ontario), Wilfrid Laurier University Press, 1976.

Amour, composé de douze juges allégoriques assistés d'un greffier (Souvenir) et d'un huissier (Doux Penser). Dans cette « audictoire[192] » (salle d'audience), Désir, l'avocat chargé du réquisitoire, énumère les principaux chefs d'accusation contre la Dame, dont la rigueur a fait mourir de chagrin son amant, et demande au tribunal qu'elle soit « desgradee de non de dame[193] ». Le procès n'étant pas terminé, un continuateur anonyme met en scène les plaidoiries de son avocat, Vérité, qui obtient un arrêt de la cour prononçant son acquittement et déclarant qu'elle sera désormais appelée « La Dame Loyalle en Amours[194] ». Mais un autre continuateur, Achille Caulier, faisant casser ce jugement, condamne à nouveau la Dame et lui impose le nom de « Crüelle femme en Amours[195] ». Les péripéties de la fiction judiciaire mettent ainsi en débat le refus de la Belle Dame de se plier aux exigences de l'idéologie courtoise, selon laquelle la loyauté de l'amant a valeur d'obligation pour la femme aimée.

Du côté de la tradition spécifiquement basochienne, le discours juridique prend le pas sur la problématique amoureuse. Au lieu d'en constituer une expression métaphorique, il se met sur le devant de la scène, se servant de l'amour, sous ses formes les moins raffinées, pour se convertir en objet de réjouissance burlesque. C'est la communauté professionnelle des juristes qui est conviée à fêter, dans une connivence excluant tous ceux qui lui sont extérieurs, le langage qui la fonde. À la fin du XVe siècle, cet esprit est notamment représenté par Guillaume Coquillart. Avocat au Châtelet, puis official à Reims, il écrit des textes de divertissement destinés à être joués lors des grandes fêtes organisées par la confrérie de la Basoche à des dates rituelles. Pasquier, qui mentionne son nom au livre VII de ses *Recherches*[196], ne pouvait ignorer la teneur de ses écrits : ils avaient fait

192 Alain Chartier, Baudet Herenc, Achille Caulier, *Le Cycle de la Belle Dame sans Mercy*, éd. David F. Hult et Joan E. McRay, Paris, Champion, 2003, p. 120. Le poème de Baudet Herenc fut imprimé dans *Le Jardin de Plaisance* en 1501 avec pour titre : *Comment le parlement damours fut tenu au jardin de plaisance contre la belle dame sans mercy*. Sur le recueil intitulé *Le Jardin de Plaisance*, voir *supra* « Le jeu du texte ».

193 Éd. citée, p. 162.

194 *La Dame loyale en Amour*, éd. citée, p. 240.

195 *La Cruelle femme en Amour*, éd. citée, p. 320. Voir Julie Singer, « La nomenclature de la justice dans la querelle de *La Belle Dame sans Mercy* », *Discours juridiques et amours littéraires*, sous la direction de Jean-Pierre Dupouy et Gabriele Vickermann-Ribémont, Paris, Klincksieck, 2013, p. 89-103.

196 *Recherches*, éd. citée, t. II, p. 1406.

l'objet de nombreuses rééditions dans la première moitié du XVIe siècle[197]. La Croix du Maine signale celle que publia Galiot du Pré en 1532[198].

Plutôt que du *Plaidoyé d'entre la Simple et la Rusée* et de *L'Enqueste d'entre la Simple et la Rusée*, qui sont des textes dramaturgiques, des procès fictifs destinés à faire rire par l'emploi burlesque des formes de la procédure judiciaire, c'est des *Droitz nouveaulx* qu'on doit rapprocher les *Ordonnances* de Pasquier. Ce long texte versifié se présente en effet comme la proclamation officielle de nouvelles lois concernant les relations amoureuses, assorties de quelques cas pratiques. Ces lois ne sont en réalité que la codification en termes juridiques des mœurs relâchées qui s'imposent dans les années où écrit l'auteur, c'est-à-dire vers 1480. Comme Pasquier le fera dans sa lettre à Marillac, Coquillart donne plaisamment à la licence amoureuse une justification fondée sur la notion de droit naturel, issue du *Corpus Juris Civilis* de Justinien :

De iure naturali.
Du droit naturel je me y fiche.
Ce droit deffend a povre, a riche
De laisser, par longues journees,
Povres femmelettes en friches
Par faulte d'estre labourees,
Mais veult qu'elles soiyent reparees,
Paisibles, en leurs jouyssances.
Et pensés quelles alliances
D'amour et de vraye union !
Leurs signes et leurs circonstances
Prennent du droit naturel nom.
Pourquoy ? Car la conjunction,
Le faict principal, et meslee,
La fin, la frequentation,
Fut de droit naturel trouvee[199].

La commisération envers « les povres femmelettes en friche » trouve son pendant chez Pasquier sous la forme de la « compassion » (article III) ou de la « pitié » recommandée « à toutes dames et damoiselles » à l'égard

197 Voir Guillaume Coquillart, *Œuvres*, édition critique par M. J. Freeman, Paris-Genève, Droz, 1975 ; M. J. Freeman, « Les éditions anciennes de Coquillart », *Bibliothèque d'Humanisme et Renaissance*, XXXVI, 1974, p. 87-104.

198 *Premier volume de la Bibliothèque du Sieur de La Croix du Maine*, Paris, Abel L'Angelier, 1584, p. 145.

199 *Droitz nouveaulx*, v. 123-139, éd. M. J. Freeman, p. 134-135.

des pauvres honteux (article IX). D'un texte à l'autre, c'est la même combinaison de métaphores érotiques et de termes propres à la langue du Palais, le même jeu d'équivoques et de détournements du discours juridico-moral. Cette filiation, si elle peut s'expliquer par les lectures de Pasquier, tient sans doute davantage à une tradition culturelle. Les divertissements des clercs de justice, organisés sous l'égide de la Basoche, ont contribué au développement d'une forte identité professionnelle, commune aux magistrats, avocats, procureurs et notaires. Pour créer un esprit de corps, rien de tel qu'un rire qui, reposant sur la connaissance d'un langage spécialisé, est réservé aux membres d'une communauté. *Les Droitz nouveaulx* ont probablement été déclamés lors des fêtes données par la Basoche pour l'Épiphanie de 1480[200]. De même, c'est « la veille de la solennité des Roys », selon la formule d'enregistrement et s'il faut en croire les déclarations de Pasquier à Marillac, que les *Ordonnances d'Amour* ont été « publiees[201] ». Avec le Mardi gras, le jour du mai et la grande montre de juillet, les Rois étaient en effet un moment important du calendrier festif de la Basoche[202]. Elle y donnait des cérémonies et des représentations théâtrales à caractère parodique. Pasquier, cependant, précise que cette déclamation a eu lieu dans sa maison, et non au Palais, sur la Table de marbre, comme le voulait l'usage de la confrérie. C'est donc que le divertissement aurait revêtu un caractère privé et que la « grande assemblee tant d'hommes que de damoiselles » qui y a assisté aurait été essentiellement composée des amis de l'avocat. Quant au roi qui aurait honoré de sa présence la cérémonie burlesque, il ne peut s'agir de Charles IX[203], dont aucune biographie ne mentionne cette participation, mais probablement du roi de la Basoche[204] ou du roi de la fève, ce souverain éphémère désigné par les rites de la fête des Rois.

200 Voir éd. M. J. Freeman, p. XLII et 194.

201 Voir en annexe la lettre à Marillac.

202 Voir Marie Bouhaïk-Gironès, *Les clercs de la Basoche et le théâtre comique (Paris, 1420-1550)*, Paris, Honoré Champion, 2007, p. 113-123. Le jour du Mardi-gras était réservé à la représentation des « causes grasses », procès fictifs (mais peut-être parfois réels) sur des questions grivoises (*op. cit.*, p. 156-172).

203 Dans son ouvrage sur Pasquier, Dorothy Thickett s'est laissé abuser en prétendant : « *Entertaining at la rue des Bernardins even included the young king in january 1564. He was invited to Le Jour des Rois company when Pasquier had the idea of drawing up some imaginary laws for the town of Amour near Cognac* » (*Estienne Pasquier [...]*, *op. cit.*, p. 27).

204 François Ragueau définit ainsi le roi de la basoche : « Qui est le chef des Clercs & Practiciens de la Cour de Parlement ou d'autre justice, quand ils font leurs monstres et jeux » (*Indice des droicts Royaux et Seigneuriaux*, 1583, p. 294).

La datation fictive de « la veille des Rois » apparaît également dans un opuscule en caractères gothiques de 14 feuillets non chiffrés intitulé *Le cinquantedeuxiesme arrest damours : avecques les ordonnances sur le fait des masques*[205]. Publié chez l'éditeur Jean Chéradame sans mention d'auteur ni de date sur la page de titre, il constitue un chaînon incontestable entre *Les Arrêts d'Amour* de Martial d'Auvergne et *Les Ordonnances Generalles d'Amour* de Pasquier[206]. Il est en effet constitué d'un arrêt rendu par une cour d'Amour et d'une série d'ordonnances sur les jeux amoureux qui se pratiquent à la faveur de l'incognito des masques. C'est dans le corps du texte qu'on peut lire : « Prononcé la veille des roys. Lan mil cinq cens. XXVIII. Sic signatum le Pamphile », à la fin de l'arrêt, et, à la fin des ordonnances : « Lecta publicata registrata in parlamento amoris audito procuratore generali in Vigilia regum. Anno. M.D. XXVIII. Ainsi signé le Pamphile ». En détournant à la fin de ses *Ordonnances* les formules d'enregistrement et d'authentification du Parlement (« Leues publiees & enregistrees, ce requerant les gens d'Amour »), Pasquier s'est donc servi d'un procédé burlesque déjà pratiqué dans ce genre littéraire. *Le Pamphile* était le pseudonyme d'un de ses prédécesseurs dans le corps des avocats au Parlement : Gilles d'Aurigny[207]. À la manière d'une cause grasse, son *cinquante-deuxiesme arrest* traitait dans le plus pur langage du Palais un cas prêtant à rire :

> Par devant le conservateur des privileges damours donnez & octroyez aux masques. S'est meu & assiz proces entre le procureur ou syndic de la communaute & college des mariz umbrageux demandant et requerant lenterinement de certaine requeste dune part & certains amoureux frequentans les masques denommez en ladicte requeste deffendeurs a lenterinement dicelle & requerans la jonction des gens damours pour la conservation de leurs privileges : daultre part.

Les maris, demandeurs en cette affaire, accusent les masques de profiter de l'impunité assurée par l'incognito pour se livrer à des débordements

205 Voir C. Lauvergnat-Gagnière, « Le faict des masques », *Bibliothèque d'Humanisme et Renaissance*, 30 (3), 1968, p. 471-482.

206 Nous reproduisons les *Ordonnances sur le faict des masques* dans l'annexe II.

207 Gilles d'Aurigny était aussi l'auteur d'une compilation d'ordonnances royales (de Charles VII à François Ier), d'un recueil poétique (*Le Tuteur d'amour*, Paris, 1546) et d'une traduction de trente psaumes (Paris, 1549). Il serait mort en 1553. *Le cinquante-deuxiesme arrest d'amours* sera réédité à partir de 1545 à la suite des *Arrêts d'Amour* de Martial d'Auvergne.

préjudiciables à leur honneur. L'argumentation de la défense consiste en un rappel des privilèges octroyés aux masques « de tout temps et ancienneté par la grace, plaine puissance et auctorité damours » et à montrer que ces jeux obéissent à des règles de civilité profitables aux jeunes gens de deux sexes. Le conservateur rend un jugement de compromis, mais l'affaire est portée en appel devant la Cour d'Amour, qui, tout en confirmant ce jugement, enjoint tant aux maris qu'aux masques de respecter les nouvelles ordonnances qui seront publiées « sur le faict des masques ». La seconde partie du livre en présente le texte : vingt-huit articles qui, tout en légitimant les jeux de séduction qui se trament à l'abri des masques, élaborent un code de bonne conduite pour tous les participants. Ces ordonnances prennent donc clairement parti en faveur d'une pratique souvent réprouvée à l'époque, elles tolèrent un libertinage tempéré par des règles, mais elles ne contiennent pas de sous-entendus grivois. Au contraire, les ordonnances de Pasquier, tout en poursuivant la tradition de l'approbation, dans le langage de la Chancellerie, des jeux amoureux, s'inscrivent aussi dans un autre courant, celui du détournement licencieux de ces termes juridiques.

Ce courant sera notamment représenté par le notaire lyonnais Benoît du Troncy, qui publiera en 1590, sous le pseudonyme burlesque de Bredin Le Cocu[208], son *Formulaire fort recreatif*[209]. Cette fois, ce ne sont plus les ordonnances de la Chancellerie royale qui sont pastichées, mais les contrats passés devant notaire entre particuliers selon les procédures du droit civil. Le principe est néanmoins le même : le décalage entre le sérieux juridique de la forme et la fantaisie souvent obscène du contenu. Il est vraisemblable que Benoît du Troncy a lu les *Ordonnances Generalles d'Amour*, ou du moins qu'il a baigné dans la même culture basochienne que Pasquier. Présentés comme ayant été « conçeuz et enfantez » pendant les jours de Mardi-gras[210], de même que les *Ordonnances* se voulaient un produit de la Fête des Rois, ces contrats auraient été rédigés par un notaire « Contreroolleur

208 En patois lyonnais, le *bredin* est le niais.

209 L'édition de 1590 est signalée, mais non localisée. L'édition critique présentée par Gabriel-André Pérouse et complétée par Michèle Clément, Marthe Paquant et André Tournon (Paris, Éditions classiques Garnier, 2009) prend en compte le texte publié à Lyon en 1594 : *Formulaire fort recreatif de tous Contractz, Donations, Testamens, codicilles et autres actes qui sont faicts et passez par devant Notaires et tesmoings Faict par Bredin Le Cocu, Notaire Rural et Contreroolleur des Basses-marches au Royaume d'Utopie* [...], Lyon, s. n., 1594.

210 Éd. citée, p. 47.

des Basses-marches au Royaume d'Utopie[211] » comme les *Ordonnances* auraient été enregistrées au « Parlement de la basse Marche ». Les références rabelaisiennes émaillent semblablement les deux textes, qui font l'un et l'autre un usage constant de l'équivoque. On prendra en exemple le contrat 27[212], passé « pardevant Artophilacte de Jambonibus, Notaire galeux et Royal demeurant à Lyon », qui s'intitule *Donation entre vifz* et dont l'humour repose sur l'équivoque entre « vifs », équivalent de « vivants » dans le langage juridique, et « vits », rendue possible par l'amuissement des consonne finales et pareillement exploitée par Pasquier dans l'article VI de ses *Ordonnances*. Ainsi peut se décoder ce contrat établissant la donation par « maistre Jean Coquefridouille » d'une « bonne et grosse verole » à une chambrière fort accommodante, à charge pour elle « de faire part à tous bons compagnons et pauvres haires des fruicts et prouficts que luy adviendront par le moyen de la presente donation ». Si le texte de Pasquier évite tous les termes qui, à l'instar de « vérole », renvoient directement au domaine de la sexualité, il n'en est pas moins vrai qu'il participe du même principe ludique que celui du notaire lyonnais et qu'il se présente bien comme un recueil d'« ordonnances fort récréatives ».

LE TRIOMPHE DE L'ÉQUIVOQUE

Les *Ordonnances*, rédigées dans le plus pur style du Palais, ne contiennent aucun mot trivial. L'article XXXV paraît faire exception en parlant de « couillons », mais il les définit comme des « bastions » flanquant une forteresse. La dignité du registre législatif ne connaît pas la moindre défaillance. La responsabilité d'une interprétation grivoise du texte est donc entièrement laissée au lecteur. Mais celui-ci est censé être rompu à ce genre d'exercice : tant le principe même d'une double lecture que la plupart des plaisanteries qui en relèvent font partie de sa culture. C'est, pour reprendre les expressions de Bruno Roy, un trait de « l'*esprit* médiéval », qui reste très vivant au

211 *Ibid.*, p. 42.
212 *Ibid.*, p. 144-147.

XVIe siècle : la survivance d'une « culture de l'équivoque », résultant d'« une fascination pour la multiplicité des sens, pour la richesse des possibles, pour l'attrait chatoyant de l'ambigu[213] ». Et ce n'est pas un hasard si nous devons à un juriste la formulation d'une théorie de l'équivoque. Étienne Tabourot des Accords, procureur du roi aux baillage et chancellerie de Dijon, mais aussi grand amateur de curiosités littéraires, distingue en effet dans son premier livre des *Bigarrures*, publié en 1583, différents types d'équivoques, les définit et les illustre d'innombrables exemples dont beaucoup appartiennent au répertoire des « brèves de prétoire ». Si l'humour basochien s'est nourri de calembours et de jeux sur l'ambiguïté, c'est bien parce que le juriste, dont la spécialité est d'interpréter la loi et d'écouter les argumentaires des parties, se heurte continuellement au défaut essentiel du langage : son absence d'univocité. Cicéron, d'après Tabourot, « dit, *nullum esse verbum quod non sit ambiguum* », expliquant par là la tentation chez tout plaideur de « chiquoter tous les mots, ce qu'il appelle *verba aucupari*[214] » (« chicaner sur les mots »). Mais, si l'ambiguïté peut fragiliser le raisonnement juridique en produisant ce

213 Bruno Roy, *Une culture de l'équivoque*, Paris, Champion-Slatkine, Montréal, Presses de l'Université de Montréal, 1992, p. 10.

214 Estienne Tabourot, *Les Bigarrures du Seigneur des Accords* (Premier livre), éd. Francis Goyet (fac-similé de l'édition de 1588), Genève, Droz, 1986, vol. I, f. 52 v°. La référence donnée par Tabourot pour la première citation : « Cicero en son second *de Oratore* » est inexacte. C'est probablement à Quintilien qu'il se réfère : « *Amphiboliae species sunt innumerabiles adeo, ut philosophorum quibusdam nullum uideatur esse uerbum, quod non plura significet* » (« Les espèces de l'amphibologie sont innombrables, au point que, pour certains philosophes, il n'y a pas un mot qui n'ait plusieurs sens », *De Institutione oratoria*, VII, 9, *Amphibologia, id est ambiguitas*, éd. Jean Cousin, Paris, Les Belles Lettres, 1977, p. 176). Il signale aussi, sans le citer, un passage des *Nuits attiques* d'Aulu-Gelle qui reprend une réflexion du philosophe stoïcien Chrysippe : « *Chrysippus ait omne uerbum ambiguum natura esse, quoniam ex eodem duo uel plura accipi possunt* » (« Chrysippe prétend que tout mot est ambigu par nature puisqu'on peut le prendre en deux acceptions ou plus » (XI, 12, éd. René Marache, Paris, Les Belles Lettres, 1989, p. 16)). Mais il est vrai que Cicéron, au livre II du *De oratore*, traite de l'ambiguïté et des ressources qu'elle offre à l'orateur pour surprendre et amuser son public (II, 110-111 et 253-254). Dans son plaidoyer *Pro A. Caecina*, 52, il critique ceux qui cherchent à interpréter de façon captieuse les termes de la loi : « *Sermo hercule familiaris et cotidianus non cohaerebit, si uerba inter nos aucupabimur* » (« Il n'y aura aucune suite dans les conversations familières de tous les jours si les uns et les autres nous guettons les mots à l'affût » (éd. André Boulanger, Paris, Les Belles Lettres, 1961, p. 111)). Et dans un passage du *De inventione* (II, 116-117), il montre comment « la controverse naît de l'ambiguïté des termes » : « *Ex ambiguo autem nascitur controuersia* » (éd. G. Achard, Paris, Les Belles Lettres, 1994, p. 203).

qu'il appelle une « cavillation » ou « sophisma[215] », elle mérite l'éloge pour les jeux spirituels qu'elle permet : « Toutesfois si [...] par une soudaine & inopinee response, un mot ambigu soit relevé & retorqué contre celuy qui le profere, je treuve que cela a tresbonne grace : & tant s'en faut qu'on le doive attribuer à vice, que cela me semble fort elegant ; &, au pis aller, facecieux infiniment, & propre à rire[216] ». La première sorte d'équivoque recensée par Tabourot correspond au calembour et notamment à son emploi en poésie sous forme de rime équivoquée : « sçavoir quand un ou plusieurs noms se peuvent rapporter à un autre ou divers noms, de mesme son selon l'aureille, & de diverse signification[217] ». La deuxième consiste en des énoncés latins (porteurs ou non de sens) dont la lecture à haute voix peut produire un sens en français. Par exemple : « *Natura diverso gaudet* » (« Que nature se delecte de varieté ») peut s'entendre : « Nature a dit verse au godet[218] ». Il présente ensuite les équivoques que « nos bons peres ont surnommé[es] des Entend-trois », et qui sont en réalité des jeux sur des mots à double et non à triple entente, par homonymie ou syllepse de sens. Ainsi, en jouant sur les deux mots latins *malum* (le mal) et *malum* (la pomme), on peut parvenir au sophisme suivant :

Omnia mala sunt vitanda,
Poma sunt mala,
Ergo poma sunt vitanda

« Tous les maux doivent être évités. Les pommes sont des "maux" (des "pommes"). Donc les pommes doivent être évitées[219] »

Tabourot accorde enfin une place à part aux « équivoques de la voix et prononciation[220] ». Il appelle ainsi les perturbations du message dues à un accent étranger ou à un défaut de prononciation : un Allemand dira « A foutre con mandez me » au lieu de « A vostre commandement[221] »

215 « Les Dialecticiens tiennent pour maxime, que l'argument est sophistique, quand il y a une amphibologie en iceluy. Et le bon Accurse sur la Loy, *ea est natura de reg. jur. & l. natura de verbo. signif. ff.* appelle telle cavillation, *sophisma* » (éd. citée, f. 53 v°). Voir l'article XI des *Ordonnances Generalles d'Amour.*

216 Éd. citée, f. 79.

217 F. 29 v°.

218 F. 43 v°.

219 F. 54 r°.

220 F. 84 r°.

221 F. 90 v°.

ou un homme à la « langue grasse » fera entendre « bon chou mon chieur » pour « Bonjour Monsieur[222] ». Il rattache à cette catégorie les « qui pro quo d'Apothicaire[223] », qui résultent d'une lecture erronée des ordonnances médicales et dont les conséquences sur la santé du malade peuvent évidemment être redoutables.

Les exemples d'équivoques fournis par Tabourot appartiennent notamment, pour le sens apparent, au lexique de la procédure judiciaire et à celui des monnaies. En cela ils font écho à plusieurs jeux de mots présents dans *Les Ordonnances Generalles d'Amour.* Le double sens de la « communication des pièces », donné dans *Les Bigarrures* comme un exemple d'entend-trois[224], est également exploité dans l'article XIII du texte de Pasquier. Et l'article XLVII, fondé sur des plaisanteries sur les doubles ducats, désirés, saluts, jocondales, nobles et marionnettes, est de la même veine que les équivoques présentées par Tabourot sur les noms des monnaies[225]. Quant au sens crypté, il relève essentiellement du domaine des « basses marches », c'est-à-dire de la sexualité. Tabourot le reconnaît sans ambages : « il est certain que personne ne sçauroit parler si religieusement, qu'on ne rencontre (= qu'on n'équivoque) sur cela qui nous est naturel, & si commun à tous[226] ». Le mot d'esprit exalte le sexe en feignant de l'occulter. Le mot « équivoquons » lui-même atteste le lien fondamental entre bas corporel et jeu de langage : « Et pour commencer, j'entameray ce mot d'Equivoque, sur equivoquons : *Mes dames on a fait vos maris cocus : & qui ? vos cons*, respond le bon compagnon[227] ». Les mots « vit » et « con » sont les matériaux les plus fréquemment sollicités par ces traits d'esprit. Tabourot reproduit une « Elegie » de Jean Molinet, dont les soixante vers se terminent par des rimes équivoquées contenant toutes le vocable « con » (comporte/con porte ; confesse/con, fesse ; etc.[228].). Il aurait pu citer également une « ballade figurée » du même auteur, dont tous les

222 F. 94 r°.

223 F. 87 v°.

224 F. 70 v°.

225 F. 32 r°, 60 r°, 80 v°-81 r°.

226 F. 81 r°.

227 F. 31 r°.

228 Tabourot ne mentionne ni l'auteur ni le titre du texte. Il s'agit de la *Complainte d'ung gentilhomme à sa dame*, intitulée également *Epistre d'un verolé à sa dame* (*Les Faictz et dictz* de Jean Molinet, éd. Noël Dupire, Paris, Société des Anciens Textes Français, 1937, t. II, p. 729-731).

mots à la rime se terminent en « cons », « vis » et « cus[229] ». C'est en référence à cette culture de l'équivoque grivoise qu'il faut décrypter la récurrence des mots en « con- » et en « vi- » dans les *Ordonnances* de Pasquier (« Convent », « Confrère », « compassion », « Congnac », etc. ; « vicaire », « Vidame », « Viguier », « Vicomte », etc.). Autant ces mots, employés isolément, ne devraient pas attirer l'attention du lecteur, autant leur fréquence dans le texte, notamment au sein d'énumérations, fait partie des indices chargés de signaler le sens licencieux caché derrière le discours juridique.

Si le premier livre des *Bigarrures*, puisqu'il a été publié près de vingt ans après les *Ordonnances*, n'a pu exercer d'influence sur les jeux de mots qu'elles contiennent, il faut néanmoins considérer les échos entre les deux livres comme le témoignage d'une culture du divertissement spécifique aux juristes. Les souvenirs des plaisanteries estudiantines, les anecdotes tirées de la vie professionnelle, les productions littéraires fondées sur cet humour circulent à l'intérieur du milieu. Quand en 1582 paraît le recueil collectif de *La Puce*[230], dans lequel Pasquier et ses comparses, magistrats et avocats du Parlement de Paris, en déplacement à Poitiers pour y tenir une session des Grands Jours, se sont amusés à mêler propos galants et discours juridique en l'honneur de Madeleine et Catherine Des Roches, Tabourot en est immédiatement informé et s'empresse de le faire savoir par le truchement du préfacier fictif des *Bigarrures* :

> D'avantage il n'y a que deux jours, que plusieurs scavans Advocats ont recherché les Puces de mes Damoiselles des Roches ; sur lesquelles, pour m'estre si bien rencontré, je me reposeray, & donneray audience au Seigneur des Accords[231].

Pasquier et Tabourot n'entreront en relation qu'en 1584, et ce sera de façon purement épistolaire[232]. Mais ils se plairont tous deux à louer la connivence entre leurs esprits. Pasquier écrira une lettre à Tabourot

---

229 Ed. citée, t. II, p. 866-867. On appelle « poème figuré » un poème « où les dernières syllabes de chaque vers forment des mots dont les images sont présentées graphiquement dans le manuscrit, ou dont les lettres sont rendues distinctes des autres par l'éditeur » (Ullrich Langer, « Jean Molinet : allégorie et textualité », *Bulletin de l'Association d'étude sur l'Humanisme, la Réforme et la Renaissance*, 1979, vol. 9, p. 37-46 ; voir p. 40).

230 *La Puce de Madame Des-Roches*, Paris, Abel L'Angelier, 1582.

231 *Les Bigarrures*, éd. citée, p. 17.

232 Sur les relations entre Pasquier et Tabourot, voir Fr. Goyet, *Les Bigarrures*, éd. citée, p. XXXI-XXXIII.

pour lui exprimer le plaisir qu'il aura pris à lire ses *Bigarrures* et pour lui proposer d'autres exemples de jeux poétiques. Le contenu de cette lettre se retrouvera, assez nettement développé, dans les chapitres 12 à 14 du livre VII de ses *Recherches* :

> J'ay leu vos belles Bigarrures, & les ay leües de bien bon cœur, non seulement pour l'amitié que je vous porte, mais aussi pour une gentillesse & naïfveté d'esprit dont elles sont plaines[233].

Il aura sans doute d'autant plus apprécié les « lascivetez[234] » de Tabourot qu'elles appartiennent pour la plupart au répertoire de ces « gaillard(s) Escholier(s)[235] », étudiants en droit, jeunes clercs de justice, qu'ils ont bien connu l'un et l'autre. Celles des *Ordonnances Generalles d'Amour* ne sont pas non plus pures inventions de Pasquier[236]. Comme elles étaient déjà familières au récepteur, leur intérêt résidait dans l'art de les amener, c'est-à-dire d'inventer un contexte porteur d'isotopies dans lesquelles elles puissent aisément s'insérer.

CONCLUSION

La pochade de Pasquier, conformément aux traditions de la littérature basochienne, est avant tout un divertissement offert aux membres de la communauté des hommes de justice, seuls à même de déceler les sous-entendus grivois cachés dans les formes du discours qu'ils pratiquent ordinairement et d'apprécier l'humour provenant du décalage entre le sérieux des apparences et le contenu licencieux qu'elles dissimulent. Ils

233 *Lettres*, VIII, 12, édition de 1586, Paris, Abel L'Angelier, f. 245 v°.

234 L'expression est du préfacier fictif des *Bigarrures*, André Pasquet ; éd. citée, p. 15.

235 Tabourot évoque à deux reprises un « gaillard Escolier à Tholose » (f. 33 r° et 81 v°), qui n'est autre que lui-même. Il fut étudiant en droit à Toulouse de 1565 à 1570.

236 Certaines se retrouvent par exemple dans les prologues bouffons du farceur Bruscambille. Celui-ci exploitait, pour faire rire le public indiscipliné du parterre de l'hôtel de Bourgogne, un répertoire de jeux de mots grivois puisés notamment dans les champs lexicaux du jeu, des armes, des outils ou objets quotidiens, des instruments de musique, de la nourriture, de la médecine et du droit. Voir Hugh Roberts, « L'euphémisme comique et les limites de l'obscénité au début du XVIIe siècle », *Obscénités renaissantes*, sous la direction de Hugh Roberts, Guillaume Peureux et Lise Wajeman, Genève, Droz, 2011, p. 247-261.

pouvaient y lire une injonction à se livrer sans frein aux plaisirs amoureux, à condition de ne pas oublier que, dans la réalité, « celuy qui usera le moins de ces presentes Ordonnances sera estimé le plus sage ». Toutefois, avant que la parenthèse du jeu et de la fiction ne se referme, les lecteurs auront pu percevoir, çà et là, quelques invitations à une réflexion sur la loi. Les allusions à Érasme et à Rabelais les auront peut-être orientés vers un certain scepticisme à l'égard des interdits et donc une certaine confiance dans l'usage que l'homme peut faire de son libre arbitre. Les notions de communauté, de « charité » et de « compassion » ne sont sans doute pas présentes par hasard dans les lignes de ces articles de loi. En outre, le jeu avec le discours de la loi permet, certes d'un point de vue purement spéculatif, de mettre en lumière l'inévitable contingence de cette dernière. Pasquier, sans aucun doute influencé par le chapitre II, 12 des *Essais* de Montaigne (l'*Apologie de Raimond Sebond*), l'affirmera clairement dans une lettre écrite vers 1585 : « Dites moy je vous supplie, y a-il chose tant bigarrée entre les hommes que la loy ? Icy vous verrez le larcin avoir esté defendu sur peine de la hard : en un autre lieu estre permis & loüé, comme habilité d'esprit. [...] Quelques legislateurs avoir approuvé la communauté des biens au prejudice de ces mots, Mien & Tien, desquels depend le trouble & le repos presque de toutes les nations. [...] Tant est l'esprit de l'Homme composé de diverses pieces, qu'il est malaisé de dire si noz loix prennent leur fonds de ce que nous appelons Raison, ou d'une vague & fluctuante opinion[237] ». Mais, si le texte des *Ordonnances* illustre l'arbitraire de la loi, il en manifeste aussi toute la grandeur. Le dispositif juridique présenté magnifie, dans sa forme même, l'autorité qui émane d'un souverain éclairé par son conseil et par un Parlement chargé de vérifier qu'il légifère conformément aux lois fondamentales du royaume.

L'ambition du critique moderne des *Ordonnances Generalles d'Amour* est double : d'une part tâcher d'identifier les allusions aux questions qui étaient familières aux juristes du temps de Pasquier (bénéfices ecclésiastiques, procédure judiciaire, port des armes à feu, législation au sujet des danses, des jeux, des vêtements de luxe, etc.) et déceler

---

237 Lettre X, 1, *A Monsieur de Tournebu, Conseiller à la Cour de Parlement de Paris*, éd. de 1586, f. 297 v°-298 r°. On lit dans les manchettes : « Les loix descouvrent l'infirmité de nostre raison », « Diversité de loix entre les Hommes », « Que les loix mesmes se changent en un mesme pays ». *Cf.* Montaigne, *Essais*, II, 12, éd. Villey-Saulnier, Paris, P.U.F., 1992, t. II, p. 579-581.

d'éventuelles insinuations de l'auteur tout en se gardant de surinterpréter leur portée politique, d'autre part repérer et élucider toutes les équivoques en évitant d'en voir là où il n'y en a pas. Nous avons cherché à justifier nos explicitations par des rapprochements avec des plaisanteries courantes dans la littérature licencieuse de l'époque. Nous avons bien conscience, néanmoins, de ne pas avoir éclairé la totalité des jeux de connivence proposés par Pasquier, en un siècle « amateur plus que d'autres de bons mots, d'énigmes gaillardes, d'ambiguïtés moralisantes, scatologiques ou grivoises[238] ». Certains passages garderont leur obscurité, alors même qu'ils semblent solliciter la participation du lecteur. L'annotation a préféré rester lacunaire là où le texte opposait trop de résistance à l'interprétation plutôt que de courir le risque de suggérer une explication erronée. En publiant cette édition, nous espérons avoir mis à la disposition du lecteur moderne les éléments qui lui permettront d'exercer sa sagacité en poursuivant lui-même le travail d'élucidation. L'indiligent critique aura peut-être au moins permis à ce petit livre de retrouver une part de sa vitalité.

---

238 L'expression est de Paul Zumthor, *Le masque et la lumière. La poétique des grands rhétoriqueurs*, Paris, Éditions du Seuil, 1978, p. 269. Si le propos de Zumthor vise spécifiquement l'époque des grands rhétoriqueurs, sa pertinence s'étend à l'ensemble du XVIe siècle.

PRINCIPES D'ÉDITION

Nous reproduisons le texte de l'édition de 1574 : *En Anvers, Par Pierre Urbert.* (d'après l'exemplaire de la bibliothèque municipale de Versailles : B.P. in-8 EH 144).

Conformément à l'usage moderne, nous avons dissimilé les *i* et les *j* ainsi que les *u* et les *v*. Nous avons également remplacé les tildes indiquant les voyelles nasales par des *n* ou des *m* (par exemple : *grand*, *temps* pour *grãd*, *tẽps*). En dehors de ces modifications, nous avons respecté à la lettre le texte de 1574, y compris sa ponctuation, et n'avons corrigé les fautes d'impression que lorsque les autres éditions donnent une meilleure leçon. Chaque correction est signalée par une note en bas de page.

Nous mentionnons les variantes des trois autres éditions, sauf quand elles sont purement graphiques. Les lettres minuscules en exposant indiquent la présence d'une ou de plusieurs variantes. Consultables à la suite du texte, ces variantes sont suivies des mentions *64*, *74b* ou *18* selon qu'elles proviennent de l'édition de 1564, de l'autre édition de 1574 ou de celle de 1618. Quelques rares mots ou passages omis dans l'édition de 1574 ont été rétablis tels qu'ils figurent dans les autres éditions. Ils sont placés entre accolades et une note de bas de page précise l'édition justifiant l'intervention.

De 1564 à 1574, on constate une modernisation de l'orthographe : par exemple, les *z* marquant le pluriel sont remplacées par des *s* (*noz*, *ilz* deviennent *nos*, *ils*). Entre les deux éditions « anversoises » de 1574, il y a peu de variantes, mais quelques fautes d'impression de notre édition de référence n'apparaissent pas dans *74b*. En 1618, outre la suppression des trois derniers articles et de la formule d'enregistrement, on relève quelques variantes destinées à rendre le texte plus proche de ses nouveaux lecteurs. De plus, certains mots porteurs d'équivoques grivoises sont imprimés en italique. Ces modifications sont signalées par des notes en bas de page.

ORDONNANCES GENERALLES D'AMOUR

ORDONNANCES [f. 2 r°]

Generalles d'Amour, envoyees au Seigneur Baron de Myrlingues[1] *Chancelier des Isles Hyeres*[2]*, pour faire estroictement garder par les vassaux dudict Seigneur, en la Jurisdiction de la Pierre au laict, & autres lieux de l'obeissance dudict Seigneur*[a 3]*.*

1 C'est au *parlement Myrelinguois en Myrelingues* que se situe l'épisode du juge Bridoye dans le *Tiers Livre* de Rabelais (chapitres XXXVI-XLIV). Convoqué par cette *Court centumvirale* pour justifier en appel une décision contestée, il y défendra la sagesse des jugements confiés au verdict des dés. Le nom est une invention de Rabelais. On peut le décomposer en « myre » et « lingues » et lui donner le sens de « milliers de langues ». Peut-être faut-il y percevoir aussi un écho au mot *mirely*, que Godefroy et Huguet signalent avec le sens de « parties naturelles de la femme », en citant le même exemple, tiré du *Sermon de l'Endouille* : « Un homme, aiant pris une veufve, / Pensant avoir trouvé la febve, / Voulant donner au mirely : / « Ha », luy dit-elle, « mon amy », / « Je vous prie, laissés cela : / Car long temps a qu'on n'y toucha » (*Recueil de poésies françoises des* XV*e et* XVI*e siècles*, éd. A. de Montaiglon, Paris, P. Jannet, 1856, t. IV, p. 90).

2 Dans la page de titre de la première édition du *Tiers Livre* (Paris, Chrestien Wechel, 1546), Rabelais se présentait comme *docteur en Medicine, et Calloier des Isles Hieres.* La deuxième appellation disparaîtra dans l'édition de 1552, mais elle figurera dans la première rédaction du *Quart Livre*, publiée à Lyon en 1548. Pasquier remplace le titre de *Calloïer*, donné aux moines d'Orient, par celui de *Chancelier*, puisqu'il propose un texte administratif. Jacques Boulenger (*Humanisme et Renaissance*, t. III, 1936, p. 447), rappelant que « Jean de Nostredame, frère de Nostradamus, aimait à s'intituler moine des isles d'Hyères », voyait dans cette expression « une plaisanterie courante ». Sans doute s'explique-t-elle par le fait que les îles d'Hyères, situées sur la côte provençale, avaient été érigées en marquisat en 1549 par Henri II pour un baron allemand qui avait la charge d'y construire des forteresses et de veiller à leur repeuplement. À cet effet, l'asile y était accordé aux criminels en tous genres. Pasquier fait ainsi comprendre à son lecteur que ces *Ordonnances d'Amour* ont pour destinataire fictif le monde interlope de la prostitution, ce que confirme la mention de *la Pierre au laict* quelques lignes plus bas.

3 La rue de la Pierre-au-Lait était une rue mal famée de Paris. Elle se trouvait derrière le Châtelet et formait une section de la rue des Écrivains. Villon l'évoque dans le huitain XXII (ou XIX) du *Lais* : voir le commentaire de Louis Thuasne (François Villon, *Œuvres*, t. II, Paris, Picard, 1923, Genève, Slatkine Reprints, 1967, p. 43). Noël du Fail, dans les *Contes et Discours d'Eutrapel*, XXVI, la mentionne parmi les mauvais lieux fréquentés par Eutrapel : « Mais depuis que j'eus hanté les lieux d'honneur, la place Maubert, les Hales, l'Eschole de la Greve, la Pierre au Lait, & les Docteurs complantatifs d'icelle, couru tous les basteleurs de la ville, & assemblees des enfans perdus & Matois : je fus un maistre

GENIUS[4] par la grace de Dieu Archiprestre d'Amour Vicaire & Lieutenant general[5] pour sa Majesté[b] en tous ses bas païs[c] & contrees, à tous presens & advenir, Salut.

Comme de toute memoire, mesmes des le commencement de ce monde, nous ayons pris soubz nostre charge toutes les affaires de notre grand & souverin Prince d'Amour, au maniement desquelles nous nous y sommes comportez, comme tout bon & [f. 2 v°] loyal vassal est tenu de faire envers son Seigneur & patron : toutesfois ny [*sic*] avons sceu[d] tenir telle main, que par longue traicte[e] de temps les opinions de nos subjectz ne se soyent trouvees fluctuantes, pour l'incertitude qu'ils disoyent avoir par faute de bonnes Ordonnances, disans pour excuse generalle, qu'à la verité ils estoyent fondez en quelques longues coustumes, qu'ils tenoyent de pere en filz, non toutesfois reduictes & redigees par escript. Au moyen de quoi ils estoyent infiniment travaillez, par ce que lors qu'il se presentoit quelque different sur l'usage desdictes coustumes, ils n'en pouvoyent faire la verification par tourbes[6], d'autant que selon leurs anciens statuts ils ne pouvoyent à la confection de leurs preuves y employer plus de deux tesmoings[7]. Nous requerants pour ceste cause que leur voulussions bailler par escript Loix & Constitutions certaines, à fin de tranquilliter[8] entre eux toutes choses, & qu'aucun ne se peut d'icy en

galant » (*Les contes et discours d'Eutrapel, par le feu Seigneur de la Herissaye, gentilhomme breton*, À Rennes, pour Noël Glamet de Quinpercorentin, 1585, f. 140). Le mot « complantatif » est sans doute une contrepèterie grivoise sur « contemplatif ». – Les lieux *de l'obeissance dudict Seigneur* sont ceux qui sont soumis à son autorité. On peut comprendre qu'il s'agit de maisons de prostitution ou bien, dans un sens plus général, du domaine des relations amoureuses.

4 *Genius* : personnage du *Roman de la Rose* et de *La Concorde des deux Langages* de Jean Lemaire de Belges. Voir notre *Introduction*.

5 Genius est *Vicaire & Lieutenant general* d'Amour de la même façon que le sacre faisait du roi de France le Lieutenant de Dieu, le « vicaire de Dieu, dont, roi, il portait en personne la vivifiante image » (Suger, *La Geste de Louis VI*, éd. Michel Bur, Paris, Imprimerie nationale, 1994, p. 104). Voir Philippe Pichot-Bravard, *Conserver l'ordre constitutionnel (XVIe-XIXe siècle)*, Paris L.G.D.J., Lextenso éditions, 2011, p. 28.

6 Avant la rédaction des coutumes au XVIe siècle, quand le juge se heurtait à une incertitude sur l'existence ou le sens d'une coutume invoquée, il pouvait ordonner une enquête par turbe (du lat. *turba* : « groupe ») : la turbe était un groupe de sages, au nombre de dix au moins, chargé de délibérer pour dire quelle disposition coutumière devait s'appliquer dans l'affaire jugée.

7 Les deux *tesmoings* concernés par la preuve en matière d'amour : les testicules. Leur nombre est évidemment bien insuffisant pour pouvoir procéder à une enquête par turbe.

8 *tranquilliter* : rendre tranquille, pacifier.

avant masquer d'aucun pretexte d'ignorance. Parquoy nous enclinans à leurs supplications & prieres, mesmement pour satisfaire en tant qu'à nous est à l'office & debvoir auquel nous sommes appellez [f. 3 r°] apres avoir le tout deliberé meurement avec les gens de notre conseil estroit[9], Avons par leur advis de notre certaine science[10], pleine puissance & auctorité qui nous est octroyee par Amour, statué & ordonné, statuons & ordonnons pour Loy & Edict à jamais irrevocable ce qui s'ensuit.

ARTICLE I.

Premierement, pour autant que nostre intention generalle est de bannir & exterminer le vice, le plus qu'il nous sera possible, d'entre noz subjects, lequel la pluspart du temps prend ses racines de la loy mesme, par ce que nous ne recognoissons[f] poinct le peché sinon de tant qu'il est prohibé par la loy[11] : Pour ceste cause declarons que là

9 Le Conseil étroit du roi ou Conseil des affaires, constitué d'un groupe restreint de conseillers, était l'organisme où se préparaient les décisions politiques importantes. (Voir Roger Doucet, *Les Institutions de la France au XVe siècle*, Paris, Picard, 1948, t. I, p. 142). Au livre II des *Recherches de la France* (publié en 1565), Pasquier déplore la dénaturation de ce Conseil étroit sous le règne de Charles IX. Il avait en effet été considérablement élargi pour satisfaire les revendications des Protestants : « Toutesfois depuis ce temps-là, les affaires de la France ont grandement changé de face pour les guerres civiles et intestines qui ont couru entre nous : lesquelles ont esté causes que ceux qui ont le premier gouvernement du royaume, pour gratifier aux uns et aux autres, et par ce moyen donner ordre de tranquiliter toutes choses, ont baillé lieu et seance en ce Conseil à plusieurs personnages d'estofe, augmentant ce lieu de nombre presque superabondant et extraordinaire. [...] il n'est pas expedient qu'un Conseil estroit d'un Royaume soit communiqué à tant de personnes » (chap. 2, éd. citée, t. I, p. 396). C'est donc peut-être un message politique que Pasquier adresse à son lecteur en lui rappelant le rôle institutionnel (mentionné également dans l'article XL) du conseil *estroit*.

10 *de notre certaine science* : « en pleine connaissance de cause ». Formule habituelle de la Chancellerie royale (*ex certa scientia*). L'expression suivante (*pleine puissance & auctorité*) est également calquée sur les formules rappelant le principe de la souveraineté royale (*de auctoritate nostra regia* ; *de plenitudine regiae potestatis*), mais sans indication de royauté, Genius étant vicaire du *Prince d'Amour* et non roi.

11 Probablement en référence à Rabelais, *Gargantua*, LV : « Car nous entreprenons tousjours choses défendues, et convoitons ce que nous est dénié » (éd. Gérard Defaux, Le Livre de poche, Paris, Librairie Générale Française, 1994, p. 473). Assertion reprise dans le *Tiers Livre*, XXXIII, à propos seulement des femmes : « ainsi ne bendent les femmes jamais la contention, subtilité et contradiction de leurs espritz, si non envers ce que congnoistront

où es autres lieux tous Legislateurs se debordent[12] en une infinité de prohibitions & defences, au contraire nous entendons estre fort sobres en icelles, & estandre noz ordonances à toutes permissions honnestes & naturelles, aymans mieux par telles permissions recepvoir obeissance de noz subjects que par multiplicité de loix prohibitoires les accoustumer à se rendre refractaires & desobeissans à nous par un instinct particulier de leurs natures.

II. [f. 3 v°]

Et par ce que nous desirons establir de fondz en comble nostre republique, de telle façon qu'il n'y ait jamais à redire, & que ce ne soit qu'un corps composé de plusieurs membres[13], pour laquelle cause nostre opinion est d'insinuer entre nous sur toutes choses, la charité & amour reciprocque, voulons & nous plaist que ceste nostre Republicque sera desormais appellée le Convent de la charité, dont les suppotz seront dicts & nommez Confreres, ausquelz tous nous enjoignons sur toutes choses de vacquer au contentement[14] des uns & des autres.

---

leurs estre prohibé et defendu » (éd. Jean Céard, Le Livre de poche, Paris, Librairie Générale Française, 1995, p. 319). Pasquier condamnait l'inflation des lois propre à son temps : « Au demeurant, je vous diray icy en passant, qu'il y eust dedans nostre ancienneté peu d'Ordonnances, mais bonnes mœurs ; maintenant une infinité d'Ordonnances sans mœurs » (*Les Lettres d'Estienne Pasquier*, XIX, 15, *A Monsieur Robert, Advocat en la Cour de Parlement de Paris*, éd. 1619, t. II, p. 525).

12 *se debordent* : ici « prononcent avec excès ».

13 *un corps composé de plusieurs membres* : interprétation « libre » de la métaphore paulinienne de l'unité du corps en dépit de la diversité des membres dont il est formé (Corinthiens I, 12, 12-27). Le texte joue sur la polysémie de « membre » : à la fois « partie du corps », « personne qui appartient à une communauté » et « organe sexuel (masculin et féminin) ». La fondation du convent a pour fin le *contentement* de tous ses *membres*. Une règle d'*amour reciprocque* y est instituée, dont le corollaire n'est autre que la conjonction des corps.

14 *Convent, Confreres, contentement* : trois mots sans doute rapprochés en raison de leur première syllabe. Dans l'édition de 1618, *le Convent de la Charité* et *Confreres* sont écrits en italique.

III.

Ce neantmoins sur les dificultez qui se sont presentees en ce premier establissement de police, les aucuns des Confreres disans que pour le contentement d'un chacun, il failloit que toutes choses fussent communes[15], & les autres au contraire approuvans seullement le mien

15 L'article traite apparemment de la communauté des « choses ». Mais le lecteur comprend que le véritable sujet est celle des femmes. Comme l'affirme le personnage de Philopole dans le dialogue *Le Monophile*, d'un sujet à l'autre, il y a « quelque simbolisation » (*Le Monophile*, éd. E. Balmas, Milano-Varese, Istituto Editoriale Cisalpino, 1957, p. 79). Entre la licence absolue et la fidélité, le législateur ne tranche pas, mais il propose une voie moyenne : le principe de « compassion », qui peut s'interpréter comme la permission de pratiquer toute forme de charité en amour. La compassion est ainsi le contraire des sentiments traditionnellement prêtés à la maîtresse : son insensibilité à la pitié, sa rigueur que rien ne peut fléchir. Un autre « establissement de police », *La République* de Platon, avait institué la communauté des biens, des femmes et des enfants pour la classe des gardiens de l'État, c'est-à-dire des dirigeants et de leurs auxiliaires. Aux yeux du philosophe, c'était une nécessité pour empêcher les intérêts particuliers de nuire au bien de la collectivité : « D'abord aucun d'eux n'aura rien qui lui appartienne en propre, sauf les objets de première nécessité; ensuite aucun n'aura d'habitation ni de cellier où tout le monde ne puisse entrer » (*La République*, livre III, 416d, texte établi et traduit par Émile Chambry, Paris, Les Belles Lettres, 1959, p. 139); « Les femmes de nos guerriers seront communes toutes à tous; aucune n'habitera en particulier avec aucun d'eux; les enfants aussi seront communs, et le père ne connaîtra pas son fils, ni le fils son père » (*La République*, livre V, 457d, texte établi et traduit par Émile Chambry, Paris, Les Belles Lettres, 1989, p. 62). La formulation (« le mien & le tien ») pourrait provenir d'une traduction des *Préceptes du mariage* de Plutarque publiée en 1546 en même temps que des dialogues de Sperone Speroni. On y relève cette référence à *La République* : « Platon disoit la cité bienheureuse et fortunée, en laquelle on ne voyoit aucun qui dist, cecy est mien, cecy n'est pas tien : car les citoyens doyvent (tant qu'ilz peuvent) user entre eulx de choses communes » (*De la cure familiere avec aucuns preceptes de mariage extraicts de Plutarque. Aussi un dialogue de la dignité des femmes*, Lyon, Jean de Tournes, 1546, p. 93). Énea Balmas, qui cite ce passage dans son édition du *Monophile*, affirme que Pasquier connaissait cet ouvrage et qu'il s'en était inspiré pour écrire son dialogue sur l'amour (p. 48 et p. 241). Certaines références au mythe de l'âge d'or associent l'idée de prospérité à celle de mise en commun des ressources naturelles. Ainsi, dans *Les Géorgiques* (I, v. 125-128), Virgile présentait le règne de Saturne, qui précéda celui de Jupiter, comme un communisme heureux : « Avant Jupiter, point de cultivateur qui travaillât les champs; il eût été même sacrilège de placer des bornes ou de diviser la campagne par une limite : on mettait en commun les récoltes; et la terre produisait tout d'elle-même, avec plus de libéralité, sans être sollicitée » (« *Ante Iovem nulli subigebant arua coloni, / ne signare quidem aut partiri limite campum / fas erat : in medium quaerebant; ipsaque tellus / omnia liberius, nullo poscente, ferebat* ». Texte établi et traduit par E. de Saint Denis, Paris, *Les Belles Lettres*, 1985, p. 152). Ces conceptions (ainsi que l'emploi des termes *mien* et *tien*) se retrouvent chez

& le tien[16] : Nous pour satisfaire aux uns & aux autres, & suyvre une moyenne voye, n'ostons en tout & par tout la communauté, aussi ne la permettons de tout poinct, mais y establissons entre deux la compassion[17], qui sera une reigle à chacun [f. 4 r°] pour sçavoir ce qui luy doit estre propre ou commun.

IIII.

Pour extirper les abuz qui ont par cy devant eu vogue, par faute d'avoir presté par les curez residence actuelle[18] sur les lieux de leurs benefices curez[19], il n'y aura autres beneficiers que commandataires & prieurs,

---

un proche de Pasquier, Louis Le Caron, dont le dialogue du *Courtisan* (1556) présente ainsi l'âge d'or : « En ce siecle et eage doré touts les biens étaient communs, les bornes ne separoient les champs, châcun estoit seigneur d'autant qu'il tenoit, ces deux mots MIEN et TIEN n'avoient encore été ouïs : qui sont les deux lances, desquelles miserablement la tranquilité humaine est de toutes parts assaillie » (Louis Le Caron, *Dialogues*, éd. Joan A. Buhlmann et Donald Gilman, Genève, Droz, 1986, p. 67). D'autre part, le terme religieux employé par Pasquier (la *compassion*) invite à penser qu'il se réfère aussi à une autre tradition : la pensée chrétienne, qui a donné en exemple la vie communautaire des premiers membres de l'Eglise (*Actes des Apôtres*, 2, 44-45). C'est Érasme qui avait montré le lien entre cette exigence du christianisme originel et le principe grec de la communauté des biens entre amis. Les *Adages* commencent en effet par l'examen du proverbe : *Amicorum communia omnia*, qu'il attribue significativement à Socrate et non à Diogène.

16 Allusion probable à Aristote. Dans le livre II de *La Politique*, il se livre à une critique du principe de la communauté des femmes, des enfants et des biens défendu par Platon dans *La République*. Il légitime la propriété privée, tout en prônant la pratique de la libéralité pour en tempérer les effets. C'est en somme le principe que préconise cet article III, si l'on veut y voir une codification des rapports amoureux : dans le *convent*, le mariage n'est pas aboli, mais il n'y est pas interdit de faire un usage très « libéral » du lien conjugal.

17 La *compassion*, c'est-à-dire l'entraide mutuelle, était le principe régissant les rapports entre les membres d'une confrérie. Mais à ce terme de *compassion* s'applique également la remarque sur les mots de l'article II. Dans l'édition de 1618, *le mien & le tien* et *compassion* sont en italique.

18 *actuelle* : effective, réelle.

19 Les *benefices curez* sont ceux qui comportent une charge d'âmes, c'est-à-dire le devoir, pour leur titulaire, de délivrer une instruction religieuse à la population confiée à ses soins et de lui administrer les sacrements. *The Anglo-Norman Dictionary*, pour l'adjectif *curé*, donne la définition : « having a cure of souls », et cite l'exemple suivant, tiré des *Rotuli Parliamentorum* : « [...] d'estre noun-residente sur son benefice curé ». Peut-être à prendre ici en un sens libre : « nettoyé ».

dont ceux la seront mariez[g] & ceux cy non. Ausquels nous enjoignons de resider actuellement sur les benefices dont ilz seront joyssants, autrement se pourront pourvoir les plus diligens encontre eux par devolutz[20], sur lesquelz benefices ceux la qui seront en quelque faculté graduez seront tenus d'insinuer leurs nominations en personne & non par procureurs[21].

20 *Cf.* Ordonnance d'Orléans, article III : « Résideront tous archevêques, ou évêques, abbez et curez, et fera chacun d'eux en personne son devoir et charge, à peine de saisie du temporel de leurs bénéfices » (Isambert, *Recueil général des anciennes lois françaises, depuis l'an 420 jusqu'à la Révolution de 1789*, Paris, Belin-Leprieur, 1821-1833, t. XIV, p. 65). Les bénéfices ecclésiastiques étaient les charges spirituelles, accompagnées d'un certain revenu, qui étaient confiées aux clercs. Leur collation était l'objet de nombreuses convoitises et donnait lieu à des abus souvent dénoncés. Le dévolu était l'attribution directe par le pape d'un bénéfice déclaré vacant car le collateur ordinaire avait négligé de le conférer ou l'avait confié à un clerc dépourvu des qualités ou des titres requis. Pour équilibrer les ressources du clergé régulier et du clergé séculier, les papes ont pratiqué le système de la commende, c'est-à-dire qu'ils ont confié à des membres du clergé séculier, dont les revenus étaient jugés insuffisants, des abbayes ou des prieurés. Les abbayes attribuées à un abbé commendataire étaient néanmoins sous la responsabilité spirituelle d'un prieur conventuel. Pour les bénéfices mineurs, comme les canonicats ou les cures, leur collateur ordinaire (l'évêque) devait en réserver un tiers aux clercs gradués dans les universités : ce privilège s'appelait « l'expectative des gradués ». Mais il faut aussi savoir que le mot « bénéfice », dans d'autres contextes, pouvait désigner la dame en tant qu'elle est dispensatrice de faveurs. Un bénéfice vacant était donc une dame libre de tout lien amoureux. Quand Martial d'Auvergne, dans le cinquième de ses *Arrêts d'Amour*, fait s'opposer deux hommes aimant la même femme, il présente ainsi l'argumentation du défendeur : « Et disoit que de long temps il fut nommé par l'université d'Amours aux premiers benefices qui vacqueroient au dyocese dont ceste dame cy estoit et que encore d'abondant il avoit obtenu grace expectative pour accepter la premiere qui seroit sans amy et sy avoit dispence d'en avoir deux, non obstant l'incompatibilité » (éd. Jean Richner, Paris, Picard, 1951, p. 25). Dans *Les Droitz nouveaulx* de Guillaume Coquillart, il est dit des « amours : Ce sont beneffices telz quelz / A povres mignons necessaires [...] Les vrays collateurs ordinaires / Sont dames plaines de doulceurs » (*Œuvres*, éd. citée, p. 198-199). Oudin en signale aussi un sens libre : « Courir le benefice, Metaph. « hanter le bordel » (*Curiositez françoises*). Pasquier joue également sur deux acceptions du verbe « jouir de » : au sens juridique « percevoir les fruits d'un bien, d'un revenu, d'un bénéfice », et, à propos d'une femme, en avoir la possession charnelle. De même, si les « commandataires » sont dits mariés, c'est sans doute en vertu d'un jeu sur le mot « commande », qui non seulement désigne un bénéfice attribué *in commendam*, (« en commende »), c'est-à-dire provisoirement (même si c'était parfois à vie) à un ecclésiastique ou même à un laïc, mais rappelle également le droit reconnu au mari d'avoir sa femme « en commande » : en son pouvoir, à sa disposition. Et les « prieurs » sont probablement les amants, car le mot, outre son sens de « supérieur d'un couvent de moines », évoque aussi celui qui « prie une femme », c'est-à-dire qui sollicite instamment son amour.

21 *insinuer* : enregistrer. « *Insinuer sa nomination* : S'assurer par un acte officiel la possession d'un titre, d'un bénéfice » (Huguet). Au livre III, chap. 27 des *Recherches*, Pasquier mentionne cette disposition de la Pragmatique Sanction de Bourges (1438) : « en toute Eglise Cathedrale, la troisiéme partie des Prebendes seroit affectée aux Graduez, qui seroient tenus chaque Caresme, d'insinuer leurs Nominations aux Dioceses, sur lesquels

V.

Et toutesfois encore que telz beneficiez facent residence sur leurs benefices, si est ce que là[22] & au cas que par maladie, ancien aage ou autrement, ilz ne pourront bien & deuëment vacquer au faict de leurs charges, ils seront tenus prendre coadjuteurs, vicaires & vicegerantz, personnages[23] de qualitez requises, pour supplier[24] le deffaut[h] de leurs impuissances[25].

---

ils seroient nommez, et la premiere vacquante leur appartiendroit, et les deux autres à ceux qui seroient pourveus par les Ordinaires » (éd. citée, t. I, p. 708). Huguet signale un emploi figuré de l'expression *insinuer sa nomination* : « Se mettre en mesure de profiter d'un avantage ». C'est en ce sens qu'il faut comprendre le texte : ceux qui auront quelque bonne fortune ne laisseront personne d'autre en profiter à leur place. On en relève un exemple similaire dans *Le Cinquante-deuxième arrest d'amour* de Gilles d'Aurigny (1528) : « de l'heure que ung homme est marie : il ne luy est plus loysible de faire lamoureux : ne insinuer ses nominations sur ung autre que sa femme pour lincompatibilite : & pource que pluralite de telz benefices est reprouvee de droit naturel & positif damours » (voir l'annexe 2).

22 Graphie *la* corrigée d'après l'autre édition de 1574.

23 *personnages*. Variante de l'édition de 1618 : *viportans*. Le mot ne se trouve dans aucun dictionnaire, à l'exception du Huguet qui le mentionne avec l'explication suivante : « celui qui aide à porter ». Mais comme l'unique exemple qu'il cite est précisément celui-ci, on peut penser qu'il s'agit d'un hapax forgé tout exprès pour compléter la série des *vi-* par un mot particulièrement évocateur dans un article qui prescrit de suppléer à l'impuissance, due à l'âge ou à la maladie, des maris ou des galants.

24 *supplier* : suppléer.

25 *Cf.* Ordonnance d'Orléans, article VII : « Enjoignons aux prélats qui par maladies, ancien âge ou autrement, ne pourraient vaquer à leurs charges, et veiller sur leur troupeau, prendre et recevoir coadjuteurs et vicaires, personnages de qualités requises, tant pour la prédication de la parole de Dieu, qu'administration des saints sacrements » (Isambert, *op. cit.*, t. XIV, p. 66). Pasquier détourne visiblement le sens de cet article en jouant sur l'ambiguïté du mot « impuissance », dont le sens médical est attesté dès 1558 chez Bonaventure des Périers : « Car il n'y a rien qui ouvre la porte plus grande à cocuage, que l'impuissance du mary » (*Nouvelles Récréations et Joyeux Devis*, 16, éd. K. Kasprzyk, Paris, Société des Textes Français Modernes, 1997, p. 82). Dans la *Farce des femmes qui demandent les arrerages de leurs maris*, on voit une femme assigner son mari en justice au motif qu'il n'a pas consommé le mariage. La Cour le condamne à payer sa dette amoureuse, à défaut de quoi la femme sera autorisée à faire appel à un « adjoint » (*Ancien Théâtre François*, éd. Anatole de Montaiglon, Paris, 1854, t. I, p. 111-127). Voir Marie Bouhaïk-Gironès, *Les clercs de la Basoche et le théâtre comique (Paris, 1420-1550)*, Paris, Honoré Champion, 2007, p. 181.

VI. [f. 4 v°]

Comme ainsi soit que le principal but de tout bon Legislateur, doibve estre l'union & concorde de ses subjectz en une mesme religion, en laquelle nous voyons pour le jourd'huy les meilleurs espritz[26] bigarrez[i] & partialisez[27], n'entendons en rien remuer les anciens statuz qui nous ont esté prescripts & proposez par nos peres, ains en ensuyvant leurs bonnes & louables traces, approuvons les veuz, professions[28], offrandes, merites, & confessions auriculaires. Et encores que nous retenions les prieres qui se font pour les morts & la veneration des images[29], si avons

---

26 En 1574 : *les meilleurs escripts*. Nous corrigeons d'après l'édition de 1564.

27 *bigarrez* : divisés. *partialisez* : scindés en partis. *Cf. Recherches*, livre VIII, chapitre 55 (*Du mot*, Huguenot), éd. citée, t. III, p. 1670 : « Le plus grand malheur qui puisse advenir en une Republique, c'est lors, que soit par fortune, soit par discours, l'on voit un peuple se bigarrer en mots de partialitez ».

28 Profession : prononciation des vœux lors de l'entrée dans un ordre religieux.

29 L'article VI évoque les dissensions religieuses contemporaines. Les années 1555-1560 ont vu se développer en France les actes iconoclastes : mutilations ou destructions d'« images », c'est-à-dire de peintures ou sculptures représentant les saints, par des réformés qui refusaient d'y voir autre chose que des objets matériels dont le culte ne pouvait donc relever que de l'idolâtrie. Le luthéranisme rejetait également le sacrement de pénitence (les *confessions auriculaires*), la croyance au purgatoire et donc les prières pour les morts, la justification par les œuvres (*offrandes, merites*), étant donné que l'homme ne peut être sauvé que par sa foi (*sola fide*). Si cet article détourne le discours religieux pour lui donner un contenu galant, il peut néanmoins apparaître comme une profession de foi de Pasquier : une condamnation des réformés non pour des raisons doctrinales, mais au nom de la préservation de l'unité du royaume (*l'union et concorde de ses subjectz*). Dans une lettre écrite peu après l'Édit de Janvier, ou édit de tolérance de Saint-Germain (1562), il affirmait : « Ceux ordinairement qui pensent bien discourir sur le faict d'une Repub. sont d'advis que tout ainsi que le fondement general d'icelle depend principalement de l'establissement de la religion, par la crainte & reverence de laquelle tout sujet est autant & plus retenu que par la presence du Prince : aussi qu'il faut sur toutes choses que le magistrat empesche, ou mutation de religion, ou diversité souz un mesme estat. Comme ainsi soit que cela apporte partialitez & discordes intestines, qui se tournent en guerres civiles, lesquelles apportent les fins & periodes des Republiques » (IV, 13, *A Monsieur de Fonssomme* (éd. 1586, f. 104 v°). Mais, d'un autre côté, il s'est fermement opposé à la répression armée, déclarant dans une autre lettre (sous Henri III) : « Quelque chose que l'on vueille dire, jamais le Roi n'a tant gaigné sur ceux de la religion en temps de guerre, comme il a fait par ses Édits de Pacification » (X, 6, *A Monsieur Brulart*, éd. 1586, f. 315 v°). Sous le couvert de l'anonymat il est allé jusqu'à prôner la coexistence des deux cultes dans *L'Exhortation aux Princes* de 1561.

nous en specialle recommandation les prieres qui se font pour les vifz & celles qui s'adressent aux images vifves[30].

VII.

Et au surplus, d'autant que nous avons depuys quelques revolutions d'annees cognu par experience que plusieurs abusants du mot de fidelité, l'avoyent de religion tourné en parcialité[31] : Nous pour obvier à toutes seditions intestines qui nous pourroyent estre par telles sortes de mots procurees, exterminons[32] et rejettons de nostre convent tous fidelles[33].

VIII. [f. 5 r°]

Congnoissans que l'une des premieres & principalles corruptions de toute Republique est l'oysivité, comme celle par laquelle non seullement tout peché prend sa source, mais aussi sa nourriture[34] & accroissement,

30 Les *images vifves*, les *vifz*, sont les personnes vivantes, auxquelles il est permis d'adresser des requêtes amoureuses. Mais on perçoit aussi un jeu sur *vifz* si l'on restitue au mot sa prononciation de l'époque : [vi]. Ferdinand Brunot indique que Saint-Gelais faisait rimer *vifs* avec *enuis*, *ravis* et *suyvis* (*Histoire de la langue française des origines à nos jours*, t. II, *Le XVIe siècle*, Paris, Armand Colin, 1967, p. 297 et p. 269).

31 *parcialité* : esprit de parti, forme d'intolérance.

32 Exterminer : chasser, expulser, pousser hors des limites (*ex terminis*).

33 Sophisme pour justifier l'inconstance amoureuse : comme la notion de fidélité a engendré des dissensions dans le royaume de France en raison de la prétention des uns et des autres à posséder la vraie foi (Calvin oppose l'« homme fidèle » au « papiste »), le règlement du « convent » condamne toute exigence de fidélité.

34 *nourriture* : développement. On sait que l'oisiveté est mère de tous les vices. L'Ecclésiastique (XXXIII, 29) le formulait déjà : « *Multam enim malitiam docuit otiositas* ». On voit ici comment le rappel d'un principe moral vient justifier une pratique assidue des plaisirs amoureux. Frère Jean tenait de semblables propos à Panurge, lui recommandant d'exercer « continuellement » sa « mentule » et ses « couilles » : « Aussi par non usaige sont perduz tous privileges, ce disent les clercs. Pourtant, fillol maintien tout ce bas et menu populaire Troglodyte en estat de labouraige sempiternel. Donne ordre qu'ils ne vivent en gentilz hommes : de leurs rantes, sans rien faire » (*Le Tiers Livre*, chap. XXVII, éd. Jean Céard, Librairie Générale Française, Paris, 1995, p. 261-263).

desirant songneusement que ce vice ne provigne[j][35] aucunement entre nous : Nous prohibons & defendons toute oysiveté en nostre couvent[k], en quoy entendons que chacun soit si estroit & religieux observateur de ceste Loy, que ne voulons qu'il soit proferé aucune parolle oyseuse & sans effect[36].

IX.

Ce neantmoings par ce que nous ne saurions du tout estranger[37] les pauvres[38] de nous, suyvant ce qui est escrit : *Pauperes semper vobiscum habebitis*[39], Nous pour ceste occasion, ne voulans en rien dementir l'escripture, ne rejectons d'entre nous les pauvres & mandians, ores qu'ils fussent[40] valides, lors qu'il ne tient poinct à eux qu'ils ne soient[41]

35 *provigner* : s'étendre, se propager. Le mot est emprunté à la langue des vignerons : un *provin* (ou *marcotte*) est un rameau de vigne que l'on couche en terre pour lui faire prendre racine et que l'on coupe ensuite du pied mère.

36 Les paroles oiseuses sont blâmées par l'Évangile (Matthieu, XII, 36). Le protestant Pierre Viret le rappelait en ces termes dans son *Instruction chrestienne en la doctrine de la Loy et de l'Evangile* parue en 1564, l'année de la première édition des *Ordonnances :* « Nostre Seigneur Jesus Christ a dit, qu'il faudra que les hommes rendent conte de toutes les paroles oiseuses qu'ils auront dites. Les paroles sont oiseuses, qui ne servent à rien, & qui n'apportent profit quelconque aux auditeurs » (Genève, Jean Rivery, p. 379). L'expression désigne ici sans doute les promesses amoureuses non suivies d'effet.

37 *estranger* : éloigner.

38 Un édit *portant règlement pour la nourriture et l'entretien des pauvres de la ville et des faubourgs de Paris* fut promulgué en juillet 1547. Il demandait au prévôt de confier du travail en des « œuvres publiques » aux pauvres valides, d'accueillir les invalides sans domicile dans « les hospitaux, hostels et maisons Dieu » et d'organiser la charité dans les paroisses pour ceux qui, tout en ayant un toit, ne pouvaient pas travailler (Isambert, *op. cit.*, t. XIII, p. 23-25). Ici « l'aumosne » désigne les faveurs que peut accorder une femme. Dans un récit du recueil anonyme des *Cent Nouvelles Nouvelles*, on voit un gentilhomme bourguignon séjournant à Paris demander « l'aumosne amoureuse » à une chambrière de son hôtel (nouvelle XVIII, éd. Franklin P. Sweetser, Genève-Paris, Droz-Minard, 1966, p. 120).

39 « Des pauvres, vous en aurez toujours auprès de vous » (Jean, XII, 8 : parole du Christ à Judas lors de l'onction de Béthanie).

40 *ores qu'ils fussent* : même s'ils sont.

41 Nous corrigeons le texte (« qu'il ne soit mis ») d'après les leçons de l'édition de 1564 et de l'autre édition de 1574.

mis en besongne[l][42] : & singulierement recommandons à toutes dames & damoiselles avoir pitié des pauvres honteux qui ne demandent l'aumosne publiquement aux portes, sur quoy nous chargeons leurs consciences. Aussi en-[f. 5 v°]joingnons ausdicts pauvres que s'ils trouvent[m] à estre mis en œuvre ils s'y employent fort & ferme, & sur tout ordonnons que toutes aumosnes se feront par devotion[43] & non par police[44].

X.

Pour l'abreviation des proces[45] nous ostons tous contredicts[46] et reproches entre le mary & la femme.

42 *mis en besongne* : en référence au sens libre de *besogne* et *besogner*. Voir l'article XII.

43 *devotion* : désir, volonté.

44 *police* : règlement.

45 L'abréviation des procès est un thème récurrent dans les ordonnances royales au XVIe siècle. En janvier 1529, François Ier avait pris des mesures pour remédier à la lenteur des procès qui se tenaient devant le parlement de Paris (Isambert, t. XII, p. 307-312). En 1552, l'érection des sièges présidiaux dans tout le royaume était aussi présentée comme un moyen d'accélérer le cours de la justice (voir l'article XX).

46 *contredicts* : désaccords, oppositions.

XI.

Et pour autant que la malice des plaideurs a introduict plusieurs cavillations[47] en praticque[48], faisans la pluspart d'entre eux, pour la multiplicité des appoinctemens[49] qui s'y[50] trouvent[n] une banque de tromperie[51] : à quoy nous desirans coupper toute broche[52], voulons & nous plaist que d'oresnavant n'y ait plus qu'un appoinctement, qui sera, que les partyes se pourront appoincter en droict & joinct & produire[53] d'une part & d'autre tout ce que bon leur semblera.

47 *cavillations* : raisonnements subtils et de mauvaise foi. Voir notre introduction : « Le triomphe de l'équivoque ».

48 *praticque* : conduite des procès.

49 En droit ancien, un appointement est un « jugement interlocutoire par lequel le juge ordonne aux parties de produire de nouveaux témoins ou des preuves écrites sur les points de fait ou de droit qui n'ont pu être suffisamment éclairés à l'audience » (*TLF*). Mais il existe aussi un sens libre du terme « appointer » : c'est « faire l'amour ». On le relève par exemple chez Noël du Fail : « Saint Quenet ! (dist alors Anselme) voylà bonne forme de quereler et dappointers, et que je ne voudrois toutesfois estre chez nous, et vous prie ne le dire à ma femme : car trop lourdement se courrouceroit tous les jours avec moy ; puis vous sçavez que je ne pourrois si souvent appointer sans grand interest (= préjudice) de ma personne (*Propos rustiques*, V, *Conteurs français du* XVI*e* *siècle*, éd. Pierre Jourda, Paris, Gallimard, « Bibliothèque de la Pléiade », 1965, p. 623). Le double sens se prolonge avec les équivoques sur « droict » (« sexe masculin », *cf.* l'article XIV) et « joinct » (à la fois le « sexe de la femme » – appelé aussi « maujoint » – et le fait de « joindre » les corps : voir P. Guiraud, *Dictionnaire érotique*, Paris, Payot, 1978, p. 402). En effet, dans la langue juridique, on parle d'« appointement en droit et joint quand on forme incidemment quelques demandes qui sont appointées et jointes au procés » (Furetière).

50 « qui *si* trouvent ». Nous corrigeons d'après l'édition de 1564 et l'autre édition de 1574.

51 *banque de tromperie* : source de trafic. Cet article est inspiré par le préambule de l'Édit de Moulins d'août 1546, qui vise à remédier à la multiplication des procès, « la plupart desquels procez sont fondez en pures cavillations, les autres en choses quasi de néant », ainsi qu'aux « longueurs et embrouillemens qui s'y font par le dol et malicieuses inventions des praticiens, qui tiennent comme une banque de tromperie, et mauvaise foi » (Isambert, *Recueil général [...]*, t. XII, p. 912). Je remercie Patrick Arabeyre de m'avoir signalé ce rapprochement.

52 *couper toute broche* : couper court, mettre fin (par allusion au tonneau dont on ne peut plus tirer de vin une fois qu'on a coupé la *broche*, c'est-à-dire la cheville utilisée pour obturer l'ouverture qu'on y avait faite au foret).

53 Équivoque sur le terme *produire*, à la fois, au sens juridique, « présenter devant un tribunal des pièces justificatives » et, dans un sens large, « montrer », « dévoiler ». Le jeu est explicité par l'article suivant qui induit une double interprétation des « pièces » à « produire ».

XII.

S'entrecommuniqueront lesdictes partyes leurs pieces respectivement[54], puis se vuydera le proces à huys clos[55], par compromis & amiable composition[56] : & à ce faire seront speciallement appelés les Vidames[57], ausquels [f. 6 r°] nous commandons & tresrigoreusement enjoingnons n'aller mollement, ains roidement & rondement en besongne[58], sur peine de suspension de leurs estats pour la premiere foys, & de privation pour la seconde.

54 Le sens libre de la « communication des pièces » est confirmé par un passage des *Bigarrures* de Tabourot des Accords, au chapitre des *Entend-trois* (ou équivoques) : « Un Soliciteur (= celui qui s'occupe des procès d'autrui) disoit à une jeune Damoiselle, Quand il vous plaira, je vous communiqueray privément toutes mes pieces. Et moy les miennes, respondit elle. Estoit-ce pas pour se mettre d'accord sans plaider ? » (Premier livre, éd. Francis Goyet, t. I, fac-similé de l'édition de 1588, Genève, Droz, 1986, f. 70 H). La plaisanterie se trouvait aussi chez Coquillart : « On mettra sans dilation / Les pieces dessus le bureau. / La se faict ung droit tout nouveau, / Dieu scet comme on pratique l'art » (*Les Droitz nouveaulx*, v. 150-153, *Œuvres*, éd. M.J. Freeman, Textes Littéraires Français, Paris-Genève, Droz, 1975). Pour ce sens du mot « pièces », voir Oudin : « Les trois pieces.i. le membre viril et les testicules » (*Curiositez françoises*, Paris, 1640).

55 L'entreprise amoureuse (*le proces*) se déroulera à l'abri des regards indiscrets.

56 *compromis*, *composition* : encore des mots du vocabulaire juridique dont la présence ici est due à leur première syllabe. Voir l'article II. Une *amiable composition* est un arrangement de gré à gré. Mais l'adjectif *amiable* peut aussi avoir au XVIe siècle le sens d'« amoureux ». Voir l'exemple donné par Huguet : « Ce franc baiser, ce Bayser amyable, / Tant bien donné, tant bien receu aussi » (Clément Marot, *Les Épigrammes*, II, 52, *Œuvres poétiques*, t. II, éd. G. Defaux, Paris, Classiques Garnier, 1993, p. 270).

57 Les équivoques sur le mot « vit » étaient courantes, comme en témoignent ces vers de Marot sur la pudibonderie de certaines femmes : « Elles n'osent dire Viconte, / Vigueur°, vicourt ny villevé : / Leur petit bec seroit grevé, / En danger d'être trop fendues » (*Epistre du Coq en l'Asne, envoyée à Lyon Jamet de Sansay en Poictou*, v. 166-169, *Œuvres poétiques*, t. II, éd. Gérard Defaux, Classiques Garnier, Paris, Bordas, 1993, p. 90). Tabourot leur consacrera aussi quelques passages de ses *Bigarrures* (éd. citée, f. 71 E et 89 D-F). Voir *infra* l'article XIX. En 1618, *Compromis* et *Vidames* sont écrits en italique.

58 Au sens libre, comme dans l'article IX.

XIII.

Nous n'ostons ce pendant les consignations[59], mais au lieu qu'elles se payent es autres endroicts des l'entree du proces, seront les partyes tenues de consigner en communiquant leurs[60] pieces[o].

XIIII.

Pour la visitation[61] des proces ne seront les espices ostees, mais bien seront reduictes à l'instar qu'elles estoyent[p] au temps passé, en dragees & confitures[62]. À la charge, comme dict est, que ceux qui visiteront les

---

59 *consignation* : « Terme de droit. Consignation d'amende, dépôt, préalablement à certains actes, de l'amende qui peut être encourue » (Littré).

60 Nous corrigeons la graphie *leur* d'après l'édition de 1564 et l'autre édition de 1574.

61 Variante de l'édition de 1618 : *verification.*

62 Dans les parlements, le juge-rapporteur qui « visitait » le procès, c'est-à-dire en examinait attentivement les pièces, ainsi que les juges chargés du procès, recevaient des « épices ». L'article 57 de l'ordonnance d'Orléans proscrit cet usage dans le cas des « différens qui ne requerront ample connoissance et expédition, lesquels seront vuidez par les juges des lieux sur le champ, [...] sans pour ce prendre aucune chose pour les épices, à peine de rendre le quadruple par le juge qui aura contrevenu » (Isambert, *op. cit.*, t. XIV, p. 79). Au livre II, chapitre 4, des *Recherches*, Pasquier fait de la question des épices un exemple des « mutations » dues au « mal-heur du temps » : volontaires à l'origine, elles sont devenues obligatoires ; d'abord offertes en nature, conformément à leur appellation, elles ont ensuite été converties en argent. « Car les Espices que nous donnons maintenant ne se donnoient anciennement par necessité. Mais celuy qui avoit obtenu gain de cause par forme de recognoissance, ou regraciement de la Justice qu'on luy avoit gardée, faisoit present à ses juges de quelques dragées et confitures : car le mot d'espices par nos anciens estoit pris pour confitures et dragées [...]. Ces espices doncques se donnoient du commencement par forme de courtoisie à leurs Juges, par ceux qui avoient obtenu gain de cause, ainsi que je le disois ores. Neantmoins le mal-heur du temps voulut tirer telles liberalitez en consequence : Si que d'une honnesteté on fit une necessité. Pour laquelle cause le dix-septiesme jour de May, mil quatre cens deux, fut ordonné que les espices qui se donneroient pour avoir visité les procez, viendroient en taxe. [...] Depuis les Espices furent échangée en argent, aimans mieux les Juges toucher deniers que des dragées » (éd. citée, t. I, p. 357-358). Michel de L'Hospital condamnait l'usage des épices, sans oser cependant l'interdire : dans son *Discours de Moulins*, où il traçait le programme de l'ordonnance de 1566 sur la justice, il se contentait de déplorer que la médiocrité des

pieces seront tenus de bien & diligemment les fueilleter & approfonder, en sorte que tout se face à la conservation du droict des partyes[63].

---

gages donnés aux magistrats empêchât de mettre un terme à cette pratique (Voir Michel de L'Hospital, *Discours pour la majorité de Charles IX et trois autres discours*, présentation de Robert Descimon, Paris, Imprimerie nationale Éditions, 1993, p. 125). Cet article XIIII peut donc se lire comme une revendication en matière d'éthique judiciaire : la demande d'un retour à des pratiques jugées plus saines. Mais il faut en premier lieu s'en tenir à la lecture induite par l'équivoque sur la « communication des pièces » et y voir, à côté d'une interdiction des gratifications en argent dans le « convent », une invitation à la consommation de friandises épicées, connues pour leurs vertus aphrodisiaques. Dans une moralité appartenant au répertoire de la Basoche parisienne et contemporaine des *Ordonnances d'Amour* (1564), en rapportant l'histoire, digne d'une « cause grasse », d'une belle épicière qui trompait son mari avec un avocat lyonnais, le personnage de *Bec Affillé* déclare : « Qu'il a fallu d'espiceries, / De drogues et de confitures / Pour eschauffer ces creatures ! » (*Deux moralités de la fin du Moyen Âge et du temps des Guerres de Religion*, éd. Jean-Claude Aubailly et Bruno Roy, *Moralité de Mars et de Justice*, Genève, Droz, 1990, p. 114).

63 *à la conservation du droict des partyes* : expression juridique signifiant « en préservant les droits de chacune des parties ». Mais tous les termes peuvent être pris dans un sens libre. C'est l'équivoque qu'on rencontre chez Rabelais (*Pantagruel*, VII) : *Bragueta juris* (la braguette du « droit »), ainsi que dans une épigramme d'Étienne Tabourot (*Les Touches du Seigneur des Accords*, livre IV et V, Paris, Jean Richer, 1603, f. 46 v°) : « De Marie. / Je croy que l'on ne sçauroit / Treuver femme plus amie / de Justice, que Marie, / Elle veut toujours le droict ». Voir l'article XI. Il faut sans doute remarquer dans cet article une allusion au dispositif judiciaire de la « visitation », utilisé dans les procès en annulation de mariage pour impuissance. Les juges des officialités pouvaient demander que l'on procédât à la « visitation » des parties intimes de l'épouse (pour vérifier sa virginité, en principe au bout de trois années de mariage) ainsi que de celles de l'époux (pour rechercher une éventuelle malformation). Ils pouvaient aussi ordonner l'organisation d'un « congrès », c'est-à-dire d'une épreuve permettant d'établir si le mari était ou non capable de posséder physiquement sa femme. Un médecin, un chirurgien et des matrones étaient chargés de constater la réussite ou l'échec du rapport. La validité de l'épreuve du congrès a été discutée au XVIe siècle, notamment après le procès pour impuissance intenté à Étienne de Bray en 1571. Antoine Hotman la mit en cause dans son *Traicté de la dissolution du Mariage par l'impuissance & froideur de l'Homme, ou de la Femme* (1581) et, selon le jurisconsulte Jean Bouhier (*Traité de la dissolution du mariage pour cause d'impuissance, avec quelques piéces curieuses sur le même sujet*, Luxembourg, Jean-Marie Vander Kragt, 1735, p. 91), Pasquier y répondit par un factum où il en justifiait l'usage. Ce factum étant anonyme, Bouhier invoque l'autorité de Chenu, qui dans ses *Notes sur le règlement general des officialitez de l'an 1606*, p. 45, en attribue la paternité à Pasquier, défenseur, dans le procès de De Bray, de son épouse Marie de Corbin. Il est reproduit parmi les *piéces curieuses* ajoutées au *Traité* de Bouhier (p 135-184). Cette polémique se prolongera avec la publication en 1611 du *Discours sur l'impuissance de l'homme et de la femme* de Vincent Tagereau (Paris, A. Du Brueil ; deuxième édition augmentée en 1612, Paris, Vve J. Du Brayet) et celle du *Traicté des abus qui se commettent sur les procedures de l'impuissance des hommes & des femmes*, du chirurgien Jacques Guillemeau, élève d'Ambroise Paré (Paris, Abraham Pacard, 1620).

XV.

En toutes lesdictes matieres y aura lieu de prevention[64].

XVI.

Sur les vacations requises par les gens mariez, avons renvoyé leur requeste pour en deliberer plus amplement à nostre Con-[f. 6 v°]seil. Toutesfois par provision[65] & jusques à ce que autrement en ait esté par nous ordonné : Sera l'arrest des arreraiges requis par les femmes à l'encontre de leurs maris, en tout & par tout executé selon la forme & teneur[66].

---

64 *prevention* : « Action de devancer le droit d'un autre. [...] Les baillis et les sénéchaux avaient quelquefois le droit de prévention sur les juges subalternes » (Littré). Un juge royal pouvait ainsi prévenir (*prae venire*, « venir avant ») un juge seigneurial. Sans doute faut-il comprendre : dans la compétition amoureuse, chacun a le doit de passer avant les autres. G. Coquillart dit que dans la course aux « bénéfices » (ecclésiastiques ou amoureux, voir l'article IIII) « chascun tasche et s'applique / A avoir des prevencions » (*Les Droitz nouveaulx*, v. 1371-1372, *Œuvres*, éd. citée, p. 199).

65 *par provision* : provisoirement.

66 *selon la forme et la teneur* : expression de la langue du Palais : « les arrests confirmatifs des sentences portent qu'elles seront executees selon leur forme et teneur » (Furetière).Les *arreraiges* sont les arriérés de paiement sur les rentes et pensions. La plaisanterie sur les dettes relatives au devoir conjugal semble avoir été très commune. On la relève dans la *Farce des femmes qui demandent les arrerages de leurs maris* (*Ancien Théâtre François*, éd. Anatole de Montaiglon, Paris, 1854, t. I, p. 111-127), où la dette amoureuse est l'objet d'un traitement judiciaire similaire à celui de toute dette matérielle (voir Marie Bouhaïk-Gironès, *Les clercs de la Basoche et le théâtre comique (Paris, 1420-1550)*, Paris, Honoré Champion, 2007, p. 177 et 181). Une version remaniée de cette farce paraîtra en 1612 dans un *Recueil de plusieurs farces, tant anciennes que modernes* (Paris, Nicolas Rousset, p. 97-117), avec pour « moralité » : « Mais ceste exemple veut toucher : / Qu'il faut payer les arrerages / Aux femmes en tous mariages, / De ce vous vueille souvenir » (p. 117). Cette plaisanterie traditionnelle figure également dans le titre du LIIIe arrêt ajouté à partir de 1566 aux *Arrêts d'Amour* de Martial d'Auvergne : *donné par l'abbé des Cornards de Rouen sur le reglement des arreraiges requis par les femmes à l'encontre de leurs maris* (Paris, Jérome de Marnef et Guillaume Cavellat, 1566). Noël du Fail l'exploitera aussi dans les *Contes et Discours d'Eutrapel* (1585) : voir *infra* la note sur l'article XXIII. Mais c'est surtout un passage des *Droitz nouveaulx* de Guillaume Coquillart qui éclaire l'article XVI : il y est question d'un « mary en vacation », c'est-à-dire ayant pris la clé des champs et délaissé le domicile conjugal, qui se voit à son retour condamné, en vertu du « droit naturel », à payer

XVII.

Defendons de faire le proces extraordinaire à quelque personne que ce soit, si ce n'est chez les accouchees[67], ou autres bureaux solennelz à ce expressement dediez ; ausquels lieux seront traictez & decidez tous affaires d'estat, & signamment[68] ceux qui concernent les mariages inegaux, soit pour le regard de l'aage, des meurs ou des biens : & pareillement les bons ou mauvais traictemens des maris à l'endroict de leurs femmes, & au reciproque des femmes envers leurs maris. Les entreprinses[q] qui se font par unes & autres dames au par dessus de leurs puissances & dignitez,

---

des « arreraiges » à sa femme : « Or je metz ung cas qui est tel : / Ung mary en vacation, / Voyant que le temps estoit bel, / S'en alla en commission / Veoir sa belle ente (« voir sa belle tante », c'est-à-dire décamper), ce dit on. / Il demoura bien és villaiges / Cinq ou six moys. Assavoir mon / S'il est tenu des arreraiges / Quant il revient ? Dient aucuns sages / Que le mary, comme je l'entens, / En est tenu par tous usaiges » (Guillaume Coquillart, *Œuvres*, éd. citée, p. 143).

67 La femme venant d'accoucher recevait dans sa chambre ses parentes et amies : c'était l'occasion de se livrer à des commérages d'autant plus libres qu'ils se pratiquaient en dehors de toute présence masculine. Mikhaïl Bakhtine évoque cette tradition dans son livre sur Rabelais (*L'œuvre de François Rabelais et la culture populaire au Moyen Age et sous la Renaissance*, Paris, Gallimard, 1970, p. 111-112). Il présente comme un jalon de l'« histoire du rire » *Les Caquets de l'accouchée*, ouvrage satirique anonyme paru en 1622 par petits cahiers, puis en un volume en 1623 (*Recueil general des caquets de l'accouchée, ou discours facecieux où se voit les mœurs, actions et façons de faire de grands et petits de ce siècle. Le tout discouru par dames, damoiselles, bourgeoises et autres et mis par ordre en VIII. apres-dinées, qu'elles ont faict leurs assemblees, par un secretaire qui a le tout ouy et escrit, avec un discours du relevement de l'accouchée. Imprimé au temps de ne se plus fascher.* (Paris, 1623). Bakhtine, qui y voit un exemple de la veine du rire lié au « bas » corporel, signale que cette tradition avait été mentionnée par Henri Estienne et Étienne Pasquier. Sa source est vraisemblablement l'édition de 1855 des *Caquets de l'accouchée*, établie par Édouard Fournier (l'éditeur des *Ordonnances generalles d'Amour* en cette même année 1855), dont l'introduction (par Le Roux de Lincy) évoque les mêmes références, avec, pour Pasquier, le commentaire suivant : « De même Estienne Pasquier, dans ses Ordonnances d'amour, n'oublie pas de parler des caqueteuses qui bourdonnoient autour du lit des accouchées. En sage législateur qui permet ce qu'il ne peut empêcher, il leur donne licence pour toutes sortes de commérages » (*Les Caquets de l'accouchée, nouvelle édition revue sur les pièces originales et annotée par M. Édouard Fournier avec une introduction par M. Le Roux de Lincy. A Paris, chez P. Jannet, Libraire, MDCCCLV*, p. XIV). En appendice, l'édition cite cet article XVII des *Ordonnances*, ainsi qu'un extrait des *Droits nouveaux* de Guillaume Coquillart, commençant par : « Dieu scet se bien sont espluschees / Parolles et menus fatras / Aux chambres de ces acouchees » (*Œuvres*, éd. M. J. Freeman, Paris-Genève, Droz, 1975, p. 233). Le « bureau » des accouchées sera également mentionné dans l'article XXXIX des *Ordonnances*.

68 *signamment* : notamment.

& à peu dire toutes telles matieres qui regardent tant la Police que le criminel[69]. En quoy nous enjoignons & tresexpressement[r][70] commandons à toutes Dames, Damoiselles & Bourgeoises, de quelque estat & condition qu'elles soyent vuyder sommairement & de plein telles [f. 7 r°] matieres sans aucun respect ou acception des personnes[71].

XVIII.

Defendons les injures verbales, permettons toutesfois aux marys, pour la primauté[s] & puissance qu'ils ont dessus leurs femmes[72], de se pouvoir rire & gausser d'elles en toutes compagnies[t], à la charge que leurs femmes s'en pourront revencher en derriere[73].

XIX.

D'autant que la multitude & pluralité d'officiers n'apporte autre chose qu'une confusion en toutes Republiques[74], & ny plus ny moins que la tourbe[75] des Medecins est la ruyne de nos corps : A ceste cause avons par Edict perpetuel & irrevocable cassé, supprimé & anullé,

69 *tant la Police que le criminel* : tant la réglementation des mœurs que la justice pénale.

70 Nous corrigeons la graphie *tresexpressemens* d'après les autres éditions (1564 et 1574).

71 *sans aucun respect ou acception des personnes* : sans prendre en considération le rang social des personnes. « Les bons Juges ne font aucune *acception* de personne » (Furetière).

72 L'autorité maritale, notion chère aux juristes de la Renaissance, notamment à André Tiraqueau (*De legibus connubialibus*, 1513) permettait au mari de diriger le ménage. Elle pouvait se traduire par un droit de correction du mari sur sa femme.

73 *en derriere* : par derrière, en cachette.

74 Les articles XIX et XX font écho à l'article L de l'ordonnance d'Orléans (et aux plaintes récurrentes concernant la lenteur de la justice) : « Pour donner ordre certain à la multiplication des degrez de jurisdiction, qui est l'une des causes de la longueur des procès : nous avons dès à présent, quand vacation aviendra, supprimé les sièges et offices de nos prévosts, viguiers et greffiers esdits sièges, et tous autres officiers subalternes des baillifs et sénéchaux en mêmes villes » (Isambert, *op. cit.*, t. XIV, p. 77-78).

75 *la tourbe* : la foule. Pasquier a souvent exprimé ses doutes sur l'efficacité de la médecine.

cassons, supprimons & anullons tous estats de Judicature, hors mis nostre Parlement de la basse marche[76], les maistres des requestes[u][77] ordinaires de nostre hostel : & au lieu des Comptes, Prevosts, Baillifs & Seneschaux, avons retenu les Vicomtes, Viguiers, Vidames. Erigeans en officiers nouveaux les Vibaillifs & Viseneschaulx[v][78].

76 D'après Antoine Oudin (*Curiositez françoises*, 1640) « jouer des basses Marches, c'est faire l'acte venerien » et d'après La Curne de Sainte-Palaye (*Dictionnaire historique de l'ancien langage françois*), les « basses marches des femmes » sont « la partie que la pudeur empêche de nommer ». Tabourot des Accords, au chapitre des *Entend-trois* de ses *Bigarrures*, cite une liste d'équivoques portant sur les parties du bas corporel, qu'il emprunte aux *Baliverneries* de Noël du Fail et qu'il intitule « Entend-trois des basses marches, à cause qu'il est certain que personne ne saurait parler si religieusement, qu'on ne rencontre sur cela qui nous est naturel, & si commun à tous » (Premier livre, éd. Francis Goyet, t. I, fac-similé de l'édition de 1588, Genève, Droz, 1986, f. 81 C-F). Sur cette expression, voir également notre introduction.

77 1574 : « nostre Parlement, *& la basse marche des* maistres des requestes ». Nous corrigeons d'après l'édition de 1564 et d'après la formule d'enregistrement, qui mentionne le « Parlement de la basse Marche ». Les maîtres des requêtes ordinaires de l'Hôtel du roi étaient des magistrats formant une juridiction (les Requêtes de l'Hôtel) chargée de rapporter les requêtes des particuliers devant le Conseil du roi. Ici, il doit s'agir des requêtes amoureuses. *Passer une requeste* signifiait « accepter une demande », notamment dans le domaine amoureux. *Cf. Les Cent Nouvelles Nouvelles*, IV, éd. Franklin P. Sweetser, Genève-Paris, Droz-Minard, 1966, p. 315 : « et si trouva de son bon eur sa dame assez encline à passer sa requeste, dont il ne fut pas moyennement joyeux ».

78 Dans le domaine royal, l'administration et la justice étaient confiées à des juridictions locales qui comportaient deux échelons : à l'échelon inférieur, les prévôts (appelés viguiers dans le midi et vicomtes en Normandie) ; à l'échelon supérieur, les baillis et les sénéchaux (selon la région). En dernier ressort, les affaires étaient jugées par les parlements. Mais en 1552, certains bailliages furent érigés en sièges présidiaux, pour juger en appel les affaires dont l'intérêt ne dépassait pas 250 livres. Le mot *viguier* vient de *vicarius*, mot qui désignait à l'origine le remplaçant du comte franc (Fr. Olivier-Martin, *op. cit.*, p. 50-51). Le préfixe *vi-*, ou *vice-*, signifie « à la place de ». Le vicomte (*vicecomes*) est ainsi le suppléant du comte, le vidame (*vicedominus*) celui du seigneur ecclésiastique (évêque ou abbé) dans ses fonctions juridiques. Les vi-baillis et vi-sénéchaux (ou vice-baillis et vice-sénéchaux) étaient à l'origine les subordonnés directs des baillis et des sénéchaux. Par la suite, ces termes servirent à désigner les lieutenants des prévôts généraux (Voir G. Zeller, *Les Institutions de la France au* XVI*e* *siècle*, Paris, P.U.F., 1948, 2e édition, 1987, p. 199). On comprend que le remplacement des officiers par leurs représentants, ainsi « érigés » en officiers nouveaux, a ici pour but de jouer de l'homonymie *vit/vi-*. En 1618, les mots *Vicomtes*, *Viguiers*, *Vidames*, *Vibaillifs* et *Visseseneschaux* sont écrits en italique.

XX. [f. 7 v°]

Aussi recongnoissans que la pluspart des proces s'immortalize de jour en autre[w] par le moyen de nos Chancelleries, qui furent autrement introduictes pour ayder aux affligez, & non pour couvrir & perpetuer la malice des chicaneurs : Avons en cas semblable supprimé et anullé toutes nosdictes Chancelleries[79], & se pourvoiront les parties par devant les Juges ordinaires des lieux. Interdisons toutesfois toutes manieres de reliefs aux hommes de quelque aage qu'ils puissent estre, sinon qu'ils veuillent estre declarez niays. Et quand aux femmes leur permettons d'estre relevees[80] apres bonne & meure cognoissance de cause : c'est assavoir apres que leur cas[x][81] aura esté expedié & depesché par nos Vidames, Vicomtes, Viguiers, Vibaillifs & Viseneschaux, lesquels pour le soulagement du public,

79 Outre la Grande Chancellerie royale, il existait des bureaux d'écritures appelés « petites chancelleries ». Plutôt qu'à celles attachées aux parlements, l'article XX doit faire référence à celles qui avaient été installées en décembre 1557 par Henri II auprès des présidiaux, eux-mêmes créés en janvier 1552 pour traiter en appel les causes jugées par les bailliages et sénéchaussées, avec pour finalité « l'abbréviation des procez » (Isambert, t. XIII, p. 248). Le préambule de l'édit de création de ces chancelleries mettait en avant le désir du roi de rendre à ses sujets la justice « aisée & commode, aux moindres frais & à leur plus grand soulagement que faire se pouvoit » (Abraham Tessereau, *Histoire chronologique de la Grande Chancelerie de France*, Paris, 1710, t. I, p. 127). Les offices de garde des sceaux attaché à un présidial seront néanmoins supprimés en 1562 (*Ibid.*, p. 135). Les parlements, qui avaient été dessaisis d'une partie de leurs procès en appel au profit des présidiaux, se sont montrés très hostiles à ces nouvelles juridictions et à leurs chancelleries (voir Gaston Zeller, *Les Institutions de la France au XVIe siècle*, p. 175-177). En supposant qu'il faut ici entendre le mot *Chancellerie* au sens de « juridiction », on peut ainsi lire l'article XX, qui supprime ces *Chancelleries*, comme la réalisation du vœu des parlementaires. En interdisant « toutes manieres de reliefs aux hommes de quelque aage qu'ils puissent estre », cet article leur refuse toute possibilité de faire appel d'une décision concernant une contestation amoureuse, sous peine de devenir objet de raillerie. Le mot « relief » étant le déverbal de « relever », les « lettres de relief d'appel » étaient des lettres de chancellerie qui autorisaient l'une des parties à relever l'appel qu'elle avait interjeté, c'est-à-dire à le poursuivre devant le juge supérieur.

80 Sans doute en référence à l'expression « femme relevée d'enfant », c'est-à-dire venant d'accoucher. La suite de l'article énonce la cause de cet accouchement. On comprend que seules les femmes puissent être « relevées ».

81 1574 : *apres que leur car.* Il faut corriger *car* par *cas* (conformément à la leçon des trois autres éditions) et relever l'équivoque entre deux sens de *cas* : « affaire » et « sexe ».

nous voulons en cest[y][82] endroit faire estat de maistres des requestes[z] & de secretaires[83].

XXI.

En continuant les anciens privileges, qui ont esté de tout temps & ancienneté octroyez aux clercs tonsurez & non mariez, les de-[f. 8 r°] clarons francs, & exempts de toutes aides {&}[84] subsides[85], & n'y[aa][86] aura que les gens mariez qui seront desormais sujects[87], tout ainsi comme au paravant.

---

82 Graphie *c'est* corrigée d'après les autres éditions.

83 *secretaire* : « proprement prins est celuy qui reçoit le secret d'autruy » (Nicot). Les *maistres des requestes* : voir l'article XIX.

84 Nous rétablissons l'esperluette d'après l'autre édition de 1574. Dans celle de 1618, une virgule sépare *aides* et *subsides*.

85 On sait que les aides et les subsides étaient des impôts versés au roi pour lui apporter un secours financier et que le clergé avait le privilège d'être exempté de certaines taxes, mais il faut penser également au sens figuré de l'expression « la Cour des Aides » : « ceux qui font un homme cornard » (Oudin) ; « On dit d'un homme qui va aux emprunts, ou d'une coquette qui ne se contente pas de son mari, qu'ils vont à la Cour des Aides » (Furetière). L'article XXI, sous prétexte de leur conserver un privilège, exclut les ecclésiastiques de ce devoir d'« assistance ». Dans l'autre édition de 1574, cette « Cour des Aides » sera mentionnée dans la formule d'enregistrement des ordonnances.

86 Graphie *ny* corrigée d'après l'édition de 1564 et l'autre édition de 1574.

87 *sujects* : assujettis, astreints (à l'impôt).

XXII.

Entre Gentils-hommes & Damoyselles, permettons la Venerie[88], fors que nous leurs[89] defendons, & sur toutes choses inhibons de chasser aux grosses bestes[90].

XXIII.

Semblablement defendons, entre toutes les voleries[91], celle du Faulcon[92].

---

88 La métaphore de la chasse pour désigner la conquête amoureuse est traditionnelle. *Cf.* Philippe de Vigneulles, *Les Cent Nouvelles Nouvelles*, XVII : « on lieu là où il pensoit que la bichette et la venoison debvoit venir et passer, illecques se mist ce maistre clerc en intencion et proposant d'en avoir sa part » (éd. Charles H. Livingstone, Genève, Droz, 1972, p. 101). On connaît aussi des sens libres au mot « gibier » : femme de mauvaise vie ou lieu de prostitution. *Cf.* G. Coquillart, *Les Droitz nouveaulx*, v. 1540 (*Œuvres*, éd. citée, p. 207) : « *Bourgoise hante le gibier* » (elle se prostitue).

89 Il n'y a pas lieu de corriger cette forme *leurs*, présente dans les quatre éditions des *Ordonnances*. Georges Gougenheim signale que le pronom « leur » a pu porter un « s » analogique des autres pronoms personnels pluriels et cite Rabelais (*Le Tiers Livre*, chap. XLIV) : « *Et ainsi leurs a taillé leurs morceaux* » (*Grammaire de la langue française du XVIe siècle*, Paris, Picard, 1974, p. 67).

90 Dans les ordonnances consacrées à la chasse ainsi que dans les coutumes, l'expression *grosses bestes* désigne le gros gibier : cerfs, daims, chevreuils, sangliers. La chasse étant un privilège nobiliaire, l'interdiction faite aux « Gentils-hommes & Damoyselles » de chasser aux « grosses bestes » ne peut se comprendre que si l'on donne à l'expression un autre sens, probablement celui qu'on trouve dans le dictionnaire de Robert Estienne (1549) : « Une grosse beste, qui n'ha nul esprit ne entendement, *Excors*, *Socors* ». Les deux adjectifs latins signifient « stupide ».

91 *volerie* : chasse au moyen d'oiseaux de proie. Mais le mot, selon Bidler (*Dictionnaire érotique*, Montréal, CERES, 2002), aurait eu aussi un sens érotique : « Aller à la vollerie, coïter ».

92 Le mot *faulcon* demande à être décomposé. Jean Dufournet a vu la même équivoque dans le huitain XCVI du *Testament* de Villon, qu'il rapproche du fabliau *Guillaume au faucon*, dont le dénouement repose sur ce jeu de mots (*Nouvelles recherches sur Villon*, Paris, Honoré Champion, 1980, p. 58-59 et 73). On peut y voir l'équivalent de « *l'uis de derriere* » ou bien une allusion à la fausseté d'un sexe qui transmet les maladies vénériennes, comme dans un passage des *Contes et Discours d'Eutrapel* de Noël du Fail (au chapitre XXVIII intitulé *De la Verole*) : « estant ce gentil-homme poyvré (= frappé de la vérole) [...] & blecé

XXIIII.

Ne derogeons ce pendant aux privileges des Gentils-hommes, ausquels permettons de fureter aux Connils[93], dans les garennes[94], & aux gens de condition roturiere, dans les clapiers[95] : & toutesfois[ab] n'empeschons aux Nobles, de chasser quelquefois aux clapiers ny aux roturiers de chasser aux garennes, selon que les occasions se presenteront[96].

---

d'un coup de faux-con au bas du ventre, disant s'estre mal mis en courant la poste, pour couvrir à sa femme les arrerages de sa longue absence,... » (*Les contes et discours d'Eutrapel, par le feu Seigneur de la Herissaye, gentilhomme breton*, A Rennes, pour Noël Glamet de Quinpercorentin, 1585, f. 156 v°-157). *Cf.* Béroalde de Verville, *Le Moyen de parvenir*, 51, *Distinction*, éd. citée, p. 218 : « Les faucons engendrent les mauvis (les grives), et les *mau-vits* les *faux cons* ». En 1618, le mot *faulcon* est écrit en italique.

93 Le *connil* (ou *connin*) n'est pas seulement le lapin, c'est aussi le sexe féminin (« petit con ») : confusion probablement très volontaire entre le mot venu de *cuniculus* (« lapin », « terrier », « galerie souterraine ») et celui issu de *cunnus* (« vagin ») Dans la nouvelle 54 des *Nouvelles Recreations et Joyeux Devis* de Bonaventure des Périers, deux écoliers amants de la même dame se mettent d'accord pour « *chasser aux connilz chascun en leur tour* » (éd. K. Kasprzyk, Paris, STFM, 1997, p. 209). Le mot est imprimé en italique dans l'édition de 1618.

94 La *garenne* est, dans les deux sens de l'expression, la chasse gardée du seigneur (ici l'intimité de sa femme). La nouvelle XXV des *Cent Nouvelles Nouvelles*, qui raconte comment une jeune femme accuse un jeune homme de l'avoir violée, se termine ainsi : « [...] tantost après par bons moyens la paix entre eulx si fut trouvée ; et fut abandonnée au bon compaignon garenne, connin, et duyere (= terrier), toutesfoiz et quantes que chasser y vouldroit » (éd. Franklin P. Sweetser, Genève-Paris, Droz-Minard, 1966, p. 162).

95 *clapiers* : « Petits terriers qu'on fait dans une garenne pour y nourrir & pour y attirer les lapins » (Furetière). Le clapier, terrier du « connil », peut donc désigner le sexe féminin (voir P. Guiraud, *Dictionnaire érotique*, Paris, Payot, 1978, p. 228). Le dictionnaire de Du Cange, à l'article *claperius*, donne une indication un peu différente : « Hinc clappoire et clappier, dictum a nostris *lupanar.* [...] clappier et bordel publique ».

96 La première ordonnance forestière de François Ier, datée de mars 1516, consacrait ses dix-huit premiers articles à la chasse. En son article I elle rappelait les conditions de l'exercice de la chasse sur le domaine royal : « Et premierement, avons défendu et défendons à toutes gens, de quelque estat, qualité ou condition qu'ils soient, qu'ils n'aient à chasser en nos forests, buissons et garennes, ny en icelles prendre bestes rousses, noires, lièvres, connins, phaisans, perdrix ny autre gibier, [...] si n'est qu'ils ayent droict de chasse et en facent apparoir par lettres patentes de nous ou de nos prédécesseurs » (Isambert, Decrusy, Armet, *Recueil général des anciennes lois françaises*, t. XII, p. 50). D'autres ordonnances concernant la chasse seront prises en 1533, 1549, 1552. Voir *Les Eaux et Forêts du 12e au 20e siècle*, Éditions du CNRS, Paris, 1987, p. 83-84. L'ordonnance d'Orléans, en 1561, légiférait sur la question en son article CVIII : « Entendons toutefois maintenir les gentils-hommes en leurs droits de chasses des grosses bestes, és terres où ils ont droit, pourvu que ce

XXV.

Jaçoit ce que[97] par cy devant pour les inconveniens & scandales, qui sont survenus, nous ayons defendu le port d'armes entre nos confreres, toutesfois voyans que la pluspart d'iceux s'aneantissoyent, ce qui pour-[f. 8 v°]roit au long aller[98] tomber[99] au grand detriment[ac] & dommage de nostre Convent, advenant nouvelle guerre, sera à l'advenir permis à chacun de porter pistolets, batons de feu[ad 100], pour gibier[101] : & à fin qu'il n'y ait aucun mescontentement, & que les Dames & Damoyselles, ne se pleignent comme si par nous estoit octroyé plus de prerogative aux hommes qu'aux femmes, voulons qu'elles en portent le Rouet[ae 102].

---

soit sans dommage d'autrui, même du laboureur » (Isambert, *op. cit.*, t. XIV, p. 90-91). De même, l'article CXIX permettait aux « gentils-hommes qui ont justice ou droit de chasse en leurs terres, y tirer de l'arquebuse pour leur passe-temps » (p. 93).

97 *jaçoit ce que* : bien que.

98 *au long aller* : à la longue.

99 Nous avons supprimé la virgule placée après *tomber*, selon la leçon de l'édition de 1564.

100 *batons de feu* : mousquets, fusils et arquebuses. Ici, métaphore érotique, qu'éclairent ces vers de Roger de Collerye : « Que le marié soit pourveu / D'ung baston à feu et d'oultilz / Soudains, ligiers, chaulx, et hatifz » (*Œuvres de Roger de Collerye*, éd. Charles d'Héricault, Paris, 1855, p. 113). C'est ce sens qui justifie une autorisation là où l'ordonnance d'Orléans confirmait au contraire une interdiction : « Voulons et entendons que les défenses faites de porter pistolets ou harquebuses, soient étroitement gardées et les contrevenants punis de la peine des ordonnances » (article CXX, Isambert, *op. cit.*, t. XIV, p. 93). Sous les règnes d'Henri II, François II et Charles IX, de nombreux édits ont interdit de porter des armes à feu.

101 *gibier* : voir l'article XXII.

102 Le *rouet* : dans une arme à feu, petite roue d'acier, mue par un ressort, qui tournait rapidement en frottant contre un silex et produisait ainsi des étincelles pour mettre le feu à la poudre. Si le rouet à filer la laine était d'un usage exclusivement féminin, ce rouet militaire confié ici aux femmes paraît leur donner les mêmes « prérogatives » qu'aux hommes. Mais sans doute faut-il substituer à *rouet* son homonyme *roit* ([rwe], masculin de *roide*). Dans une ballade que Marcel Schwob attribuait à Jean Molinet (*Le Parnasse satyrique du quinzième siècle*, Paris, H. Welter, 1905, p. 151-152), on peut lire : « Mais il n'y a jusques en Barrois / Plus nobles logiz que sont cons : / Car on n'y poeult logier que roix ». La pièce figure dans le manuscrit de la BnF fr. 2375, f. 132 r°-133 r°, mais son attribution à Molinet n'a pas été confirmée par Noël Dupire (*Étude critique des manuscrits et éditions des poésies de Jean Molinet*, Paris, Droz, 1932, p. 62). Schwob indiquait avoir corrigé en *roix* la graphie du manuscrit : *roigt*. Cette dernière, tout comme la leçon de l'édition de 1564 (*roit*), vient renforcer notre lecture en rappelant l'étymon latin : *rigidum*. On peut songer aussi à un jeu avec le mot « roye » (forme ancienne de « raie »), signifiant « sillon », et, en un sens libre, « sexe féminin » (voir la note sur *renette*, article XXIX).

XXVI.

S'il se trouve quelque abbatie[103], nous l'adjugeons en forme d'espave[104] à celuy qui en sera le premier occupant, sans qu'il soit tenu de la reveler ou communiquer aux gruyer & Capitaine[af] de nos forests.

XXVII.

Par ce que nous voyons les forests de nostre convent se depeupler de jour à autre, par les degradations & mauvais mesnages[105] de plusieurs nos predecesseurs, ce qui est venu en tel exces qu'il y a danger[ag 106] que les bois ne nous defaillent par cy apres[107] : d'ailleurs la plus grand partye

103 *abbatie* : doublet d'« abbaye » (de *abbatia*). Sans doute faut-il donner au mot le sens détourné de « maison de prostitution » (voir le *TLF*, articles « abbaye » et « abbesse », et notre introduction), avec peut-être un jeu entre *abbatie* et *abbatis*. Ce mot désignant des arbres abattus, on aurait ainsi la possibilité de voir une isotopie de la forêt traverser le contenu apparent de l'article XXVI. Nicot (1606) définissait ainsi « *l'Abbatis d'une forest* : *Arbores caesae, revulsae, prostratae, ligna humi dejecta* ». On peut ainsi supposer un lien entre *abbatie* et les mots *abattre* et *abatteur* pris dans leur sens libre : « renverser, culbuter (une femme) » et « coureur » (*cf.* « abbattre femmes en my les rues » et « Maistre Guillaume l'Abbateur », Guillaume Coquillart, *Œuvres*, éd. M. J. Freeman, Paris-Genève, Droz, 1975, p. 37 et 51).

104 Dans le lexique juridique, une épave est un bien sans propriétaire connu. Le droit d'épave en attribuait la propriété au seigneur haut justicier. Ici, ce droit est rejeté au profit du droit de premier occupant, selon lequel une chose appartient à la personne qui s'en est emparée la première. Un gruyer est un officier chargé de surveiller les forêts d'un prince ou d'un seigneur et de juger les délits qui s'y commettent. Mais le mot « épave » pouvait désigner une prostituée, comme en témoigne ce passage d'un pamphlet protestant, attribué à l'alchimiste Nicolas Barnaud, accusant l'Église catholique de ruiner le royaume de France par son luxe et ses débauches, et où il est question « d'espaves Épiscopales » (*Le Cabinet du Roy de France, dans lequel il y a trois Perles precieuses d'inestimable valeur*, [Genève], 1582, p. 19) : « *Sous ces espaves Episcopales, sont comprises les filles, desquelles on a accoustumé de rafraichir messieurs les Prelats, lors qu'ils font leurs chevauchees, c'est à dire la visitation de leurs Dioceses* ». Autrement dit, des filles « perdues », « sans aveu ».

105 *mesnage* : gestion, administration d'un domaine.

106 Nous corrigeons la graphie « d'anger » d'après les leçons des autres éditions.

107 *Cf.* l'ordonnance forestière de mars 1516 (article 54) : « Pour ce que de jour en jour il convient prendre du bois, tant pour nos navires, comme pour nos chasteaux et édifices, et qu'au temps passé ce qui en a esté prins et emploié esdits chasteaux, navires et édifices

de nos terres a esté employee en vignes, qui tourne au grand interest de[108] tout le public : Nous pour tenir le moyen à l'un & à l'autre point defendons [f. 9 r°] de coupper plus boys de haute fustaye jusques à ce qu'autrement en ayt esté par nous & nostre conseil ordonné : & au surplus à l'imitation de quelques anciens Empereurs[ah] voulons que la troisieme partie des vignobles soit arrachee & reduicte en terre labourable[109]. Et pendant cette surseance[110] de coupper[ai], les gentils-hommes & damoiselles se chaufferont de serment[111], & les pauvres de paille ardant[aj][112].

---

a esté prins et couppé sans mesure ou ordonnance, endommageant les forests en grant lésion et destruction d'icelles [...] » (Isambert, Decrusy, Armet, *Recueil général des anciennes lois françaises*, t. XII, p. 62). Un édit sur les eaux et forêts sera également promulgué en février 1555 (Isambert, *op. cit.*, t. XIII, p. 428).

108 *au grand interest de* : au préjudice de.

109 Allusion à un édit de Domitien, que Suétone évoque en ces termes : « Une année où le vin était en abondance, alors que le blé manquait, estimant que la culture exagérée de la vigne faisait négliger les terres, il interdit d'en planter davantage en Italie, et donna l'ordre de couper des ceps, dans les provinces, en n'en laissant que la moitié, au maximum ; mais il ne fit pas exécuter cet édit » : « *Ad summam quondam ubertatem uini, frumenti uero inopiam existimans nimio uinearum studio neglegi arua, edixit, ne quis in Italia nouellaret utque in prouinciis uineta succiderentur, relicta ubi plurimum dimidia parte ; nec exequi rem perseuerauit* » (*Vie des douze Césars, Domitien*, Texte établi et traduit par Henri Ailloud, Paris, « Les Belles Lettres », 1964, p. 84-85). Voir Roger Dion, *Histoire de la vigne et du vin en France des origines au* XIX*e* *siècle*, Paris, Flammarion, 1977, p. 126-134. Sans doute faut-il décomposer *vignobles* en « vits nobles » (la forme « vinoble » se trouve chez Rabelais dans *Le Cinquiesme Livre*, chap. XXXIII, *Comment nous arrivasmes à l'oracle de la Bouteille*) et donner à *labourer* son sens érotique courant. *Cf.* G. Coquillart, *Les Droitz nouveaulx*, v. 124-127 : « Ce droit deffend a povre, a riche / De laisser, par longues journees, / Povres femmelettes en friche / Par faulte d'estre labourees » (éd. citée, p. 134). Ainsi, il s'agirait de réduire le nombre des hommes dotés de privilèges et d'accroître celui des femmes : le sort des « confrères » ne pourrait qu'en être plus avantageux.

110 *Surseance* : report, action de surseoir (ici à l'autorisation de couper du bois).

111 L'équivoque entre « sarment » (de vigne) et « serment » (d'amour) est d'autant mieux venue que la prononciation de [ɛ] suivi de [r] a eu tendance, en moyen français, à s'ouvrir en [a]. C'est ainsi que Marot jouait sur « Merry » et « marry » dans son épître *Au Roy pour sa delivrance* (v. 2-5) : « Quinze jours a (je les ay bien comptez) / Et des demain seront justement seize, / Que je fus faict Confrere au Diocese / De sainct Marry en l'Eglise sainct Pris » (*Œuvres poétiques*, éd. G. Defaux, Classiques Garnier, Paris, Dunod, 1996, t. I, p. 316).

112 Jeu entre « paille ardant » (paille qui brûle) et « paillardant » (le verbe « paillarder » est attesté avec le sens de « se débaucher » depuis le XV*e* siècle).

XXVIII.

Tous arbres esquelz croissent noix[113] ou noysettes seront arrachez. Aussi ne seront semez en noz jardins souciz ny pensees.

XXIX.

Quant aux jeuz & aultres recreations d'esprit : Nous permettons toutes sortes de jeuz honnestes[114], entre lesquelz recommandons par

113 Jeu d'homophonie entre *noix* et *noise* (« dispute »). De même, les *noysettes* sont à la fois des fruits du noisetier et de petites querelles : *cf.* Rabelais, *Le Tiers Livre*, ch. XII, éd. citée, p. 127 : « ces petites noisettes, ces riottes, qui par certain temps sourdent entre les amans [...] ». Dans ce *convent* voué au plaisir, il n'y a aucune place pour les conflits, ni pour la mélancolie (*souciz* et *pensees*). L'exploitation poétique de ces noms de fleurs a été fréquente au XVIe siècle. Ainsi Clément Marot, dans l'épître liminaire de *L'Adolescence clementine* (1532), présentait son recueil en jouant sur l'homonymie entre les deux mots *souci* : « Ce sont Œuvres de jeunesse, ce sont coups d'essay : ce n'est (en effect) aultre chose, qu'un petit Jardin, que je vous ay cultivé de ce, que j'ay peu recouvrer d'Arbres, d'herbes et fleurs de mon printemps : là où (toutesfoys) ne verrez un seul brin de soucie » (*Œuvres poétiques*, éd. G. Defaux, t. I, p. 17). Au XVe siècle, dans un texte de la même veine que les *Ordonnances* de Pasquier, *Les Arrests d'Amour* de Martial d'Auvergne, on relève le même jeu d'équivoque sur les mots *souci* et *pensée* : la cour d'Amour, en son XLVIe arrêt, condamne un des plaideurs à « porter sur luy pour l'amour de sa dite dame ung boucquet de romarin vert, a tout le moins ung brin ou deux entrelassez d'une soucie et de menues pensez ou d'autres fleurs que bon luy semblera » (éd. Jean Rychner, Paris, Picard, 1951, p. 195).

114 Les jeux ont au contraire fait l'objet d'interdictions. *Cf.* l'ordonnance d'Orléans, article CI : « Défendons aussi tous bordeaux, berlans, jeux de quilles et de dez, que voulons estre punis extraordinairement, sans dissimulation ou connivence des juges, à peine de privation de leurs offices » (Isambert, *op. cit.*, t. XIV, p. 88). Voir notre introduction. Pasquier a manifesté un vif intérêt pour les jeux en tant que phénomène culturel. Dans ses *Recherches de la France*, il a commenté la pratique du jeu de paume (livre IV, chap. 15, éd. citée, t. II, p. 931-933) et celle des échecs (livre IV, chap. 31, t. II, p. 988-990). Ce n'est apparemment pas sans raison qu'il a pris la précaution de présenter ses propos sur le jeu de paume comme une manière de donner « relasche à son esprit », car son futur censeur jésuite, le père Garasse, lui reprochera d'aborder des questions aussi futiles et disparates (*Les Recherches des Recherches*, Paris, S. Chappelet, 1622, p. 214-224). Le chapitre consacré aux échecs commence par la citation d'un passage du *Roman de la Rose* qu'il analyse comme « une continuë metaphore tirée du Jeu des Eschecs ». Poursuivant

especial le trou Madame[115], le jeu du billart[116], tous jeuz de Dame[117] souz le tablier, ausquelz gardantz les severitez[118], il sera joué à tous jeus, mesmes à dame touchee dame jouee : ne sera joué à la renette[119]

---

sa réflexion sur la symbolique de ce jeu, il met en relation la puissance de la reine, qui est supérieure à celle du roi, avec l'empire qu'exercent dans la réalité les femmes sur les souverains : « Car pour bien dire il n'y a rien qui ait tant d'authorité sur les Roys que les Dames, dont ils ne sont honteux de se publier serviteurs. Je n'entens pas de celles qui leur sont conjointes par mariage, mais des autres dont ils s'enamourent. Et pour cette cause je suis d'avis que celuy qui appele cette piece Dame, non Royne, dit le mieux » (p. 989).

115 *trou Madame* : « sorte de jeu formé d'une tablette à treize trous surmontés d'arcades dans lesquels on pousse autant de billes » (Godefroy, *Dictionnaire de l'ancienne langue française, Complément*, qui cite Cotgrave : « *The game called trunks, or the hole* ». Huguet signale l'emploi du mot dans un « sens libre » en citant l'exemple suivant : « 1587. Le capitaine de l'Estoile se plaind de sa femme, de ce qu'elle luy a refusé de jouer au trou ma dame. CHOLIÈRES, *3ᵉ Ap. disnée*, p. 127 ». Dans l'édition de 1618, *le trou Madame* est imprimé en italique, de même que *du billart*, *Dame souz le tablier*, *dame touchee dame jouee*, *renette*, *fourby*, *de cu bas*, *cœurs*, *coupes* et *belouse*.

116 Le billard était un bâton, recourbé à l'un de ses bouts, pour jouer aux boules (voir J.-M. Mehl, *Les Jeux au royaume de France du* XIIIᵉ *au début du* XVIᵉ *siècle*, Paris, Fayard, 1990, p. 51). Di Stefano en signale un emploi métaphorique dans un rondeau de Charles d'Orléans : « Tresfort vous avez combatu, / Et j'ay mon billart bien tenu » (rondeau XIV, v. 7). On relève la variante « billouart » dans *Le Moyen de parvenir* de Béroalde de Verville : « le billouart se mettait en point et à, ce compte, Jacques s'enfilait avec sa femme » (*63. Exposition*, éd Michel Renaud, Folio classique, Paris, Gallimard, 2006, p. 266).

117 L'équivoque sur les *jeuz de Dame* se retrouvera, mais dépourvue de grivoiserie cette fois, dans la préface des *Jeus Poetiques* de Pasquier (1610) : « Et certes je ne sçay comment nous employons presque tous nos passetemps au jeu des Dames : les uns au vif, et à bon escient, les autres à petits semblants par escrits. Il n'est pas qu'à faute de l'un et de l'autre, le commun peuple n'employe ordinairement une partie de ses apresdisnées au jeu des Dames sur le tablier » (éd. J.-P. Dupouy, Paris, Honoré Champion, 2001, p. 105). Le mot *tablier* désigne le damier, l'échiquier, ou, plus généralement, la table servant à jouer à toutes sortes de jeux avec des pièces à déplacer sur une surface plane. En demandant de jouer *souz* et non sur le tablier, l'article XXIX poursuit l'équivoque, peut-être même en exploitant la polysémie du mot *tablier*, qui peut aussi désigner la nappe recouvrant une table. De même, l'expression *à dame touchee dame jouee*, qui en principe énonce une règle du jeu, se comprend dans ce contexte d'une tout autre façon. *Cf.* Furetière : « On dit proverbialement en ces jeux, Dame touchée, Dame joüée, pour dire, que dés qu'on a touché une pièce, on est obligé de la joüer ».

118 *gardantz les severitez* : de manière décente.

119 *La renette* : ce jeu se trouve dans la liste des jeux auxquels s'adonne Gargantua (Rabelais, *Gargantua*, chap. XX, éd. citée, p. 231). Psichari (« Les jeux de Gargantua », *Revue des études rabelaisiennes*, t. VI, Paris, Honoré Champion, 1908, p. 145-146) le définit comme une sorte de trictrac. Voir aussi J.-M. Mehl, *op. cit.*, p. 144 et 530. La clé de l'équivoque se trouve dans un dizain cité par Brantôme (mais dont il est probablement l'auteur) : « Le jeu d'amours, où jeunesse s'esbat, / A un tablier se peut accomparer. / Sur un tablier les dames on abat ; / Puis il convient le trictrac preparer, / Et en celuy ne faut que se parer. / Plusieurs font Jean. N'est-ce pas jeu honneste, / Qui par nature un joueur admoneste /

sinon à qui faict l'un faict l'autre[120]. Approuvons semblablement le jeu du fourby[121], & de cu-bas[ak 122], aux cartes excepté que des cartes Françoyses nous ostons les picques, trefles, & car-[f. 9 v°]reaux, retenantz seulement les cœurs : & des cartes d'Italie les espees, bastons, & deniers, retenantz seulement les couppes[123], & sera d'oresnavant le jeu de cartes composé de cœurs, couppes, laz d'amours[124], & fleurs. Louons aussi grandement le jeu de paulme, auquel {celuy sera estimé le plus brave joueur, lequel}[al 125] jouant à fleur de corde[126] sçaura donner bas

---

Passer le temps de cœur joyeusement ? / Mais en defaut de trouver là raye nette, / Il s'en ensuit un grand jeu de torment ». Ce que Brantôme glose ainsi : « Ce mot de raye nette s'entend en deux façons ; l'une, pour le jeu de la raynette du trictrac, et l'autre, que, pour ne trouver la raye nette de la Dame avec qui l'on s'esbat, on y gaigne bonne verolle, de bon mal et du torment » (*Recueil des Dames*, II, 1, éd. Étienne Vaucheret, Bibliothèque de la Pléiade, Paris, Gallimard, 1991, p. 386).

120 Le jeu de *qui faict l'un faict l'autre* figure aussi dans la liste des jeux de Gargantua (éd. citée, p. 231). C'était un jeu de cartes, où chacun à tour de rôle était obligé de faire quelque chose. Voir Psichari, p. 125 ; Mehl, *op. cit.*, p. 487-488.

121 Le jeu du *fourby* : autre jeu de la liste du *Gargantua* (addition de 1542) : jeu de cartes où, d'après ce qu'indique le nom, il devait s'agir de tromper les autres joueurs. Voir Psichari, art. cité, p. 29 ; Mehl, *op. cit.*, p. 482. Huguet signale l'existence d'un sens libre du verbe « fourbir » (nettoyer, astiquer). On en trouve un exemple dans le *Prologue* du *Tiers Livre* de Rabelais (éd. citée, p. 17) : « Chascun exerceoit son penard : chascun desrouilloit son bracquemard. Femme n'estoit, tant preude ou vieille feust, qui ne feist fourbir son harnois ».

122 Le *cul-bas* était un jeu de cartes qui tirait son nom d'une des phases de la partie : quand un joueur n'avait plus les cartes lui permettant de continuer à jouer, « il était obligé de mettre son *cul-bas*, c'est-à-dire d'étaler devant lui ses cartes à découvert » (Larousse, *Grand Dictionnaire universel du* XIXe *siècle*).

123 Les cartes italo-espagnoles ont pour enseignes : les bâtons, les épées, les coupes et les deniers. Le nouveau jeu de cartes ne retient donc des enseignes françaises et italiennes que les cœurs et les coupes (l'amour et le vin) et y ajoute des lacs d'amour et des fleurs, deux motifs clairement symboliques.

124 *laz* (ou *lacs*) *d'amour* : motif décoratif, « cordons repliés sur eux-mêmes, de manière à former un huit couché » (Littré). Le sceau de ces *Ordonnances* sera attaché avec un lacs d'amour : voir l'annonce du sceau après l'article L.

125 Passage oublié dans les éditions de 1574. Nous le rétablissons d'après l'édition de 1564.

126 Au jeu de paume, une *corde* soutenant un filet marquait le milieu du terrain. Le point était perdu quand la balle (l'*éteuf*) ne passait pas au-dessus de la corde. Littré précise : « Au jeu de paume, la balle a passé à fleur de corde, elle a légèrement touché la corde, de sorte que peu s'en est fallu que le coup ne fût perdu. Fig. Cette affaire n'a passé qu'à fleur de corde, peu s'en est fallu qu'elle n'échouât ». En passant à fleur de corde, la balle allait « bas & roide », selon une autre expression propre au jeu de paume qui pouvait aussi s'entendre en un sens libre, comme chez Rabelais, au chapitre XXVII du *Tiers Livre*, quand Panurge souhaite à Frère Jean de « tousjours bas et roydde operer » (éd. citée, p. 263).

& roide dedans la belouse[am][127], toutz lesquelz jeux nous ne rejetons, & autres de mesme marque moyennant que le tout se face sans opinion d'avarice ou argent. Pour laquelle cause entre tous les jeuz deffendons notamment le jeu de la pille[128].

XXX.

Recevons entre gentilz hommes & gentilfemmes les esbatz qui leur sont destinez d'ordinaire, jeuz de luitte, courre la bague[129], faire des combats plaisantz, à la charge que s'il se trouve gentil-homme qui refuse ou, d'entrer en la lice, ou, de mettre[an] la lance en l'arrest[130] quant l'occasion se presentera le declairons[ao] indigne de porter les armes & le degradons du tiltre & qualité de noblesse avecques sa posterité.

---

127 La *belouse* (ou blouse) : « Au jeu de paume, creux destiné à recevoir les balles » (Huguet). Le mot désigne aussi un trou de table de billard. Un sens libre est attesté au XVIe siècle, par exemple chez Béroalde de Verville : « le barbier [...] mit maître Cas dans la blouse – autrement dit le trou de service, frais, vif et en bon point – et, ainsi, guérit madame la mercière » (*Le Moyen de parvenir*, 76, *Consistoire*, éd. Michel Renaud, folio classique, Paris, Gallimard, 2006, p. 322).

128 Le jeu de la pille, également présent dans la liste du *Gargantua*, était un jeu de cartes. Psichari ne précise pas s'il s'agissait d'un jeu d'argent (art. cité p. 26-27). Le mot « pille » signifie « pillage », ce qui permet cette équivoque dans un « Sonnet Amphibologique, du jeu des cartes », cité par Tabourot des Accords dans *Les Bigarrures :* « Capitaines, soldats, à la Pille se rangent, / Et quant à ce jeu là sont bien peu differens » (éd. Francis Goyet, Genève, Droz, 1986, vol. I, f. 81). D'après Fr. Goyet, le sonnet est de Tabourot lui-même (vol. II, p. 61).

129 « Courre la bague : jeu d'adresse qui consiste à atteindre un anneau suspendu avec le bout de la lance » (*TLF*). Le sens érotique est ici évident.

130 Avoir la lance en l'arrêt : appuyer sa lance sur un crochet rivé sur le côté droit de la poitrine ; c'était donc, au propre comme au figuré, la tenir tendue en avant, prête pour l'attaque. La métaphore licencieuse se trouvait déjà chez Coquillart, dans le *Monologue des Perrucques* (v. 57-60) : « Corps advenant, souple jarret ; / [...] Cinq, six coups la lance en l'arrest / Pour jouster contre la quintaine ! » (*Œuvres*, éd. citée, p. 320). *Cf.* Rabelais, *Pantagruel*, I, éd. G. Defaux, Le Livre de poche, Paris, Librairie Générale Française, 1994, p. 95 : « Et s'il advenait qu'il fût en point, et eût vent en poupe, à les voir eussiez dit que c'étaient gens qui eussent leurs lances en l'arrêt pour jouter à la quintaine ».

XXXI.

Et pour le regard des luittes par ce que les femmes sont ordinairement plus foibles [f. 10 r°] & qu'il leur est de besoing destourner la force de leurs combatantz par leurs subtilitez & engins[131] : Permettons seulement aux femmes de bailler le sault de Breton[132]. Pourront neantmoins les hommes leur donner roidement le croq en jambe[133] selon que les necessitez leur apprendront.

XXXII.

Authorisons entre les dances[ap] tous branles[134], & par special les branles gay, & branle double, branle de la touche : & combien que ce

131 *engins* : ruses.

132 *bailler le saut de Breton* : « donner un croc-en-jambe » (Huguet, qui cite *Les Ordonnances*, mais sans autre explication). L'expression fait référence à la lutte bretonne, dont le principe est de faire tomber l'adversaire dos à terre. En 1520, au Camp du Drap d'Or, François Ier, défié par Henri VIII, parvint à renverser le roi d'Angleterre au moyen d'un « sault de breton » : « Et le roy de France, qui est fort et bon luytteur, luy donne un tour de Bretaigne et le jette par terre et luy donne un merveilleux sault » (*Mémoires du Maréchal de Florange, dit le Jeune Adventureux*, publiés pour la Société de l'histoire de France par Robert Goubaux et P.-André Lemoisne, t. I, Paris, Librairie Renouard, H. Laurens successeur, 1913, p. 272). La lutte bretonne donne à Noël du Fail l'occasion de jouer sur le terme *s'entrecullebuter*, qu'il emploie dans *Les Baliverneries d'Eutrapel* aussi bien à propos de lutteurs (« Les pouvres diables menoient encores, cerchans tous les moiens de s'entrecullebuter », ch. II, éd. Gaël Milin, Paris, Klincksieck, 1969, p. 41) que de jeunes mariés (« et le plus souvent nous entrecullebuter par terre », ch. I, p. 17).

133 Métaphore érotique. En 1618, l'expression est écrite en italique.

134 L'article XXXII joue sur le double sens des noms des danses. Si le mot *branle* désignait une danse en chaîne ou en rond, son sens libre d'« acte sexuel » est attesté au XVIe siècle. Dans le troisième livre des *Serées* de Guillaume Bouchet (1513 env.-1594), on peut lire l'histoire d'un jeune homme qui se fait séduire par la femme de son maître de musique : « & tandis qu'ils estoient en ces bonnes fortunes, elle se donnoit bien du branle du loup, excogitant tout ce qu'elle pouvoit pour se donner plaisir avec son escolier » (Rouen, Robert Valentin, 1615, f. 170 r°). Un peu plus loin, une autre anecdote évoque un homme, qui, lors d'un bal masqué, a dansé avec sa femme sans se faire reconnaître et l'a attirée derrière une tapisserie : « & y firent ce

soit chose de dangereuse consequence de permettre aux particuliers en une republique d'innover aucune chose. Toutesfois nous pour aucunes bonnes causes & considerations[aq] à ce nous mouvans[135] : Permettons à un chascun & chacunes d'inventer telles diversitez de branles qu'il luy

---

que vous sçavez qu'ils pouvoient faire [...]. Or elle desirant recognoistre cest homme qui l'avoit si bien fait branler doublement [...] vit que c'estoit son mary » (f. 171 r°). Le troisième livre des *Serées* a été publié pour la première fois en 1598, à Paris, chez Robert Valentin. Brantôme évoque également un laquais basque qui avait appris aux deux filles de son maître à danser « non-seullement le branle de son païs, mais tous autres », et même « le branle des putains » (*Recueil des Dames*, éd. tienne Vaucheret, Paris, Gallimard, « Bibliothèque de la Pléiade », 1991, p. 477). Toutes les danses de cet article sont mentionnées dans le manuel de chorégraphie de Thoinot Arbeau : *Orchésographie et traicté en forme de dialogue, par lequel toutes personnes peuvent facilement apprendre & practiquer l'honneste exercice des dances*, Langres, Jehan des Preyz, 1589. Le *branle gay* se caractérisait par la vivacité de ses pas sautés : « Ce branle (non sans cause) est appellé gay, car à ce que je voy l'un des pieds est tousjours en l'air » (f. 72 r°). Au contraire, le *branle double* se dansait aussi « gravement & pesamment » que possible (f. 70 v°). Il se pratiquait en chaîne ou en ronde, mais le nom pouvait aussi évoquer un mouvement effectué par deux personnes. Ainsi Saint-Amant, dans un sonnet consacré au *Soudart de Cypris* (*Les Œuvres* (1629), éd. Jacques Bailbé, Paris, Société des Textes Français Modernes, Librairie Marcel Didier, 1971, p. 286-287), mentionne parmi les activités pratiquées au « βορδελ » : « Dancer le bransle double au son du larigot » (le larigot était une flûte champêtre). Quant au *branle de la touche*, il faut sans doute le comprendre comme étant le « branle de la torche ». Le principe de cette danse, appelée aussi « branle du chandelier », est le changement de cavalier ou de cavalière. « Celuy qui le veult dancer, prend un chandelier avec la chandelle allumee, ou une torche ou flambeau, & en dançant & marchant en avant un tour ou deux par la salle, regardant çà & là celle qu'il veult mener, la choisit telle que bon luy semble, & dancent par ensemble quelque petit espace de temps & en fin la colloque & laisse seulle au bout de la salle » (f. 86 r°). Il donne alors la torche à la danseuse, qui choisit à son tour un cavalier, qu'elle abandonne ensuite, « & ainsi consequemment s'appellent à ceste dance les uns les autres » (f. 86 v°). Le branle de la torche est devenu la figure de l'inconstance, ainsi qu'en témoigne ce passage où Brantôme, racontant comment Gaston de Foix, duc de Nemours, avait trouvé la mort à la bataille de Ravenne après avoir remporté d'éclatants succès militaires pendant les guerres d'Italie, compare les caprices de la fortune à ceux d'une jolie femme : « Voilà certes de belles paroles, & qui représentent bien une inconstante & légere fortune, qui me fait ressouvenir, comme l'on a veu souvent, & comme j'ay veu aussi, de quelque dame vrenilleuse [= tournant d'un côté et de l'autre] & volage, qui, encapricée desordonnément d'un nouvel amant, l'ayme, l'adore, en brusle, le meine, le pourmeine, le plonge dans toutes les sortes de plaisirs & délices qu'elle peut : après, se faschant, & venant à jetter ses yeux lascifs sur un autre, possible non pas plus aimable que le premier, le quitte, vous le plante-là, à mode de la danse & bransle de la Torche, où l'on prend & l'on laisse » (*Œuvres du Seigneur de Brantôme, tome septieme, contenant la premiere partie des Vies des Hommes illustres et grands Capitaines François*, Londres, aux despens du Libraire, M.DCC.LXXIX, p. 164-165).

135 *à ce nous mouvans* : nous incitant à cela.

plaira. Aussi advouons[136] les basses dances[137] & gaillardes[138], & sur tout enjoignons à ceux qui pendant lesdits branles ne pourront faire l'amour de la langue[139] le facent de la main & des yeux[140].

XXXIII.

Pource qu'il n'est en nostre puissance eslongner les guerres de nous lors qu'il plaira à Dieu nous les envoyer, voyre que le plus du temps elles nous sont suscitees par nostre [f. 10 v°] propre & particulier instinct, n'y ayant celuy de nous lequel n'ayt naturellement quelque inclination à conquerre, voyre appetons amasser {,} ambitieusement[141] affection-

136 Avouer : approuver, autoriser.

137 La *basse danse* est une « danse grave, à mouvements modérés, dans laquelle le pied s'éloigne peu du sol » (Huguet). Ici, l'appellation prend une signification érotique en activant le sens sexuel de « bas ». Le *Dictionnaire des locutions en Moyen français* de Giuseppe di Stefano (Montréal, CERES, 1991) la recense avec l'acception d'*acte vénérien*, en citant l'exemple suivant : « C'est le plus mignon de la feste / Pour danser une basse danse / ... hardy à porter la lance » (*Recueil de farces françaises inédites du XVe siècle*, éd. G. Cohen, Cambridge, Medieval Academy of America, 1949).

138 « La gaillarde est appellee ainsi, parce qu'il fault estre gaillard & dispos pour la dancer », énonce Thoinot Arbeau, (*op. cit.*, f. 39 v°), qui en cite une variété (*la lyonnoise*) dont le principe était, comme pour le branle de la torche, que chaque danseur ou danseuse, après avoir effectué quelques figures avec sa ou son partenaire, l'abandonnât pour en choisir librement un(e) autre. Mais la signification sexuelle de cette danse « gaillarde » ne fait pas de doute. Des occurrences de l'adjectif avec cette acception : « d'une gaîté libre, provoquée par l'évocation de choses relatives au sexe » (*Trésor de la Langue Française*) sont attestées au XVIe siècle. Ainsi, Bonaventure Des Périers recommande aux « dames et damoyselles » qui seraient « trop tendrettes » de ne pas lire (avant de les inciter finalement à les lire !) « les passages trop gaillars » de ses *Nouvelles Recreations et Joyeux Devis*, publiés en 1558 (éd. Krystyna Kasprzyk, Paris, Société des Textes français Modernes, 1997, p. 17).

139 *faire l'amour de la langue* : faire une déclaration d'amour.

140 Dans son manuel, Thoinot Arbeau définira la danse comme une « Rhetorique muette, par laquelle l'Orateur peult par ses mouvements, sans parler un seul mot, se faire entendre & persuader aux spectateurs, quil est gaillard digne d'estre loué, aymé, & chery. N'est ce pas à vostre advis une oraison qu'il faict pour soy-mesme, par ses piedz propres, en genre demonstratif ? Ne dit il pas tacitement à sa maistresse (qui le regarde dancer honnestement & de bonne grace) aymés moy, desirés moy ? » (*op. cit.*, f. 5 v°). Les normes de civilité proscrivaient les gestes équivoques lors des bals, ce qui laisse supposer qu'ils n'en étaient pas absents.

141 D'après la leçon de l'autre édition de 1574, nous avons inséré une virgule entre *amasser* et *ambitieusement*.

nez[142], d'autre part d'estre dits vaillans combatantz[143] : voulons que és assaux & batteries[144] des villes il n'y ait aucun de nos soldatz qui y ait le bras engourdi[145], ains face ses approches hardiment sans rien toutesfois alterer de la discipline militaire. Puis quand la breche sera nette & raisonnable y entrent gayement & comme l'on dict de cul & de teste[146] sans reboucher[147] comme s'exposantz à un lict d'honneur[148]. Et neantmoins à fin qu'ils soyent tousjours tenuz en haleine, Ordonnons que pendant qu'ils pousseront leur fortune dans ladicte breche, l'artillerie jourra tousjours vigoureusement, vistement, & vivement[149] jusques à ce que la ville soit totalement rendue[150]. Auquel cas sera seulement sonné la retraite. Et sur tout inhibons à tous couartz[151] de s'exposer à telz hazardz sur peine d'estre dictz nyaiz[152].

---

142 *affectionnez* : désireux.

143 Dans l'édition de 1618, les mots *Conquerre* et *Combatants* sont imprimés en italique, sans doute de manière à inviter le lecteur à les décomposer : « con querre » et « con batans ».

144 Batterie : attaque, au moyen de l'artillerie, d'une ville forte.

145 Au XVIe siècle, le *bras*, notamment dans l'expression « lever le bras », peut signifier le sexe masculin (P. Guiraud, *Dictionnaire érotique*, Paris, Payot, 1978, p. 190).

146 *de cul et de teste* : « à corps perdu », selon Godefroy (*Complément*), qui cite Monluc : « Monsieur de Castelpers s'estoit une fois resolu de s'en aller donner de cu et de teste à travers le camp de l'ennemy, pour rentrer dans la ville » (*Commentaires*, éd. Paul Courteault, Paris, Gallimard, « Bibliothèque de la Pléiade », 1964, p. 70). En 1618, l'expression est imprimée en italique.

147 *sans reboucher* : sans faiblir (au sens propre : sans s'émousser).

148 *lict d'honneur* : peut-être à rapprocher des expressions *lieu d'honneur* et *logis d'honneur*, utilisées pour désigner un mauvais lieu (Huguet).

149 *vigoureusement, vistement, & vivement* : trois adverbes réunis en raison de leur première syllabe.

150 La *breche* est une figure traditionnelle pour désigner le sexe féminin (P. Guiraud, *Dictionnaire érotique*, p. 190). Cette métaphore filée de l'assaut donné à la forteresse se trouve par exemple dans *Les Cent Nouvelles Nouvelles* : le soir de ses noces, le marié « sans delay bailla l'assault à sa forteresse, et tellement qu'en peu d'heure, a quelque meschef que ce fust, il entra ens et la gaigna » (XXIX, éd. Franklin P. Sweetser, Genève-Paris, Droz-Minard, 1966, p. 197).

151 Le couard (de *coue*, forme ancienne de *queue*) est celui qui va la queue basse. Nicot (1606) donne l'explication suivante : « parce qu'un chien et autre beste couëe, quand elles ont peur, fuyent la queuë serrée entre les fesses ».

152 Au sens propre, le niais est un jeune oiseau de vol (faucon, épervier, etc.) non encore sorti du nid. Dans cet article, il désigne l'amant qui n'a pas su profiter d'une situation favorable.

XXXIIII.

Et par ce que il n'y a pas moindre peine & industrie à conserver qu'à conquerir, voire que l'on ne doibt faire aucun estat d'une conqueste qui n'employe[153] puys apres son en-[f. 11 r°]tendement & estude à la conservation du conquis, Voulons que la ville estant prise elle soit bien, deument & diligemment envitaillee[154].

XXXV.

Aussi qu'elle soit encourtinee[155] de tous costez de fortes murailles, rampartz, scarpes & contre scarpes[ar] [156] : & y aura ordinairement gens expres[as] lesquels pour eviter les eschauguettes[157], & embuches de l'ennemy feront sentinelle jour & nuict. Au demeurant enjoignons qu'il n'y ait si petite forteresse qui ne soit pour le moins flanquee de deux bastions[158] que les ingenieux[159] appellent ordinairement couillons[160], qui se mireront

153 *qui n'employe* : si on n'emploie pas.

154 *envitaillée* : approvisionnée, au sens érotique. Généralement, c'est l'homme qui est bien « avitaillé », ou sa braguette, comme celle de Gargantua, « bien garnie au-dedans & bien avitaillée » (*Gargantua*, VII, éd. citée, p. 137). *Cf.* Béroalde de Verville, *Le Moyen de parvenir, 10, Circoncision*, éd. citée, p. 65 : « Voyez les hommes qui se baignent et qui n'ont guère de différence masculine – c'est-à-dire qui sont mal envitaillés : ils ont infiniment de peine à la cacher ». Encore un mot en « vit », auquel font écho ceux en « con » du même article. Dans l'édition de 1618, le mot est imprimé en italique, de même que *conserver, conquerir, conqueste* et *conquis*.

155 *encourtinee* : entourée (comme d'une « courtine » ou rideau). Une fois la femme conquise, l'homme aura le droit de veiller à préserver sa conquête des entreprises des rivaux.

156 L'escarpe et la contrescarpe sont les talus qui bordent les fossés d'une place forte, la première du côté intérieur, la seconde du côté extérieur.

157 *eschauguettes* : le mot a ici le sens de « guet-apens ».

158 « Bastion, s. m. Ouvrage saillant de fortification, adopté depuis le XVIe siècle pour flanquer les enceintes et empêcher les approches par des feux croisés » (Eugène Viollet-le-Duc, *Dictionnaire raisonné de l'architecture française du XIe au XVIe siècle*, Paris, Bance et Morel, 1854-1868).

159 *ingenieux* : ingénieurs.

160 Le dictionnaire de La Curne de Sainte-Palaye donne cette explication : « Couillon, *subst. masc.* Bastion. On le nommait ainsi à cause de sa figure. (Voyez l'Hist. de M. de Thou, t. XII, liv. 107, p. 3, et COUEILLON ci-dessus) ». A l'entrée *coueillon*, avant d'ajouter qu'il

l'un l'autre[at], sur lesquelz sera l'artillerie bracquee preste à jouer si le temps, & la necessité le requierent. Toutefois ne voulons plus qu'es forteresses on y face des faulces brayes[161] : & si le soldat à [*sic*] besoing de confort[162], le pourra aller chercher[au] chez ses voisins.

XXXVI.

Deffendons à tous marchans de n'apporter du poyvre[163] en nostre convent.

---

s'agit sans doute d'une variante du même mot, il cite un autre historien du XVIe siècle : « Il est parlé dans l'Hist. de la Popelinière (t. I, liv. 2, f. 50), d'une espèce de fortification « ressemblant un coullon, en forme d'éperon ». En retrouvant ici son sens anatomique (« *Couillon*, Testis, Testiculus, Coleus », selon Robert Estienne, 1549), le mot confère un sens métaphorique à l'expression « artillerie bracquée ». Dans l'édition de 1618, *coüillons* est imprimé en italique.

161 *faulces brayes* : terme de fortification désignant une seconde ligne de remparts, très peu élevée, ayant pour fonction de protéger le fossé entourant la place (*cf.* Cotgrave : « *outwall, in a fortresse* »). Le mot retrouve ici son sens premier (selon Furetière : « Linge qui couvre les parties honteuses, comme caleçons, bas de chemises »). Ces braies seraient-elles fausses comme le sont les hypocrites hauts-de-chausses de l'article XL ?

162 *confort* : aide, secours. Mais sans doute faut-il décomposer le mot en ses deux syllabes.

163 Le *poyvre* désigne ici probablement la vérole, puisque l'expression « être poivré » signifie « être atteint de la vérole ». Furetière explique : « POIVRER, se dit aussi ironiquement, en parlant à des desbauchés qui ont gagné quelque vilaine maladie avec les femmes. Quand on hante les mauvais lieux, on est bientost *poivré* ». *Cf.* Rabelais, *Le Tiers Livre*, XXV : « Tu seras bien poyvré, home de bien » (ce que Plattard glosait ainsi : « Cette métaphore s'appliquait spécialement aux vérolés » (*Le Tiers Livre*, Paris, Les Belles Lettres, 1929, p. 270). De même, dans *Gargantua*, II : « Poivré sera sous un habit d'hermite ». Gérard Defaux (éd. citée, p. 102) précise en note : « Être poivré, c'est avoir attrapé la syphilis ». Voir dans la note 93 l'emploi du mot « poivré » dans ce sens par Noël du Fail. En 1618, le mot *Convent* est imprimé en italique.

XXXVII.

Exterminons[164] d'iceluy tous saffranniers[av 165], ensemble tous vendeurs de quinquaillerie[166].

---

164 Exterminer : chasser, expulser.

165 Les *saffraniers* sont ici les banqueroutiers. Or la notion de banqueroute n'est pas dissociable de celle de fraude. Celui qui est allé à sa ruine ne l'a pas fait sans en ruiner beaucoup d'autres par ses promesses trompeuses. Cet article chasse donc du *convent* ceux qui, en amour, ne sont pas à la hauteur de ce que leur discours ou leur belle apparence laissait attendre, ceux avec qui la relation amoureuse se soldera par un fiasco. Des vers de Ronsard confortent cette lecture de l'article XXXVII : « Trompes ainsi les pauvres abusez, / En la façon que les marchants rusez / Qui, safraniers par mechantes pratiques, / N'ont point de draps aux secondes boutiques, / Mais monstrant tout des le premier abord, / Font bonne mine, & se vantent bien fort ». (*Élegie*, v. 77-82, éd. Laumonier, XV[1], *Sixiesme livre des Poemes* (1569), p. 125-126). Les marchands de safran étaient en effet réputés malhonnêtes. En mars 1551, une déclaration interdit la vente de safran frelaté (Isambert, *op. cit.*, t. XIII, p. 179-181). Le texte explique que de nombreux marchands étrangers, notamment allemands, viennent acheter en France un safran de bonne qualité, récolté « au pays d'Albigeoys, Lauragnes et Angoulmoys » et réputé pour ses vertus médicinales, mais qu'ils sont souvent victimes de vendeurs qui l'ont « altéré, déguisé et sophistiqué (mélangé) et chargé d'huille, miel, moulx et autres mixtions et sophistications, afin que ledit saffran qui se vend au poix se trouve plus pesant ». En conséquence, la vente de ces produits frauduleux est interdite « sur peine de confiscation desdits saffrans » qui seront « ars et brûlés en plein marché et lieu public, et sur peine de punition corporelle sur ceux qui auront altéré et corrompu lesdits saffrans et d'amende arbitraire ». En outre, les dénonciateurs des abus recevront une récompense correspondant au tiers du montant « desdites confiscations, condamnations et amendes ». Depuis l'Antiquité, on avait reconnu au safran des vertus thérapeutiques, mais également des effets toxiques, la distinction entre le remède et le poison ne résidant que dans le dosage. Laurent Joubert, dans le *Traité du ris* (Paris, 1579, p. 179), affirmait qu'il pouvait déclencher un rire convulsif, capable de provoquer la mort : *le Ris canin*. Au safran étaient associées les valeurs négatives de la couleur jaune : on sait qu'elle était perçue comme le signe du mensonge et de la trahison. À partir du XIIe siècle, les peintres ont représenté en jaune le manteau de Judas.

166 Le mot *quinquaillerie* était employé pour désigner toutes sortes de petits objets en fer ou en cuivre, dont des marchands ambulants faisaient le commerce. Du même radical onomatopéique que « clinquant » (*Trésor de la Langue Française*), il évoque la production d'un bruit métallique (un « cliquetis ») et un aspect lumineux, attirant, mais souvent trompeur. Robert Estienne (*Dictionaire Françoislatin*, 1549) traduit *Quinqualier* par *Frivolarius* (marchand de *frivola*, c'est-à-dire d'objets de peu de valeur). Une ordonnance du 28 février 1435 (ancien style) exemptait de l'impôt la vente des « menues denrées appelées quinquelleries, que les bonnes gens vendront de leur creu et nourriture » (Isambert, *Recueil des anciennes lois françaises [...]*, t. VIII, p. 835). Dans un sens métaphorique, la quincaillerie désigne, à l'instar des « episseries », un objet culturel sans valeur authentique, une vulgaire pacotille littéraire, comme en témoigne, dans le premier des *Dialogues* de

XXXVIII. [f. 11 v°]

Sur les remonstrances qui nous ont esté faictes[167] par les Damoiselles & Bourgeoises au moyen de[168] quelques drogueries que les marchantz vont querir és païs loingtains, & huilles non aucunement necessaires espuisantz par ce moyen noz païs & contrees d'or & d'argent[169], combien que nous ayons les huilles à noz portes : defendons à tous marchantz d'aller achepter[aw] huilles ailleurs qu'en nostre bonne ville de Reins[ax 170].

Jacques Tahureau (1565), cette critique des amoureux par le personnage du Democritic, visiblement inspirée par la célèbre condamnation des genres poétiques médiévaux par Du Bellay : « Et tout cela ne suffiroit s'ils n'y entremeloient quelques triolets, virelais, rondeaux, ballades et autre telle espece de vieille quinquaille rouillee, dont ils empechent à toute heure les presses des imprimeries » (*Les Dialogues*, éd. Max Gauna, Paris-Genève, Droz, 1981, p. 29). Ainsi, comme les *saffranniers*, les *vendeurs de quinquaillerie* semblent être bannis du *convent* car leurs promesses amoureuses ne valent que du vent, peut-être comme les braguettes des *muguets* dont on se moque au chapitre VII du *Gargantua*. On ne peut cependant exclure que ces quincaillers soient des vendeurs de cadenas de chasteté, puisque c'est ainsi que Brantôme désigne ceux qui pratiquent ce commerce : « Du temps du Roy Henry [Henri II], il y eut un certain quinquailleur qui apporta une douzaine de certains engins à la foire de St Germain pour brider le cas des femmes, qui estoyent faits de fer et ceinturoyent comme une ceinture (*Recueil des Dames*, II, 1, *Sur les dames qui font l'amour et leurs maris cocus*, éd. Étienne Vaucheret, Paris, Gallimard, « Bibliothèque de la Pléiade », 1991, p. 321).

167 *Sur les remonstrances qui nous ont esté faictes* : la formule est courante dans les ordonnances royales. *Cf.* l'article II de l'ordonnance d'Orléans (janvier 1561) : « Et sur la remontrance et requeste des députez desdits estats [...] » (Isambert, *op. cit.*, t. XIV, p. 64).

168 *au moyen de* : à cause de.

169 Sur les édits somptuaires et leur ambition de limiter la fuite des capitaux vers l'étranger, notamment l'Espagne et l'Italie, voir notre introduction. De François Ier à Henri IV, on relève onze édits de ce type. Voir Pascal Bastien, « *Aux tresors dissipez l'on cognoist le malfaict* : Hiérarchie sociale et transgression des ordonnances somptuaires en France, 1549-1606 », *Renaissance et Réforme*, XXIII, 4, Toronto, 1999, p. 23-43. On se souviendra aussi du regard critique que portait Montaigne sur ce type d'interdiction (*Les Essais*, I, 43, *Des loix somptuaires*).

170 Les reins, c'est-à-dire la région lombaire, étaient considérés comme le siège de la vigueur amoureuse. Dans le *De harmonia mundi* (Paris, André Berthelin, 1545, f. 119 r°), Zorzi (Georges de Venise) dit que Vénus préside aux reins et à toutes les parties du corps qui servent à l'acte vénérien. Les jeux sur « Reims » et « reins » étaient bien connus : « Vin de Rains est vin de luxure » (Jean Molinet, *Les faictz et dictz*, I, 125, éd. N. Dupire, Paris, Picard, 1936-1939). *Cf.* Jean Regnier (1392-1468), *Les Fortunes et adversitez [...]*, Paris, Jean de La Garde, 1526, f. 136 v°-137 r° : « Reins est cité tresbien comprise, / Mais aussi bien, qui bien l'advise, / Partie du corps sont les reins ; / Declaration par vous soit mise / Qu'il n'est ouvrage que de reins ». Béroalde de Verville (*Le Moyen de parvenir*, 63.

XXXIX.

Toutes choses qui sont indifferentes comme habitz & vestementz ne seront subjectz à correction & mesdisance[ay], sinon par la bouche des sots, reservé que ceux ou celles qui en introduiront les premieres coustumes pourront passer par le bureau & contrerolle des accouchees[171] suyvant le privilege qui leur est de tout temps acquis.

XL.

Et neantmoins sur les doleances qui nous ont esté faites par lesdictes Damoiselles sur les gros haulx de chausses disantz qu'ilz avoient esté expressement inventez pour empescher leur deduict & contentement, joinct que telz habillementz ne servent que d'ypocrisie & [f. 12 r°] de masque, representans par l'exterieur chose grosse & grande, combien que le plus du temps il n'y ait rien ou bien peu dedans[172] : & au contraire se pleignent les Gentils-hommes des Vasquines[173], Vertugales[az][174] & grans

---

Exposition, éd. citée, p. 270) évoque, à propos de nonnes débauchées, leur « bréviaire à l'usage de Reims ». Dans l'édition de 1618, *Reins* est imprimé en italique.

171 Voir l'article XVII. Comme dans le roman satirique *Les Caquets de l'accouchée* (1622), le « bureau » (c'est-à-dire le tribunal ou le jugement) des accouchées, ce sont les commérages auxquels se livraient les femmes qui venaient rendre visite aux accouchées.

172 On sait que la braguette de Gargantua était non seulement « bien longue & bien ample », mais surtout « bien garnie au-dedans & bien avitaillée, en rien ne ressemblant les hypocritiques braguettes d'un tas de muguets, qui ne sont pleines que de vent, au grand intérêt (= préjudice) du sexe féminin » (*Gargantua*, ch. VII, éd. G. Defaux, p. 137-139).

173 La vasquine (ou basquine) était une sorte de corset très rigide, souvent en fil de laiton, garni par devant d'un busc et destiné à mouler la taille.

174 Vertugale (ou vertugade, ou vertugadin) : sorte de crinoline qui s'attachait à la basquine et servait à faire ressortir la taille tout en arrondissant les hanches. Vasquine et vertugale font partie de la garde-robe réglementaire des dames de Thélème (*Gargantua*, ch. LIIII, éd. citée, p. 465). Mais ce qui fait figure de légitime auxiliaire de beauté chez Rabelais prend ici une valeur négative, devenant, au moins du point de vue masculin, un simple moyen de dissimuler des formes trop peu avantageuses. Cet article fait écho à des débats contemporains de la publication des *Ordonnances d'Amour*. En 1563, avait paru un *Blason des basquines & vertugalles* (Lyon, Benoist Rigaud ; réimpr. par Anatole de Montaiglon, *Recueil de poésies françoises des* XVe

devans, que portent aujourd'huy les femmes, remettons ceste matiere à nostre Conseil estroit[175] pour en estre plus meurement deliberé, avec nos gens d'Amour[ba].

XLI.

Entre les viandes, nous defendons ainsi qu'en plusieurs autres païs, le Porc, & en outre voulons que l'on[bb][176] s'abstienne du Veau, Oyson, Becasse[177] : & des Herons defendons principallement la Cuisse[178].

---

et XVI*e* *siècles*, Paris P. Jannet, 1855, t. I, p. 293-303), qui condamnait ces accessoires vestimentaires au nom de la morale religieuse. Dans ce poème à visée satirique, ils étaient décrits comme les instruments de la vanité et de la luxure : « Que vous servent ces vertugalles, / Sinon engendrer des scandales ? / Quel bien apportent vos basquines, / Fors de lubricité les signes ? » (éd. A. de Montaiglon, p. 294). Le 17 janvier 1564 (n.st.), le roi Charles IX avait renouvelé son édit somptuaire du 22 avril 1561 en y ajoutant l'interdiction des vertugades de plus d'une aune et demie (*Ordonnance du roy sur le reiglement des usaiges de draps, toilles, passements & broderies d'or, d'argent & soye, & aultres habillements superflus, & encores sur la reformation des grosses chausses. Ensemble sur le transport des laines hors le Royaume*, Paris, Robert Estienne, 1563 (a.st.)). La disparition progressive au début du XVII*e* siècle de ces modes venues d'Espagne et des débats qu'elles avaient suscités explique peut-être la variante de l'édition de 1618 : « Nous pour ce sujet en avons osté & ostons la coustume, nous rapportans à la mode d'Italie ».

175 *Nostre Conseil estroit* : voir la note 9.

176 Nous corrigeons la graphie *lon* d'après la leçon de l'autre édition de 1574.

177 Ces prohibitions peuvent se comprendre comme un refus d'accepter dans le *convent* toute personne sale (porc) ou sotte (veau, oison, bécasse). On traitait de « bécasse » une femme qu'on voulait insulter. *Cf.* Guillaume Coquillart, *L'Enqueste d'entre la Simple et la Rusee*, v. 605 : « Ragonde Michelon beccasse » (*Œuvres*, éd. M.-J. Freeman, Paris-Genève, Droz, 1975, p. 92). Comme à Thélème, l'entrée est réservée à ceux qui sont dépourvus de certains défauts : « Cy n'entrez pas, hypocrites, bigotz, [...] » (*Gargantua*, chap. LII). Le porc, animal honni des Juifs et des Musulmans, était aussi, en dépit de son importance dans l'alimentation, l'objet de réglementations en France. L'ordonnance de police de novembre 1539 sur l'entretien des rues de Paris en interdisait l'élevage dans la capitale : « Et inhibons et défendons aussi à tous bouchers, charcutiers, rotisseurs, [...] et toutes autres personnes, de quelque estat ou condition qu'ils soient, de tenir, faire tenir, ne nourrir en quelque lieu que ce soit esdits ville et fauxbourgs d'icelle, aucuns pourceaux, truyes, cochons, oisons, pigeons, conils, soit pour vendre, pour leur vivre, entretenement de leurs maisons, ne pour quelque cause, occasion ou couleur que ce soit » (article 28, Isambert *et al.*, t. XII, p. 655).

178 On disait d'une personne aux jambes très maigres qu'elle avait la « cuisse héronnière ». *Cf.* Clément Marot décrivant son état à la suite d'une longue maladie : « Et si m'a faict la cuisse heronniere, / L'estomac sec, le Ventre plat, & vague » (*Au Roy*, v. 60-61, *Œuvres poétiques*, éd. Gérard Defaux, Paris, Garnier, 1996, t. I, p. 321).

XLII.

A fin que chacun apprenne de demourer en cervelle[179], & sache rendre raison de son faict, toutes bestes qui se trouveront en dommage, seront rigoureusement chastiees, à la charge que si elles ne sont surprises sur le faict, lesdictes choses seront tenues pour non advenues[180].

XLIII.

Et sur tout defendons de fascher[bc] aux champs, les bestes cornues qui se trouveront ombrageuses[181].

179 *en cervelle* : en éveil, sur le qui-vive.

180 *Dommage* : « Terre *en defens*, endroit où il est interdit de laisser aller des animaux » (*DMF*). Selon La Curne de Sainte-Palaye, « on disait des bêtes paissant dans une terre en défens : "Bestes trouvées prinses en dommage" ». On comprend qu'il s'agit ici d'une invitation à l'adultère ou au libertinage : celui qui ne respectera pas la « propriété » d'un autre ne sera puni que s'il se fait prendre en flagrant délit. Dans les *Cent Nouvelles Nouvelles*, le septième récit raconte comment un orfèvre parisien, ayant dû accueillir pour la nuit dans le lit conjugal un hôte de passage (un charretier venu lui livrer du charbon de bois) s'aperçoit à son réveil que celui-ci est en train de faire l'amour avec sa femme, qui fait semblant de dormir : « [...] tout doulcement leva sa main en hault, et si tresbien a point en bas la rabatit qu'en dommage et en sa garenne le poulain (le sexe) au chareton (charretier) trouva, dont il ne fut pas bien content, et ce pour l'amour de sa femme » (éd. Franklin P. Sweetser, Genève-Paris, Droz-Minard, 1966, p. 66-67). Pour le sens de *garenne*, voir l'article XXIIII.

181 Les cornes sont, depuis le XVe siècle, l'attribut des cocus (*Trésor de la Langue Française*). C'est aussi un symbole de folie, d'extravagance. Sans doute s'agit-il dans cet article de recommander aux *confreres* de ne pas s'attirer les foudres des époux trompés, volontiers soupçonneux et susceptibles.

XLIIII. [f. 12 v°]

Tout ainsi que nous bannissons de nostre Convent, les Medecins reubarbatifs[182], ne voulans que l'on en face un estat particulier, & exprés : Aussi au contraire, nous ne rejettons pas les medecines entre lesquelles nous approuvons grandement les simples[bd 183].

182 *les medecins reubarbatifs* : sans doute en référence à l'épître liminaire du *Quart Livre* (*A tresillustre Prince et reverendissime Mon Seigneur Odet, Cardinal de Chastillon*), dans laquelle Rabelais cherche les raisons pour lesquelles « le minois du medicin chagrin, tetrique, reubarbatif, Catonian, mal plaisant, mal content, severe, rechigné, contriste le malade » (éd. G. Defaux, Le Livre de poche, Paris, Librairie Générale Française, 1994, p. 133). Pasquier, dans une lettre à Étienne Turnèbe (XIX, 16 ; éd. 1619, p. 537-561), a exprimé ses sentiments ambivalents à l'égard de la médecine : tout en affirmant qu'il n'y avait « rien si certain que l'incertain en cest art », il se disait pourtant persuadé que la visite d'un médecin pouvait avoir les effets les plus bénéfiques sur la santé du malade : « Considerez je vous prie, combien profite au pauvre malade une veuë bien digeree [= une visite bien employée] de son Medecin ». Dans le domaine médical comme en matière religieuse, il recommandait de suivre l'usage en vigueur et de se méfier de « toute nouveauté ».

183 Nous avons retenu la leçon de 1564 et non celles de 1574 (« Medecins »), de façon à jouer sur le double sens de « médecine » : à la fois « remède composé avec des simples » et « femme exerçant la médecine » (ou « femme de médecin »).

XLV.

N'empeschons que selon les occurrences des maladies de deux simples l'on[be][184] ne puisse faire une mixtion, & composition bonne & saine, moyennant qu'en toute composition, l'on y mette tousjours, six ou sept doibts de casse[185], en corne & tuyau[bf][186].

XLVI.

Nous approuvons les suppositions[187], ostons toutesfois toutes seignees, sinon celles qui se feront de la veine d'entre les deux gros arteils[188].

---

184 Graphie *lon* corrigée d'après la leçon de l'édition de 1564. Même correction pour l'autre occurrence de *lon* dans le même article.

185 La *casse* est le fruit du cassier, dont la gousse a des vertus laxatives et purgatives. Dans deux de ses *Lettres*, Pasquier signale que les disciples de Paracelse voient une confirmation de leur théorie selon laquelle les semblables se soignent par les semblables (« *Similia similibus curantur* ») dans l'usage qui est fait de la rhubarbe, de couleur jaune, pour la purgation de la bile jaune et de « la Casse de couleur noire, pour la purgation de la melancolie qui est de pareille couleur » (*Lettres*, XIX, 16 ; éd. 1619, p. 548). Voir aussi XXII, 12, p. 787. Ici Pasquier joue probablement de la proximité phonique de *casse* avec *catze* (le sexe masculin) ou avec *cas* (même sens). Montaigne dit que les anciens romains « s'essuyoient le catze de laine perfumée, quand ils en avoyent faict » (I, 49). Sainéan (*La langue de Rabelais*, Paris, De Boccard, 1923, t. II, p. 296) y voit une variante du mot *caiche*, de l'italien *caccio* (*Gargantua*, XXXVII : mourir *le caiche roide*). L'article XLV joue aussi sur les mots « mixtion » (à la fois « mélange » et « accouplement ») et « com-position ».

186 *tuyau* : tige creuse. Comme pour la *corne*, l'image phallique ne fait aucun doute.

187 *suppositions* : sans doute en référence au sens étymologique : action de placer dessous. L'équivoque licencieuse est confirmée par l'article « *supponere* » du *Glossarium mediae et infimae latinitatis* de Du Cange : « *supposer*, obscoene dicitur. [...] *Gilot le Maistre...tampta tant ladite Damete, que un jour entre les autres ledit Raoul d'aventure les trouva ensemble et en recoy en une estable à vaches, où ledit Gilot la Supposoit et cognoissoit charnelement* ». Le *FEW* (XVI, 417) glose l'expression grivoise « serrer la croppiere à une femme » par *supponere mulierem*. Le contexte incite aussi à donner un sens médical à ces *suppositions*. Mais nos recherches pour l'identifier sont restées vaines.

188 *saigner entre les deux gros orteils* : « expression libre » (Huguet) ; « coucher avec une femme » (Oudin). *Cf.* Rabelais, *Le Quart Livre*, LIV, éd. citée, p. 531 : « Je trouveroys, dist frere Jan, aussi bon qu'il nous donnast deux ou trois chartées de ses filles. – Pourquoy faire ? demandoit Homenaz. – Pour les saigner, respondit frere Jan, droict entre les deux gros

XLVII.

Seront & sont des à present, tous vieux escuz[189], ensemble les grands vieux doubles ducats[190] descriez[191], & auront seullement cours entre nous les Desirez[bg], Saluts & Jocondalles[192], Nobles & Marionnettes[bh 193].

---

horteilz avecques certains pistolandiers ("gros poignards") de bonne touche ». Selon Pierre Guiraud (*Dictionnaire érotique*, p. 562), l'image signifie : plonger le « couteau » dans la chair. Les *arteils* (ou *orteils*) sont au sens propre des articulations, d'où les cuisses. Autre exemple cité par Huguet : « L'annee passee tu disois que tu devenois beste pour un petit poil folet que tu avois entre les deux gros orteuls. BEROALDE, Parvenir, Emblesme (II, 12) » (éd. Michel Renaud, p. 274).

189 Les équivoques sur les noms des monnaies constituaient un fonds de plaisanteries traditionnel, comme en témoignent le poème de Jean Molinet *Le cri des monnoies* (*Les Faictz et dictz de Jean Molinet*, éd. Noël Dupire, Paris, Société des anciens textes français, 1937, t. II, p. 766-767 ; voir également le paragraphe *Des monnoies* dans la *Prenostication des quatre vens*, t. II, p. 892) et un passage du chapitre consacré aux « Entend-trois » dans *Les Bigarrures* de Tabourot des Accords (éd. Francis Goyet, Genève, Droz, 1986, f. 80 v°-81 r°). L'écu, avant d'être une monnaie, était un bouclier, et, en un sens figuré, le mot a pu désigner le sexe de la femme (Pierre Guiraud, *Dictionnaire érotique*, Paris, Payot, 1978, p. 297). *Cf.* Jean Molinet, *Le cri des monnoies* : « Targes, escus sont chez les fourbisseurs » (éd. citée, p. 767).

190 Le ducat fut créé à Venise au XIIIe siècle. Richelet (*Dictionnaire*, 1680), donne ces précisions : « Par l'ordonnance de François premier publiée en M, D, XL. pour le réglement des monoies, on voit que le Ducat étoit une espece d'or de païs étranger qui avoit cours par tout le Roiaume, et valoit ordinairement quarante six sous quelques deniers. [...] *Double Ducat.* Espece d'or d'Espagne qui du tems de Henri III valoit six livres quatre sous ». La présence du ducat en cet article tient probablement au fait que le mot en contient un autre, le *cas*, désignant le sexe, tant féminin que masculin. Un sexe dont la valeur décline avec l'âge.

191 *descrier* une monnaie, c'est en annoncer au moyen d'un cri public la dévaluation ou le retrait. Le 11 juin 1556 fut promulgué un *Edit de publication d'un arrêt du parlement portant décri de certaines monnaies, sous peine, pour celui qui en ferait usage, d'être puni comme faux-monnayeur* (Isambert, *op. cit.*, t. XIII, p. 465).

192 Le mot « jocondale » est une francisation de « joachimsthaler », monnaie allemande frappée avec l'argent des mines de Joachimsthal en Bohème. Une étymologie populaire faisait dériver ce nom de « *jucundus* » (agréable, joyeux), comme l'indique le jeu de mots de Tabourot des Accords : « une Jocondale vaut deux tristandales » (*Les Bigarrures* (premier livre), éd. citée, f. 81 et p. 60). Les désirés, les saluts et les nobles étaient également des monnaies : dans le contexte de cet article, les noms évoquent une atmosphère de fête galante. Quant au mot « marionnette », outre son sens actuel de « figurine articulée et mue par des ficelles », il pouvait désigner une pièce d'or représentant la Vierge. Ici, la marionnette est sans doute une petite « Marion », diminutif de « Marie ».

193 L'édition de 1618 (Jean Sara) s'arrête après l'article XLVII, avec cette addition : « Car tel est nostre plaisir. Fin ».

XLVIII.

Pour oster toute occasion, de rongner les [f. 13 r°] pieces[194], ne vaudront chacunes[bi] pieces que leur poix. Toutesfois si aucun par une negligence[bj] supine & prepostere[195], est si temeraire d'en prendre sans les pezer, ils ne s'en pourront prendre à justice.

XLIX.

Voyans la pluspart de nos confreres par une malediction speciale tenir conte[bk] par dessus tous autres peuples de Diamans, Rubis, Emeraudes

194 Rogner une pièce de monnaie, c'est en limer les bords pour en récupérer un peu d'or ou d'argent (voir en annexe 3 le préambule de *l'Edict et Ordonnance sur le faict des monoyes*). Une ordonnance de François Ier datée du 13 juillet 1536 imposait pour les rogneurs d'écus la même punition que pour les faux-monnayeurs, c'est-à-dire la peine capitale (Isambert, Decrusy, Armet, *Recueil général des anciennes lois françaises*, t. XII, p. 511-513). Mais *rogné* avait pu s'employer également pour *circoncis*, comme en témoigne une remarque d'Henri Estienne, s'indignant des « mots de gueux » employés par Sébastien Castellion dans sa traduction française de la Bible (Bâle, 1555) : « au lieu de Circoncis, disant Rongné » (*Apologie pour Hérodote*, t. I, éd. Bénédicte Boudou, Genève, Droz, 2007, p. 304). Le *Grand Larousse universel du XIXe siècle* déclare à propos de *rogner* : « Ce mot rend proprement le latin *circumcidere*, couper tout autour ».

195 *supine & prepostere* : paresseuse et déplacée. La Curne de Sainte Palaye donne pour *supine* : « Digne d'un paresseux, couché sur le dos » en citant Pasquier : « c'est une ignorance crasse et supine » (*Recherches*, III, 17, éd. citée ; t. I, p. 641). *Cf.* Pasquier, *Recherches*, IX, 41 : « Ainsi l'ay-je veu observer par plusieurs jugemens, dont toutesfois je ne voy aucun fondement qu'une ignorance lourde, supine et prepostere » (éd. citée, t. III, p. 1941). Mais un autre passage des *Recherches* indique que l'adjectif *prepostere* peut aussi avoir le sens de « sodomite ». Racontant l'histoire du roi d'Angleterre Édouard II et de son mignon Hugh the Despenser, Pasquier écrit : Isabelle fille du Roy Philippes le Bel fut mariée avecque Edoüard le tiers Roy d'Angleterre, Prince de toutes façons abandonné à ses plaisirs, mesme qui pour user d'une volupté prepostere, à l'instigation de Hues le despensier, ministre de ses passions, traitoit infiniment mal sa femme ». Celle-ci mena une guerre contre son mari et, après la défaite du roi, le favori fut condamné à mort et « sur un eschafaut eut le membre et les genitoires coupez (comme detestable sodomite) qui furent dés l'instant mesme en sa presence jettez dans un feu » (VI, 33, t. II, p. 1325-1326). *Prepostere* (de *praeposterus*) renvoie à l'idée de renversement, et donc d'inversion sexuelle. Dans un tel contexte, *supin* (renversé) peut aussi avoir des connotations sexuelles.

& autre telle sorte de Baguenaudes[196], que la populasse appelle par un abus de langage pierres precieuses, comme si ce fussent reliques, en quoy mesmement nosdits confreres se desbordent[197] de telle façon, qu'ils estiment esdictes pierres resider des effets miraculeux, & qu'elles ayent puissance de faire tomber, tant sur le devant qu'en arriere les personnes qui s'estiment les plus fortes & advisees[198] : Nous pour deraciner tels abus qui equipollent à[199] une vraye idolatrie, & cognoissans que telles pierres ne vallent que ce que l'oeil les estime, à fin que d'icy en avant on ne se hazarde si hardiment à en achepter, Permettons à un chacun de vendre indiferemment Doublets[200] & Happelourdes, avec lesdits Rubis & Diamans, & ordonnons, que si aucun par fortune se char-[f. 13 v°]ge d'une Happelourde[201], il ne s'en pourra prendre qu'à soy mesme.

---

196 *baguenaude* : niaiserie, futilité. Au sens propre : « fruit du baguenaudier, ayant la forme d'une petite vessie remplie d'air et qui éclate bruyamment lorsqu'on la presse entre les doigts » (*TLF*).

197 *se desbordent* : se livrent sans frein.

198 Si les auteurs de lapidaires (Pline, Marbode, Jean de La Taille, Rémy Belleau) recensaient bien les pouvoirs magiques des pierres précieuses, ils ne mentionnaient pas celui de faire tomber une personne à terre. Il semble donc que cet article raille à la fois ceux qui pensent faciliter leurs entreprises de séduction en offrant des bijoux et leurs victimes qui se laissent ainsi abuser.

199 Equipoller à : équivaloir à.

200 *doublet* : « Faux brillant formé de deux morceaux de cristal qui, joints ensemble, ont entre eux une feuille colorée » (Littré). Voir Rémy Belleau, *Les Amours et nouveaux eschanges des Pierres précieuses*, Paris, Mamert Patisson, 1576 : « L'un d'une table redoublée / De crystal net et non scabreux, / Estant bien jointe et bien collée / Une feuille rouge entre-deux, / Sous ce doublet et faulse glace / Si bien contr'imite la grâce / Du rubis que le plus rusé, / [...] Bien souvent s'y trouve abusé » (*Le Rubis*, 6, v. 121-130). Les auteurs de lapidaires ont souvent déploré l'habileté des faussaires. Pour Pasquier, ceux qui se laissent berner ne doivent s'en prendre qu'à leur naïveté et à leur vanité : vraies ou fausses, les pierres dites précieuses n'ont de toute manière aucune véritable valeur.

201 *happelourde* : fausse pierre précieuse et, par extension, personne de peu de valeur qui trompe par sa belle apparence : de « happer » et « lourde » (= attrape-sot). Mais le mot pouvait aussi servir à désigner la vérole, comme l'atteste un petit texte consacré à cette maladie, où sont recensées toutes les expressions figurées servant à la nommer, à commencer par celle qui en constitue le titre : *Le pourpoint fermant à boutons*. Le texte a été joint à la seconde édition du *Triomphe de très haulte et puissante Dame Vérolle, royne du Puy d'Amours* (Paris, Alain Lotrian, 1540). L'ensemble a été reproduit par Anatole de Montaiglon au tome IV du *Recueil de Poésies françoises des* XV*e* *et* XVI*e* *siècles, morales, facétieuses, historiques*, Paris, P. Jannet, 1856, p. 214-283 (voir p. 270).

L.

Sur autres pleintes & remonstrances qui sont venues par devers nous, de la part des Dames & Damoyselles, exposans qu'il y avoit aujourd'huy une infinité de changeurs, qui debitoyent pieces legeres[bl] & de bas aloy[202], lesquels toutesfois par une insolence tresgrande ne vouloyent permettre aux vefves & femmes mariees, pendant l'absence[bm] de leurs maris en recevoir de bonnes, & de bon aloy, chose contrevenante à tout droict, par ce que tant les femmes mariees que vefves, doyvent jouir du privilege de leurs maris : Nous en attendant autre disposition plus expresse de nous & de nostre conseil, & jusques à ce que autrement y ayons pourveu, congnoissans l'utilité qui provient du change, qui est nommément introduict pour l'entretenement du commun trafique & commerce, sans lequel prendroit bien tost fin ceste humaine societé : Permettons à un chacun de exercer l'estat de Changeur, outre celuy auquel il est particulierement appelé. Voulons neantmoins pour oster la confusion des estats, que chacun vacque à son me-[f. 14 r°]stier particulier és lieux & boutiques publiques : & quand à celuy de Changeur, en interdisons l'exercice, fors és Cabinets, Garderobbes, Chambres & Salles domestiques, & privees : & aussi à la charge que ceux ou celles qui se voudront mesler de ce mestier, seront si dextres & bien aprins, que les autres ausquels ils debiteront leurs pieces, les estiment non legieres, ains bonnes & loyalles, autrement leur en defendons le mestier comme à personnes inhabiles & insuffisantes à exercer iceluy. Si donnons en mandement, aux gens tenans nostre court de parlement de la basse marche, maistres des requestes ordinaires de nostre hostel, Vicontes, Vidames, Viguiers, Vibaillifs, Viseneschaux, & à chacun d'eux endroict soy, & si comme à eux appartiendra, que nos presentes Ordonnances, ils entretiennent, gardent & observent, & facent inviolablement observer, lire, publier & enregistrer, sans venir directement ou indirectement, au contraire, sur peine de grandes amandes &

202 Un *Edit sur les changeurs* fut promulgué en août 1555 (Isambert, *op. cit.*, t. XIII, p. 456). Cet article joue sur une double équivoque : les *changeurs* sont à la fois ceux qui procèdent aux opérations de change des monnaies et ceux qui pratiquent l'inconstance amoureuse ; les *pieces* ne sont pas seulement des monnaies, le mot ayant aussi un sens libre, déjà exploité à l'article XII. L'inconstance est donc ici autorisée, mais seulement dans des lieux privés, et à condition que les « pièces » proposées soient de bon aloi.

punitions corporelles encontre les infracteurs d'icelles : Car tel est nostre plaisir. Donné à nostre Chasteau de plaisance, pres beauté[203], [f. 14 v°] au mois de May, mil cinq cens soixante quatre : Et de nostre gouvernement le trentieme[bn 204]. Ainsi signé,

GENIUS.

Et au dessous, Par le Vicaire, & lieutenant general d'Amour, estant en son Conseil estroict,

CLOPINET[bo 205].

---

203 Les lieux allégoriques « plaisance » et « beauté » figuraient dans *Les Arrêts d'Amour* de Martial d'Auvergne : le troisième arrêt confirmait en appel une décision prise par « le vigier d'Amours en la province de Beaulté » (éd. Jean Rychner, p. 16) et le douzième infirmait un jugement pris par « les dames du Conseil d'Amours en la Chambre de Plaisance » (p. 50). Jean Rychner voyait dans la « Chambre de Plaisance » une transposition de la Chambre des Requêtes du parlement de Paris (p. 232-233). Sur l'addition (répétée à la fin de la formule d'enregistrement) de l'autre édition anversoise de 1574 : « en l'isle & port d'amoureuse mercy », voir notre introduction (« Le jeu du texte »).

204 Pourquoi les ordonnances sont-elles datées de la trentième année du gouvernement de Genius ? Rien dans la vie de Pasquier ne permettant de trouver un élément de réponse, on proposera l'hypothèse d'une référence au sens symbolique du nombre trente. Au chapitre XX du *Tiers Livre*, le sourd-muet Nazdecabre fait avec les doigts un signe que Pantagruel interprète comme voulant dire trente « scelon la profession des Pythagoriciens » et dénotant le mariage. Dans son édition du *Tiers Livre* (Paris-Genève, Droz, 1995, p. 146), M. A. Screech mentionne deux ouvrages de la Renaissance ayant rapporté cette tradition : le *De furtivis literarum notis, vulgo de Ziferis* de J. B. Della Porta (Naples, 1563, I, XI, p. 35-36) et le *De occulta philosophia* de H. C. Agrippa (éd. 1533, II, XVI, p. 139), qui fait lui-même référence à la numération par gestes de Bède le Vénérable. De son côté, G. Defaux (éd. citée, p. 198) cite Coelius Rhodiginus (*Antiquae Lectiones*, XXIII, 11). S'il est vrai que les *Ordonnances Generalles d'Amour* ne sont pas précisément un éloge du mariage, la manière de signifier trente avec les doigts évoquait clairement la *conjunctio* de l'homme et de la femme, comme l'expose Saint Jérôme dans le *Contra Jovinianum* (I, 3, éd. J. P. Migne, Paris, 1845, col. 213) et dans sa correspondance : « *Triginta referuntur ad nuptias ; nam et ipsa digitorum coniunctio et quasi molli osculo se conplexans et foederans, maritum pingit et coniugem* » : « Trente se rapporte au mariage : la liaison des doigts elle-même, qui s'entrelacent et se fédèrent comme par un doux baiser, dépeint l'union du mari et de l'épouse » (*Lettres*, 49, texte établi et traduit par Jérôme Labourt, t. II, Paris, Les Belles Lettres, 1951, p. 121). Cette hypothèse est néanmoins mise en difficulté par la variante de l'autre édition anversoise de 1574 : « Et de nostre gouvernement le 20. ». En 1554, Pasquier publiait *Le Monophile*, son dialogue sur l'amour : faudrait-il, cette fois, voir dans cette datation une allusion à l'époque où l'auteur, selon l'expression employée dans la lettre à Marillac, a « enfourné le fait des Dames » ?

205 *Clopinet* : une des variantes du patronyme du continuateur du *Roman de la Rose*, Jean de Meung. La présence de cette signature à côté de celle de Genius inscrit les *Ordonnances* dans l'héritage de cette œuvre médiévale, connue pour ses propos très provocateurs sur l'amour. Voir notre introduction.

Et seellé du grand seel de Cire verde[bp], avec un las d'Amours[bq][206].

[f. 15 r°] *Leues publiees & enregistrees, ce requerant les gens d'Amour*[207], *au Parlement de la basse Marche*[br][208], *avec les modifications contenues au registre de la ladicte Cour, Qui sont telles que quand au cinquieme article, qui veut que les beneficiez qui se trouveront par maladie, ancienneté ou autrement, ne pouvoir vacquer au deu de leurs charges, prendront coadjuteurs & Vicaires. La Cour en declarant ledict article, ordonne qu'ils ne seront tenus d'en prendre, mais s'ils s'en presentent aucuns pour estre coadjuteurs qui soyent agreables à ceux ou à celles qui y auront interest, en ce cas & non autrement, ils pourront deservir*[bs][209] *comme Vicaires, avec lesdicts beneficiers. Et quand au dixieme article, qui oste les contredicts & reproches, entre le mary & la femme demeurera cest article en surceance, jusques à ce que lon ayt faict plus amples*[210] *remonstran*-[f. 15 v°]*ces*

206 Pour le lacs d'amour, voir l'article XXIX. Pasquier joue sur trois sens du mot *las* : d'une part il désigne un cordon de soie servant à attacher un sceau à un édit, d'autre part il s'emploie métaphoriquement pour parler du lien amoureux, des pièges de la séduction, enfin, dans l'expression « lacs d'amour », il sert à nommer un motif décoratif symbolisant aussi l'attachement amoureux. La métaphore était courante dans la poésie pétrarquisante, y compris dans celle de Pasquier : « Je dis que si pipé je fus pris en tes las, / Ce te deust estre autant comme à moy de soulas » (*Les Jeus Poetiques*, *Elegie*, v. 17-18, éd. J.-P. Dupouy, Paris, Honoré Champion, 2001, p. 277). L'autre édition de 1574 comporte une ligne supplémentaire : « Contrerollé LA CROPIERE ». Le contrôleur de la Chancellerie est ainsi affublé d'un nom qui, outre son sens propre (longe de cuir qui passe sous la queue du cheval), servait à désigner une femme de mauvaise vie et se retrouvait dans des expressions triviales désignant l'acte amoureux : « serrer la croppiere à une femme », « jouer du serrecropiere », « hausser la croupière » (*FEW*, vol. XVI, p. 417, *Kruppa*), « jouer de la croupiere », « monter sur la croupière » (*DMF*). Richelet précise : « *Croupiere.* Ce mot se dit des femmes dans le stile burlesque et satirique et signifie *cu*. [Elle hausse la croupiere. C'est à dire, *qu'elle a des galants avec qui elle se divertit.*] ».

207 *Les gens d'Amour* : l'expression est calquée sur celle qui était employée pour désigner le procureur général et les avocats du roi : les gens du roi. Leur rôle était de défendre les droits du souverain lors de l'examen des textes présentés au Parlement pour y être enregistrés. Il appartenait au procureur général de requérir la publication. Une fois la décision prise, le greffier ajoutait au texte la formule d'enregistrement : « Lue et publiée, le procureur du roi le requérant, ou y consentant ou ayant été entendu, à Paris, en Parlement, à telle date ». Martial d'Auvergne faisait aussi intervenir « les gens d'Amour » dans ses pastiches de procès sur des matières amoureuses : ils y jouaient le rôle de l'actuel ministère public, se joignant à l'une des parties quand ils estimaient que l'autre portait atteinte aux droits de l'Amour, l'autorité dont ils dépendaient et au nom de laquelle étaient rendus les arrêts.

208 Pour la variante de l'autre édition de 1574 : « au Parlement & Cour des Aides de la basse Marche », voir l'article XXI.

209 *deservir* : servir.

210 Graphie *ample* corrigée d'après l'édition de 1564.

audict seigneur. Au regard du vingt neufieme[bt]*, qui veut que l'on joue à Dame touchee Dame jouee, n'aura ledict article lieu sinon que du commencement, il eust esté ainsi accordé entre ceux & celles qui joueront : & quand à tous les autres articles, celuy qui usera le moins de ces presentes Ordonnances, y sera estimé le plus sage & trompera son compagnon*[211].

211 Expression proverbiale : On la trouve dans les *Nouvelles Recreations et Joyeux Devis* de Bonaventure des Périers (1558) : « Car sans point de faulte celuy parloit bien en homme experimenté, qui disoit, que qui le moins en fait, trompe son compagnon : que les apprentis en sont maistres » (nouvelle 86, éd. K. Kasprzyk, Société des Textes Français Modernes, Paris, 2008, p. 297). La formule d'enregistrement se clôt par une recommandation qui équivaut à une annulation complète des ordonnances : la sagesse consiste à ne pas respecter leurs prescriptions. Le jeu est terminé, l'ordre réel reprend ses droits au moyen d'une inversion des lois qui viennent d'être édictées, elles-mêmes fondées sur un renversement de la morale ordinaire.

Faict en la ville de Congnac[212]*, aux grands Arrests*[bu]*, prononcez en robbe rouge*[213]*, la veille de la solennité des Roys*[214]*, L'an mil cinq cens soixante quatre*[bv]*.* *Signé,*

POUSSE MOTTE[215]

212 La mention d'enregistrement datée de la ville de *Congnac* est évidemment une plaisanterie, qui s'explique d'un côté par la graphie du toponyme, que ses trois premières lettres rattachent à la série *Convent*, *Confreres*, *contentement*, etc., et d'un autre comme une manière de relier la fiction à la biographie de l'auteur. Étienne Pasquier possédait en effet, par son mariage avec Françoise Belin, des terres à Mainxe, à douze kilomètres de Cognac, où il avait également une maison. Il avait pris le titre de seigneur de Mainxe. Dans une lettre à Guillaume de Marillac, le « confident » de la paternité des *Ordonnances Generalles d'Amour*, il lui demande de veiller sur ses biens charentais menacés par les troubles religieux : « je vous remercieray humblement de l'honneste offre que me faites pour ma maison de Mainxe [...]. D'une autre chose vous veux-je prier : dedans la ville de Congnac, ma femme a une maison bien meublée, dont les meubles luy appartiennent (c'estoit le sejour de son ayeule paternelle) je me doute que les Huguenots auront faict un bel inventaire de tous ses meubles : je vous prie que souz vostre authorité, le demeurant me soit conservé » (*Lettres*, V, 9. éd. 1586, f. 150 v°). La lettre a été écrite peu après la bataille de Moncontour (1569), à laquelle avait pris part Marillac. Une lettre plus tardive, adressée à Louis de Sainte-Marthe, évoque un voyage à Cognac et à Mainxe effectué par sa femme et lui en 1560, avec un arrêt à Amboise, où ils purent voir les têtes des seigneurs décapités après leur conjuration (*Lettres*, XXI, 1, éd; 1619, t. II, p. 667). Il faut enfin noter que le pays de Cognac était associé dans son esprit aux notions de plaisir et de prospérité : à l'occasion d'un autre voyage dans cette ville, alors qu'il vient de traverser des campagnes ruinées par les exactions de la Ligue, il déclare à son correspondant qu'il a l'impression d'être arrivé dans un « Paradis Terrestre » et se compare à Hannibal savourant les délices de Capoue (*Lettres*, XIV, 7. éd. 1619, t. II, p. 159).

213 Certains arrêts du Parlement (dits de règlement, parce qu'ils avaient une portée générale) étaient prononcés solennellement lors de séances d'apparat, au cours desquelles les présidents et les juges revêtaient une robe rouge. Bernard de La Roche-Flavin (1552-1627) précisait : « Les Arrests ne servent pas de loy [...]. Sauf les Arrests generaux & solemnels, prononcez en robes rouges, donnez sur les pures questions de droict, lesquels en pareilles questions servent de loy » (*Treze livres des parlemens de France*, Bordeaux, S. Millanges, 1617, p. 826). Le Parlement de Paris entendait se réserver le privilège du port de cette robe rouge, qui était chargée de représenter la majesté et la gravité de la justice. Elle était également portée lors d'événements importants et à l'occasion des processions en présence du roi. Toujours selon La Roche-Flavin, « Il n'est permis aux magistrats de France, fors qu'aux seuls Parlemens, de porter robes d'escarlate, ou couleur de pourpre, estant certain, que l'escarlate, & le cramoisi sont les vrayes couleur & habits des Roys » (*op. cit.*, p. 604). La pourpre avait aussi pour fonction de manifester l'assimilation du parlement au sénat romain. Le décalage humoristique de Pasquier consiste à substituer la date de la veille des Rois, traditionnelle journée de réjouissances, à celles prévues pour la publication de ces arrêts solennels, c'est-à-dire Pâques et Noël (voir Marie Houllemare, *Politiques de la parole. Le Parlement de Paris au XVI*^e^ *siècle*, Genève, Droz, 2011, p. 387 et 495). La substitution de *Congnac* à Paris relève de la même intention burlesque.

214 Sur la signification de cette date, voir, dans notre introduction, « L'esprit de la Basoche ».

215 La motte désigne communément le sexe de la femme. *Cf.* Jean Molinet : « Bonnes gens, vous debvés sçavoir / Que auprés de Raincz, un peu sur coste, / Gist ung convent nommé

le motte » (*Sermon de Billouart* (alias *Priapus*, le sexe masculin), v. 125-127, *Les Faictz et dictz de Jean Molinet*, éd. Noël Dupire, Paris, Société des anciens textes français, 1937, t. II, p. 562). Pour *Raincz*, voir l'article XXXVIII. *Pousser* est également pris ici dans une acception érotique. *Cf.* Bruno Roy, *Une culture de l'équivoque*, Paris, Champion-Slatkine, Montréal, Presses de l'Université de Montréal, 1992, p. 77 (à propos de l'emploi détourné de *pulsare*). Mais ce nom de *Poussemotte* pourrait faire allusion à un personnage réel : Pierre de L'Estoile raconte que Barnabé Brisson, premier président du Parlement, avant d'être pendu par les Ligueurs en 1591, avait été mis en garde par « M. Poussemothe, avocat au Parlement de Paris », contre les desseins des Seize. À la date du 27 avril 1592, il évoque la mort de « M. Poussemothe, avocat en la cour » (*Journal de L'Estoile pour le règne de Henri IV*, t. I, (1589-1600), éd. Louis-Raymond Lefèvre, Paris, Gallimard, 1948, p. 133 et 168). Antoine Loisel mentionne un avocat nommé *Poussemote* dans sa *Liste des Advocats de l'année 1599* (*Divers opuscules tirez des mémoires de M. Antoine Loisel [...]. Le tout recueilly par M. Claude Joly*, Paris, Veuve I. Guillemot et I. Guignard, 1652, p 592). Cette hypothèse a été avancée par Catherine Magnien-Simonin, « Réflexions sur l'anonymat au XVIe siècle : l'exemple d'Étienne Pasquier (1529-1615) », *Écriture, Identité, Anonymat, de la Renaissance aux Lumières*, éd. Nicole Jacques-Lefèvre et Marie Leca-Tsiomis, *Littérales* n° 39, 2007, p. 9-28.

VARIANTES

a. pour faire estroitement garder par tous les Secretaires, Procureurs, Postulants, & Advocats de la Samaritaine, tant en ladite Jurisdiction qu'au ressort de la pierre au laict, & autres lieux en dependant. *18*
b. Lieutenant general de sa Majesté *64*
c. en tous ses païs *18*
d. toutesfois n'avons sceu *74b*
e. par la longue traicte *74b*
f. nous ne congnoissons point *74b*
g. sur les lieux de leurs benefices. Bannissons de nostre Convent tous beneficiers curez, & n'y aura aultres beneficiers que commandataires & Prieurs, dont ceux-là *64*
h. vicegerants, ou viportans, de qualitez requises, pour suppleer le deffaut *18*
i. les meilleurs espritz bigarez *64*
les meilleurs escripts bigarrez *74a, 74b* et *18*
j. ne provienne *64*
ne proviegne *74b*
k. en nostre Convent *64*
en nostre convent *74b*
l. qu'il ne soyent mys en besongne *64*
qu'il ne soit mis en besongne *74a*
qu'ils ne soient mis en besongne *74b*
m. que si ilz trouvent *64*
n. qui s'y trouvent *64*, *74b* et *18*
qui si trouvent *74a*
o. leurs pieces *64* et *74b*
leur pieces *74a* et *18*
p. à l'instant qu'elles estoient *18*
q. les entreprises *64*
r. tres-expressément *64*, *74b* et *18*
tresexpressemens *74a*
s. privaulté *64*
t. compaignées *64*
u. hors mis nostre Parlement de la basse marche, les maistre [*sic*] des requestes *64*
hors mis nostre Parlement, & la basse marche des maistres des requestes *74a*, *74b* et *18*
v. visseseneschaux *18*
w. de jour à aultre *64*
x. leur cas *64*
leur car *74a*
y. en cet endroict *64*
en c'est endroit *74a*
en cest endroit *74b*

z. des maistres des requestes *18*
aa. n'y *64* et *74b*
ny *74a* et *18*
ab. dans les clapiers : toutesfois *74b*
ac. tomber au grand detriment *64*
tomber, au grand detriment *74a, 74b* et *18*
ad. batons à feu *64*
ae. le roit *64*
af. aux gruyez & Cappitaines *64*
ag. danger *64*, *74b* et *18*
d'anger *74a*
ah. à l'imitation de quelques Empereurs *74b*
ai. surceance de couppe *64*
aj. de paille ardante *18*
ak. du cu-bas *64*
al. le Jeu de Paulme, auquel celuy sera estimé le plus brave joueur, lequel jouant à fleur de corde *64*
le jeu de paulme auquel jouant à fleur de corde *74a*
am. la blouse *64*
an. qui refuse, ou d'entrer en la lice, ou de mettre *64* et *74b*
ao. le declarons *18*
ap. entre les dames *64*
aq. & bonnes considerations *64*
ar. scalpes & contre scalpes *64*
scarpes & contrescarpes *74b*
scarpes & contre-scarpes *18*
as. gens expers *64*
at. qui se mireront l'un à l'autre *64*
au. cercher *64* et *74b*
av. tous saffreniers *64*
aw. achapter *74b*
ax. en nostre ville de reins *74b*
ay. correction ne mesdisance *74b*
az. vertugades *64*
ba. aujourd'huy les femmes : Nous pour ce sujet en avons osté & ostons la coustume, nous rapportans à la mode d'Italie *18*
bb. l'on *74b*
bc. lascher *64*
bd. Medecins, entre lesquels *74a*, *74b*
Medecines, entre lesquelles *64*, *18*
be. l'on *64*
lon *74a* et *74b* (mêmes graphies selon les éditions pour l'occurrence suivante de *lon* dans le même article)
bf. en carme et tuyau *64*
bg. les Desirees *74b*
bh. L'édition de 1618 se termine à l'article 47, suivi de : « Car tel est nostre plaisir, etc. » et, à la ligne suivante, de : « Fin ».
bi. chasques pieces *64*
bj. par negligence *74b*

bk. tenir compte *64*
bl. ligieres *64*
bm. aux veufves & femmes non mariees d'xercer [*sic*] ledict estat mesmement aux femmes mariées pendant l'absence *64*
bn. pres beauté, en l'isle et port d'amoureuse mercy, au mois de May 1564. Et de nostre gouvernement le 20. *74b*
bo. LA RUZE *74b*
bp. verd *64*
bq. L'édition *74b* contient une ligne supplémentaire : Contrerollé LA CROPIERE
br. au Parlement & Cour des Aides de la basse Marche *74b*
bs. ils pourront servir comme Vicaires *74b*
bt. vingt & neufiesme *64*
bu. Faict en la ville de Congnac en l'isle & port d'amoureuse mercy, aux grands Arrests *74b*
bv. Soixante & quatre *64*

ANNEXE I

Lettre d'Étienne Pasquier à Guillaume de Marillac

A Monsieur de Marillac[1], *Seigneur de Ferrieres,*
Conseiller du Roy & maistre ordinaire
en sa chambre des Comptes[2].

Par ce que pour le present[3] mettez toute vostre estude à bastir, je vous ay voulu imiter, mais d'une imitation si gaillarde que je me puis bien vanter vous passer de tout point. Car au lieu que materiellement dressez Palais et chasteaux pour estre receptacles de vous & de vos amis, j'ay voulu d'un plus haut dessein bastir une republique : & encore republique composée sur un modelle si spacieux, qu'elle ne s'estendra point à un seul peuple, comme est l'ordinaire de toutes loix, ains generalement à tous, de quelque estat, qualité, region &

1 Guillaume de Marillac (v. 1521-1573) fit une carrière d'administrateur des finances royales : général des monnaies en 1553, puis maître des comptes en 1556 et contrôleur général des finances en 1568. Pasquier, qui était un de ses proches, veilla sur l'éducation de son fils Charles (voir *Lettres*, VIII, 1) : « En l'an mil cinq cens soixante quatorze, j'avois en mon logis feu Monsieur de Marillhac, jeune homme (depuis Conseiller en nostre Cour de Parlement) des estudes duquel j'avois esté controuleur dés sa jeunesse, pour l'amitié qui estoit entre son pere & moy » (*Lettres*, VIII, 1, *A Monsieur Pitou*, 1586, f. 228 r°) Un autre de ses fils, Michel (1560-1632), deviendra Garde des sceaux sous la Régence de Marie de Médicis et rédigera la grande ordonnance de 1629, appelée le code Michau, synthèse des décisions des États généraux de 1614. Les Marillac, originaires d'Auvergne, possédaient un château à Ferrières-en-Brie. Pasquier était également propriétaire d'un manoir en Brie, près du village du Châtelet. On trouvera un témoignage de l'étroitesse des liens entre les deux familles dans le fait que c'est à la veuve de Guillaume de Marillac que Pasquier adressera en 1590 la lettre qui évoque la mort de son fils François-René au siège de Meung-sur-Loire et celle de sa femme, que la Ligue avait emprisonnée au Louvre alors que lui-même avait suivi le roi à Tours (*Lettres*, XIV, 6).

2 Nous reproduisons le texte donné dans la première édition des *Lettres d'Estienne Pasquier*, Paris, Abel L'Angelier, 1586 (livre II, lettre 5, f. 38 v°-41 r°).

3 Manchette : « Il se gausse de quelques folles ordonnances d'amour qu'il avoit faites à un jour des Roys ».

religion qu'ils soient. Ce sont les ordonnances d'amour que je vous envoye, lesquelles souz l'authorité de Genius Archiprestre d'Amour ont esté publiees aux grands Arrests tenus la veille des Roys[4] en ma maison, en presence de nostre Roy, en une bien grande assemblée tant d'hommes que de Damoiselles. Vous jugerez par la lecture d'icelles si je suis digne d'estre ou Chancelier d'un grand monarque, ou grand Escuyer des Dames[5], ou l'un & l'autre ensemblement. Voilà de grandes & superbes propositions. Pour le regard de la premiere je vous remets devant les yeux ces belles & magnifiques loix : loix que je puis dire, souz meilleurs gages que Ciceron en sa harangue pour Milon[6], non dictées ains nées, lesquelles nous n'avons aprises,

4 Voir, dans notre introduction : « L'esprit de la basoche ».

5 On appelait « écuyers » des dames ceux qui leur donnaient la main, « soit qu'ils soient leurs domestiques, soit qu'ils soient leurs galants, soit qu'ils le facent par pure civilité ou rencontre » (Furetière, 1690).

6 Cicéron, *Pro Milone*, IV : « *Est igitur haec, iudices, non scripta sed nata lex, quam non didicimus, accepimus, legimus, uerum ex natura ipsa adripuimus, hausimus, expressimus* » (« Ce n'est donc pas, juges, une loi écrite, mais une loi naturelle que nous ne devons ni à l'enseignement, ni à la tradition, ni à la lecture mais uniquement à la nature. C'est de là que nous l'avons tirée, que nous l'avons puisée, que nous l'avons extraite », Cicéron, *Discours*, tome XVII, éd. André Boulanger, Paris, « *Les Belles Lettres* », 1978, p. 86). Pasquier déclare dans une lettre en date du 15 mars 1594 qu'il a « autrefois » effectué une traduction du *Pro Milone*, qui n'a jamais été publiée (*Lettres*, XV, 10, *Au Seigneur Abel L'Angelier, Libraire*). Ce passage de la lettre pourrait provenir de cette traduction, car il suit de très près le texte du *Pro Milone* tout en manifestant une attention partulière au style. Pasquier, en réalité, détourne l'affirmation de Cicéron, qui ne cherche à légitimer dans sa plaidoirie, par le principe du droit naturel, que la riposte aux agressions et n'évoque pas l'exercice de la sexualité. Dans *L'interprétation des Institutes de Justinian*, Pasquier, s'appuyant sur un autre passage de Cicéron (*De Officiis*, I, 4), inclura les deux notions dans le domaine du droit naturel : « Ce droict de se revencher et deffendre, puisé du droict de nature, est, du commencement, brute en soy, ainsy que l'or que l'on tire de la terre, lequel par aprés on espure par la main des ouvriers. Ainsy est-il de ce droict, qui reçoit polissure par la main du magistrat politique. Un chascun est naturellement induict a se deffendre, pour sa conservation : mais le magistrat puis aprés adjouste : *cum moderamine inculpatae tutelae* [« dans la limite d'une défense justifiée »]. Le semblable fault-il dire de la copulation du masle a la femme, car cet instinct est un droict qui réside en nous, pour la pullulation de nostre société, chascun en son espéce. Car, si d'un costé chascun se vouoit a mener une vie coelibe, ce seroit une injustice qui se feroit au prejudice de la société : aussy, si vous n'y apportiez quelque frein, il adviendroit que *vagi essent concubitus* [« les accouplements seraient livrés au hasard »]. C'est pourquoy les mariages furent introduicts pour apporter reméde a cela. Et c'est ce qu'a voulu dire icy l'empereur [Justinien] : *Hinc descendit maris atque foeminae conjunctio, quam nos matrimonium appellamus* [« de là vient l'union du mâle et de la femme, que nous appelons mariage », *Institutes* ; titre II, *Du droit naturel, du droit des gens et du droit civil*] ; non pas que le mariage soit provenu du droict naturel, mais bien qu'il ayt esté basty sur le fondement de ceste inclination que nous empruntons de

prises, ou par longue lecture acquises, ains qui de la mesme nature se tirent, s'inspirent & de ses propres mammelles s'espuisent[7]. De manière que je me vanteray que toutes les autres ne sont que masques au regard de celles-cy. Partant peut on à bonne et juste raison dire, selon le vieux Proverbe François, que j'y ay bien planté mes seaux[8]. Consequemment que c'est à moy auquel appartient ce grand estat de Chancelier. D'un autre costé, si vous considerez le subjet, & de quelle vivacité j'ay enfourné[9] le fait des Dames, il n'y a homme de jugement qui ne me declare digne d'estre leur grand Escuyer. Toutes-fois en ceste conclusion & arrest, j'entre en nouvelle perplexité. Par ce que je me tiens asseuré qu'il y aura quelques superstitieux[10] personnages, comme vous, qui me diront que ces deux estats sont incompatibles ensemble. Mais pour ne demeurer longuement en ce scrupule, je sçaurois volontiers qui leur a enseigné ceste leçon. Ne veit-on jamais Chancelier estre serviteur des Dames, ou quelques serviteurs des Dames avoir esté Chancelier ? Au contraire, je soustiens que le service des Dames est la premiere planche pour parvenir aux grands lieux. Chose qui se peut aisement recognoistre par une demonstration oculaire. Car qui sont ceux qui conferent tels estats sinon les grands Roys ? Desquels si nous voulons escheler[11] la puissance, qui sont ceux qui ont plus de commandement sur eux que les femmes ? Et de ce je m'en rapporte au passage exprez de la saincte escriture[12]. Je veux doncques en cest estrif[13] conclurre que tant s'en faut que pour

---

la nature, et puis après le polissons par la main du magistrat » (chap. VIII, *Sur le titre De jure naturali, gentium et civili*, éd. Ch. Giraud, Paris, Videcoq et Durand, 1847, p. 23). Voir notre introduction (« Le droit naturel »).

7 *s'espuisent* : sont puisées.

8 Planter ses seaux, c'est mettre sa marque (son sceau) sur quelque chose, c'est-à-dire faire la démonstration de sa réussite. *Cf.* Cotgrave (1611) : « Je y ay bien planté mes seaux. *I have made a deepe impression into it, I have set my marke verie fast upon it ; I have done it surely, soundly, throughly* ».

9 1586 : *enfouré.* Nous corrigeons d'après l'édition des *Œuvres* de 1723.

10 *superstitieux* : scrupuleux, sourcilleux.

11 *escheler la puissance* (des rois) : s'élever jusqu'à leur puissance.

12 Allusion probable à l'histoire racontée dans le livre d'Esther : le roi Assuérus, subjugué par la beauté de sa jeune épouse, ne put lui refuser d'accorder sa grâce au peuple juif menacé d'extermination par un décret de son ministre Aman. La réponse d'Assuérus (« Demande-moi ce que tu voudras, fût-ce la moitié de mon royaume ») a été reprise dans le récit de la décapitation de Jean-Baptiste : c'est aussi ce que dit le roi Hérode à Salomé après qu'elle a dansé pour lui (Marc, VI, 14-29).

13 *estrif* : débat.

parvenir aux honneurs ce soit chose mal compatible d'estre serviteur des femmes, qu'à l'opposite je pense que leur service est accident[14] inseparable de ceux qui veulent parvenir. Car mesmes si nous voulons peser plus subtilement les choses (mais toutesfois à leur vray poinct), vous trouverez que ceux qui montent aux estats, ou par Vertu, ou par Pecune, ou par leur Diligence, ou par leur Dexterité & Industrie, ou par Importunitez & Prieres, ou par Faveur, ou par Piperie, encores sont en cecy toutes leurs actions accompagnées du feminin. Je sçay bien que vous me direz, & me semble vous voir secoüant à demy la teste me dire en paroles douces comme l'ancien philosophe[15]. Mon amy, il est desormais temps que tu entres en cognoissance de toy, il faut que tu balances tes forces : il y a bien grande difference de coucher ou en du papier blanc, ou sur des draps blancs, de joüer du plat de la langue, ou bien de l'aigu de la lance. L'un ressemble à une escrime qui se fait avec l'espée rabatuë[16], l'autre à fer esmoulu[17]. Les Dames ne se contentent de paroles, & ne prennent le bon vouloir pour satisfaction de l'effect. Mais à cecy je vous responds que ces objections viennent de la part d'un homme coüard & de desfiante nature tel que vous. Au demeurant je vous advise que je suis tant affectionné serviteur des Dames, que le plus grand traict de sagesse que je puisse jamais faire, est de ne me cognoistre point, à fin qu'elles me cognoissent. Aussi est-ce à elles de faire poix de mes forces, & non à moy. Que voulez plus ? S'il faut bailler coup de lance, j'en feray voler les esclats. Les forces croissent par l'objet ; tirez souvent eauë

14 *accident* : circonstance, condition.

15 Platon, *Charmide*, 164d : « Connais-toi toi-même ». La définition de la sagesse comme la connaissance de soi, en référence à la devise inscrite sur le temple d'Apollon à Delphes, a inspiré à Pasquier, dans une de ses *Lettres*, les commentaires suivants : « Moi, au contraire, je desire que nous reduisions nos opinions à cette grande ordonnance de l'ancien Oracle d'Apollon ; Et que chacun se donne le loisir d'entrer en la cognoissance de soy. Quiconques opiniastrera cette leçon, soit pour son corps, son esprit ou ses biens, ne sera jamais malaisé, reglant toutes ses actions par une mediocrité. Le, *Nosce te ipsum*, & le, *Ne quid nimis*, Anciennes Sentences qui ont une mutuelle liaison & correspondance, qui peut rendre heureux ; C'est la royauté que je publie, & non celle des grands Princes, lesquels pour se mescognoistre et mettre en usage le *Trop*, au desavantage de leurs pauvres subjets, perdent quelquefois & eux et leurs Estats tout ensemble » (*Les Lettres d'Estienne Pasquier*, t. II, Paris, Laurent Sonnius, 1619, p. 407 ; XVIII, 3, *A Monsieur de Beaurin, Conseiller du Roy & Maistre ordinaire en sa Chambre des Comptes*).

16 *rabatuë* : émoussée (Godefroy, *Complément*).

17 *à fer esmoulu* : avec des épées bien aiguisées.

d'un puys, vous n'y trouverez du jour au lendemain nulle diminution ; chommez[18] d'en tirer tout un an, il sera tousjours en un même estat. C'est pourquoy je m'estimeray tres-heureux d'user mon corps & mon esprit à leur service, sçachant bien que je n'en empireray en riens. Et toutesfois si par un commandement special que vous avez acquis sur moi, voulez que pour vous complaire je me desplaise, & que par un mesme moyen je quitte & l'esperance des seaux, & le service des Dames, pour quelque impuissance[19] que jugez assez mal à propos estre en moy par un argument superficiel, c'est à dire d'un visage blesme, d'une delicatesse de membres, d'une calote[20] qui me faict bonne compagnie[21] : Or sus, soit contre ma volonté vostre commandement accomply. Mais pourquoy contre ma volonté ? Si c'est une regle generale que les loix ne lient jamais celuy qui les a faictes & ordonnees ? Je me conformeray doncques en cecy, non à vostre commandement, mais bien au privilege commun des Roys & Princes, lesquels pour estre les premiers ordinateurs de leurs loix, se donnent loi de n'y obeyr. Et neantmoins (voiez comme facilement je saulte d'un penser à l'autre), à fin que par un sinistre exemple je ne sois veu mettre mes pensers à l'essort, je ne veux point me donner tel passedroit que les Princes. Veu mesmement que le Prince sage reduit sa puissance absoluë souz la civilité de la loy[22]. Parquoy pour contenter en partie vostre vouloir, & neantmoins n'estre veu tyranniser sur les miens, je veux en cecy ressembler au grand legislateur Licurge[23], lequel apres avoir accommodé ses citoiens de braves &

18 *chommez de* : abstenez-vous de. 1586 : *chommer*. Nous corrigeons d'après l'édition des *Œuvres* de 1723.

19 Sur l'ambiguïté sémantique du mot *impuissance*, voir l'article V des *Ordonnances*.

20 *calote* : « Morceau de maroquin, ou de velours qui couvre tout le dessus de la tête de ceux qui sont déja sur l'âge, ou qui n'ont guere de cheveux sur le haut de la tête » (Richelet). Le portrait de Pasquier par Léonard Gaultier, qui illustrera les éditions de 1621, 1633, 1643 et 1665 des *Recherches de la France*, représentera l'auteur coiffé d'une calotte.

21 *qui me faict bonne compagnie* : qui me donne un air agréable en compagnie.

22 Sur cette question de la puissance royale réduite « souz la civilité de la loy », critère permettant de distinguer la sagesse d'une monarchie de la folie d'une tyrannie, voir notre introduction.

23 Plutarque, *Vie de Lycurgue*, 29. Dans le *Pourparler de la Loy*, Pasquier développe l'*exemplum* de la ruse employée par Lycurgue pour rendre définitive la législation qu'il avait donnée à Sparte : « Voilà pourquoi le Lycurge ayant estably ses loix avec un commun consentement & ratification des siens les pria, sortant de Sparte lors ville de sa demeure, n'attenter rien au prejudice d'icelles, jusques à son prochain retour : ce que luy ayant esté octroyé, & estant sorty de la ville, mourant, par son testament expressément enjoignit, que ses os

excellentes ordonnances, les pria de ne les[24] changer jusques à son prochain retour, feignant de faire un court voyage qu'il disoit luy estre besoin d'entreprendre ? Ce que luy ayant esté accordé, il se bannist à jamais de son pays par un exil volontaire. Aussi d'un mesme propos, me veux-je rendre absent & bannir de ceste mienne republ. mais à la charge que mes loix, qui ne cedent en riens à celles de ce grand Licurgue, seront à tousjoursmais[25] entretenues selon leur forme & teneur, non en une contrée seulement, ains generalement par toutes. Et suis si resolu en cecy que je ne veux stipuler l'entretenement d'icelles : m'asseurant que sans aucune stipulation ni promesse, chacun d'eux y tiendra la main de père à fils & de siecle en siecle. Qui n'est pas un contentement petit, dont je nourris mon esprit, vous priant de me donner telle & si bonne part en vos bonnes graces, comme mes ordonnances trouveront, voire à l'endroit de ceux[26] & celles qui par dissimulation & hypocrisie feront contenance de les condamner. A Dieu.

---

feussent jettez à vauleau, pour oster toute esperance de son retour aux Lacedemoniens : & ainsi par une honnesteté les forcer à entretenir la foy & promesse à laquelle ils s'estoient volontairement astrainctz à son dernier departement » (Étienne Pasquier, *Pourparlers*, éd. Béatrice Sayhi-Périgot, Paris, H. Champion, 1995, p. 175).

24 1586 : *le*. Nous corrigeons d'après l'édition des *Œuvres* de 1723.

25 *à toujoursmais* : à jamais.

26 *voire à l'endroit de ceux* : même auprès de ceux.

ANNEXE II

Ordonnances sur le faict des masques

Le texte reproduit ci-dessous est un ensemble d'ordonnances fictives, présentées comme émanant d'une cour d'Amour. Même s'il précède de près de quarante ans *Les Ordonnances Generalles d'Amour*, il appartient indéniablement à la même veine littéraire. Daté de 1528, il constitue un jalon intermédiaire entre *Les Arrests d'Amour* de Martial d'Auvergne et l'opuscule d'Étienne Pasquier[1]. La publication est anonyme, mais la formule finale : « Ainsi signé le Pamphile » permet d'identifier l'auteur, Gilles d'Aurigny, dont on sait qu'il se cachait derrière ce pseudonyme. En 1547, il fera paraître en effet *Le tuteur d'amour... composé par Gilles d'Aurigny, dit le Pamphile*[2]. On ne connaît rien de lui, sinon qu'il était né à Beauvais, qu'il fut avocat au parlement de Paris et qu'il mourut en 1553. Ces *Ordonnances sur le faict des masques* font suite à un procès fictif intenté par « la communaulte & college des mariz umbrageux » aux « masques », c'est-à-dire aux jeunes gens qui s'introduisent incognito dans les maisons pour y offrir des divertissements et profiter de leur déguisement afin de courtiser les épouses. La juridiction devant laquelle se tient le procès est celle du « conservateur des privileges damours donnez & octroyez aux masques ». Sans contester l'octroi de ces privilèges aux masques, les maris accusent ces derniers d'en faire un usage abusif. Après avoir entendu la plaidoirie de la défense et les conclusions des « gens damours », dont les masques avaient demandé l'« adjonction » au procès, le conservateur rend une sentence de compromis ordonnant aux deux parties d'user de façon raisonnable de leurs droits respectifs.

1 Voir dans notre introduction « L'esprit de la Basoche ». Une analyse de ce texte a été donnée par Christiane Lauvergnat-Gagnière (« Le Faict des masques », *Bibliothèque d'Humanisme et Renaissance*, 30 (3), 1968, p. 471-482).

2 *Le tuteur d'amour, Auquel est comprise la fortune de l'Innocent en amours. Ensemble un livre, ou sont Epistres, Elegies, Complaintes, Epitaphes, Chantz royaux, Ballades, Rondeaux, & Epigrammes : le tout composé par Gilles d'Aurigny dit le Pamphile.* A Lyon, par Jean de Tournes, X.D.XLVII.

Mais les maris font appel de la sentence devant la Cour d'Amour, qui, en tant qu'instance souveraine, rejette l'appel mais proclame la nécessité de préciser le droit concernant le « faict des masques » par la publication de nouvelles ordonnances :

> Et enjoingt la court a touz mariz & pareillement ausdictz masques de garder & observer lesdictes ordonnances / sur les peines contenues esdictes ordonnances & damende arbitraire qui sera executee sur les infracteurs sans deport[3]. Prononce la veille des roys. Lan mil cinq cens. XXVIII.
> Sic signatum le Pamphile.

L'ensemble constitué par le procès et les ordonnances se présentait comme un complément aux *Arrests d'Amour* de Martial d'Auvergne :

> *Le cin- // quantedeuxiesme arrest // damours : avecques les // ordonnances sur le fait // des masques.*
> *Cum privilegio amo- // ris amplissimo.*
> *On les vend a sainct // Jehan de Latran en la // maison de Cheradame*

Jean Chéradame, humaniste helléniste et hébraïsant, a exercé la librairie à Paris dans les années 1528-1529. Il serait décédé avant 1546. La rue Saint-Jean-de Latran, où il tenait sa boutique, a disparu au XIXe siècle, au moment du percement de la rue des Écoles dans le 5e arrondissement de Paris. L'ouvrage, imprimé en caractères gothiques, avec un encadrement gravé sur bois pour la page de titre, comprend 14 feuillets non chiffrés.

Ce cinquante-deuxième arrêt d'amour sera plus tard régulièrement réédité avec ceux de Martial d'Auvergne. En 1541, l'édition de Pierre Sergent[4], qui emprunte son propre titre à Guillaume Coquillart (*Droictz nouveaulx, et arrestz damours publiez par messieurs les Senateurs du parlement de Cupido, sur lestat & police Damour pour avoir entendu le differant de plusieurs amoureux & amoureuses*) lui donne le titre particulier qu'il conservera par la suite : *Des maris umbrageux qui pretendent la reformation sur les privileges des masques tendant a fin de faire corriger les abus qui si commettent & lymiter le temps qui doibvent demourer ou assister en chesque maison ou il vont masquer*[5]. La date de l'arrêt et des ordonnances y est actualisée : *Lan*

---

3 *sans deport* : sans aucun délai.
4 BnF, RES-Y2-2864.
5 f. 106 v°.

mil cinq cens quarante pour celui-là[6], *Anno. M.D.XLI.* pour celles-ci[7]. La Bibliothèque nationale de France conserve de nombreuses éditions postérieures s'échelonnant de 1542 à 1734.

Nous reproduisons le texte de l'exemplaire de l'édition de 1528 conservé à la Bibliothèque nationale de France sous la cote : RES-Y2-2867. Nous avons respecté intégralement l'« orthotypographie » (voir Nina Catach, *L'Orthographe française à l'époque de la Renaissance*, Genève, Droz, 1968, p. 10-11) de cette édition, notamment l'absence d'accents (y compris à la finale des mots : « liberte », « exempte ») ainsi que l'absence d'apostrophe et l'agglutination en cas d'élision (« quil », « destre »). Excepté la dissimilation des « i » et des « j », ainsi que des « u » et des « v », nos seules interventions ont porté sur les abréviations, qui ont été résolues, et sur les tildes, qui ont été remplacés par les consonnes nasales correspondantes. Nous avons également respecté la ponctuation de cette édition, sans rien ajouter à son système très succinct : en dehors des points indiquant une fin de phrase, on ne relève que deux signes : les deux points (« : ») ou la barre oblique (« / ») signalant (et encore rarement) une délimitation entre deux groupes syntaxiques. Nous n'avons corrigé qu'un tout petit nombre de coquilles : ces corrections sont indiquées en note de bas de page. Enfin, nous n'avons pas procédé à un relevé des variantes entre les diverses éditions du texte, notre intention n'étant pas d'établir une véritable édition critique de ces *Ordonnances sur le faict des masques*, mais seulement de fournir au lecteur un autre exemple du genre littéraire de l'ordonnance fictive.

ORDONNANCES SUR LE FAICT DES MASQUES

Pour le bien & utilité publicque franchise et liberte commune Il est permis a toutes gens aller en masque aux jours & heures cy apres declairez fors et excepte aux marchans et gens de basse condition ausquelz le masquer est du tout deffendu sy nest les veilles et jours des festes de leur paroisse esquelz jours leur est loisible en user selon toutesfoys quil sera dit cy apres. Et nentend lon par ce les priver daller

6 f. 115 r°.

7 f. 119 v°.

en mommon[8] en robes retournees barbouillez de farrine ou charbon / faulx visaiges de papier portant argent a la mode ancienne.

Item combien que il soit permis a toutes personnes les dessus nommees exceptees / le masquer : neantmoins les jeunes gens venans droict de la fournaise[9] & qui de nouveau se mettent au monde se doivent abstenir de masquer sans avoir avec eulx quelcun des anciens compaignons masquiers[10] exercite au faictz damours pour les duire[11] et apprendre lestat et conduicte quilz[12] doivent garder avec les damoyselles.

Item que lesdictz nouvellement imprimez masques ne se doivent addresser de plain bout[13] et premiere arrivee aux apparentes damoyselles / mais par degre doivent premierement faire la court aux damoyselles des damoyselles et puis aultres filles / et ayant tenu ce train par ung an ou deux se pourront adventurer se jecter sur les biens honnestes et apparentes.

Item par ce que le masquer est chose si tresutile pour exerciter les jeunes gens au faict damours voulans lesdictz masques estre en tout & par tout favorisez et traictez en toutes graces & honneurs est ordonne & expressement enjoint a toutes personnes de quelque estat ou condition quilz[14] soyent quilz ayent a donner confort[15] ayde port[16] et faveur a tous lesdictz masques en quelque maniere que ce soit ouvrir leurs maisons sans les faire songier[17] a la porte / et sans dire quil ny a personne ou que on est couche / & sans faire absenter celer ou retirer leurs femmes par lhuys de derriere a leur arrivee.

Item que a iceulx masques en salle entrez seront tenuz tous les assistans non masquez quitter et laisser la place & les damoiselles pour les mener danser ou diviser[18] a part ainsy que bon leur semblera.

---

8 *aller en mommon* : porter un masque.

9 La fournaise : peut-être la violence des combats. Le *DMF* donne cet exemple extrait d'un texte datant de 1494 environ : « Ainsi doncques, ce noble chevalier [...] entra en la fournaise dont l'issue est estroictement dangereuse » (Olivier de La Marche, *Le livre de l'advis de gaige de bataille*, éd. B. Prost, Paris, L. Willem, 1872, p. 7).

10 *masquier* : homme masqué.

11 *duire* : guider.

12 Nous corrigeons la graphie fautive de l'édition de 1528 (« quil ») d'après celle de 1542 (*Droictz nouveaulx* [...]).

13 *de plain bout* : immédiatement.

14 Voir la note 12.

15 *confort* : aide, appui.

16 *port* : soutien, secours.

17 *sans les faire songer* : sans les faire attendre.

18 *diviser* : deviser.

Item que pendant que lesdictz masques danseront ou entretiendront les damoyselles est estroictement deffendu a tous marys et amys nempescher iceulx masques en leur parler ne escouter ou approucher diceulx masques & damoyselles de six piedz pres : de ne regarder ou faire signe aulx damoiselles de se retirer sur peine destre declaire jaloux.

Item & encores moins entreprendront iceulx marys de emmener les damoyselles pendant que elles sont entretenues par les masques pose quilz dient[19] estre de loing ou que les chevaulx se morfondent : ne faindront estre malades pour se retirer ne grateront leur teste ou feront aucun signe ou apparence de estre marrys / & ce : sur la peine susdicte se pourront toutesfois ce pendant lesdictz marys pourmener par la salle sans regarder iceulx masques & damoyselles / & entretenir lung lautre sy bon leur semble / ou se pourront retirer chez eulx sans toutesfois que avec leurs damoyselles ilz puissent laisser de ces vieilles que lon nomme faulx danger[20] pour controller & leur faire rapport de ce qui auroit este fait et dit en la compaignie.

Item que ou il se trouveroit quelque mary si umbrageux & si sot quil voulsist contrevenir es choses susdictes ou donner empeschement ou fascherie ausdictz masques : desapresent comme deslors il est declaire jaloux : plain de maulvaise grace & aptene[21] a estre coqcu.

Item est deffendu a tous masquiers de quelque estat & condition quilz soient de ne porter acoustrement de masque qui ait servy lan precedent sans que pour le moins il y ait desguiseure nouvelle & sont tous acoustremens de masque redigez a semblance de lettres royaulx apres lan non vaillables. Et se commencera lan daller en masque / la veille sainct martin diver[22] jusques a la saincte sepmaine.

---

19 *pose quilz dient* : en supposant qu'ils disent.

20 *faulx danger* : en référence au personnage allégorique du *Roman de la Rose*, Danger, qui représente tout ce qui fait obstacle au désir de l'amant, notamment la résistance, ou la pudeur, de la jeune fille. Ici, Danger n'est pas la figure d'une entité psychologique, mais celle d'un obstacle extérieur : les vieilles femmes chargées de la surveillance des *damoyselles*. Dans l'appellation *faulx danger*, *faulx* est une épithète de nature, au sens de : traître, déloyal, perfide. *Cf.* Marot, *Le Temple de Cupido*, v. 189-190 (*L'Adolescence clementine*, 1532) : « Mais faulx dangier gardoit sur le derriere / Ung Portail faict d'espines, & chardons » (Clément Marot, *Œuvres poétiques*, éd. G. Defaux, Paris, Classiques Garnier, t. I, p. 32).

21 *aptené* : « né apte, naturellement apte » (Huguet).

22 La saint Martin d'hiver : le 11 novembre. C'était une date importante du calendrier rural, célébrée dans les contrées de l'est de la France par un festin dont une oie constituait le mets

Item depuis ledit temps de sepmaine saincte jusques a ladicte veille sainct Martin nest honneste se masquer / mesmement durant le temps des isles[23] / si ce nestoit en quelques nopces ou festins solennelz ou les bien bons amys des espoux pourront par honneur faire lentreprise de masquer.

Item de jour nest permis le masquer si ce nestoit les veille & jour des roys / les jours que lon nomme les jours gras a karesmeprenant & la my Karesme / et sil advient que quelques masquieres[24] esditz jours se treuvent en plain jour sur les rencs[25] ilz ne doivent monter que sur chevaulx despaigne / ou pour le moins hacquenees[26] enharnachees de velours.

Item que a tous masques est donnee liberte dentrer es maisons & jouyr du privilege a eulx donne : pourveu toutesfois que eulx arrivez en une maison ilz ne auront pour dancer & entretenir damoyselles que une heure / & icelle finie seront tenuz eulx retirer & faire place ; ou se demasquer / lesquelz demasquez seront tenuz & reputez compaignons de lassemblee et seront tenuz les maistre & maistresse du logis et aultres assistens remercier lesdictz masques de la visitation & honneur quilz font a la compaignie & leur faire prester ung bonnet silz nen nont apporte. Et a semble a ladicte court damours le temps dune heure estre suffisant silz sont bons harengueurs pour donner a entendre leur vouloir & affection a la damoiselle / & leur est enjoingt de non user aux damoiselles de parolles perdues comme de les interroguer de leur mesnage / que couste les patenostres[27] & telz et semblables impertinens

---

principal et consacrée à la louée des domestiques de ferme (voir Arnold Van Gennep, *Le Folklore français*, Paris, Robert Laffont, 1999, t. II, p. 2263-2289). Pasquier y fera allusion dans un sonnet des *Jeus poetiques* (1610) plaidant la cause de l'inconstance amoureuse : « Mais le plus beau, c'est que dés le matin / D'une Saint Jan, et d'une Saint Martin, / Vous y changez, de valets et maistresses » (éd. citée, p. 251). Le port des masques est donc autorisé pendant la saison hivernale, qui correspond à trois des cycles distingués par Van Gennep : celui de l'Avent, qui a pu commencer à la saint Martin, celui des Douze Jours (de Noël aux Rois) et celui de Carnaval-Carême (jusqu'aux Rameaux).

23 *le temps des isles* : même texte dans les autres éditions consultées, sauf dans celle de 1734, qui donne : « mesmement durant le temps d'Esté » (*Les Arrets d'Amours, avec L'Amant rendu cordelier à l'Observance d'Amour, par Martial d'Auvergne, de Paris, Procureur au Parlement*, Amsterdam, François Changuion, 1734, p. 475).

24 *masquieres* : sans doute une faute d'impression (pour « masquier »).

25 Se trouver sur les rangs : se trouver parmi les combattants, ou plus généralement : participer à quelque chose.

26 Hacquenee : « cheval qui va l'amble, ou plutôt cheval de parade & d'une marche douce & facile » (d'après le glossaire de l'édition de 1734 des *Arrets d'Amours* de Martial d'Auvergne, Amsterdam, François Changuion, p. 637).

27 *patenostres* : chapelets.

& sotz propos / mais doit du premier bont entrer en matiere damours appendances ou deppendances[28] : si ce nestoit aux vieilles & anciennes ausquelles lon pourra parler de la journee de montlehery[29] : ou de la mort du connestable[30].

Item si lesdictz masques ne pouvoient pour les difficultez & asseurees responces des damoyselles dedans lheure parachever le propos / auront la discretion faire point[31] et remettre le tout au lendemain ou prendre aultre assignation[32].

Item que premiers masques arrivez sil en survient dautres : si lesdictz premiers masques ont eu espace suffisante pour deviser ou dancer : seront tenuz faire place aux derniers venuz.

Item que lesdictz masquez ne seront si entreprenans davoir damoyselle par auctorite sur celluy qui lentretient / mais par honneur la doyvent demander & y venir par requeste : auquel cas si celluy a qui elle est demandee est refusant de laisser la place / il sera repute opiniastre plain de mauvaise grace et prive a jamais de tiltre dhonneste homme.

Item & sy quelques masquers sefforcoient faire ou de fait fissent chose contre ces presentes ordonnances ilz soient tenuz & reputez facheux masques importuns plains de mauvaise grace / et ausquelz la porte se deveroit fermer inhabiles de plus aller en masque / et ceulx que par apres les accompaigneront sotz et facheux.

Item que tous masques pour leur honneur doivent es maisons ou ilz vont / sil ny a tabourin : y en mener ung ou les haultzboys & pour le moins la vielle de champaigne.

---

28 *appendances ou deppendances* : mots du lexique juridique désignant tout ce qui est rattaché à un pays, une ville, un fief. Il s'agit ici de tout ce qui peut être en rapport avec l'entreprise de séduction.

29 La bataille de Montlhéry opposa, le 16 juillet 1465, l'armée de Louis XI à celle du Comte de Charolais, fils du duc de Bourgogne et futur Charles Le Téméraire. Elle a marqué une étape dans la stratégie militaire et est restée l'exemple des batailles au résultat indécis, chaque camp s'étant proclamé victorieux.

30 Allusion possible à la mort de Louis de Luxembourg, connétable de Saint-Pol, qui, avant d'être au service du roi de France, avait commandé l'aile gauche de l'armée bourguignonne à la bataille de Montlhéry. Louis XI, qui l'avait fait connétable en 1465, mais qu'il avait souvent trahi, le fit décapiter à Paris sur la place de Grève en 1475. On peut penser aussi à la mort, en 1527, du connétable Charles III de Bourbon, qui, s'étant mis au service de Charles Quint, combattit François Ier à Pavie et mourut d'un coup d'arquebuse alors qu'il commandait les troupes impériales lors du siège de Rome.

31 *faire point* : s'arrêter.

32 *assignation* : mot du lexique juridique désignant un ordre de comparaître devant une instance judiciaire. Il prend ici le sens de « rendez-vous ».

Item est deffendu a tous masques de supposer[33] le nom daultruy mesmement[34] des princes : nommer aultre pour luy[35] : bien leur est permis contrefaire le langaige & mentir tant que bon leur semblera.

Item est expressement deffendu a tous maris de ne aller masquer pour charger[36] & entretenir leurs femmes faignant estre quelcun duquel ilz sont en doubte voulant essayer la prudhommie[37] de leurs dictes femmes / et ce pour eviter aux grans inconveniens qui en sont survenuz puis dix ans en ca a la grant ruine de lestat desdictz masques pour esquelz obvier est enjoinct a tous les subjectz damours faire garder et entretenir ceste presente ordonnance sans lenfraindre en aucune maniere.

Item il est permis a tous masques taster / baiser acoler / & passer oultre silz ont laisement[38] sauf aux damoiselles leur deffences au contraire[39]. Enjoingnons toutesfois ausdictz masques et damoiselles de non user les ungs envers les autres de parolles rigoureuses & touchans lhonneur.

Item est inhibe & deffendu a tous lesdictz masques de naller en aucune compaignie en propos & deliberation de y mal faire batre menasser injurier controuller ou aucunement facher la compaignie. Et le cas advenant que lesdictz masques trouvassent aucun auquel ilz portassent quelque mauvais vouloir ou querelle auront la discretion le tout dissimuler sur peine destre reputez facheux & mal aprins masques & subjectz a leur fermer la porte au nez & sont lesdictz lieux de masques reputez lieux de immunité & franchise.

Item est deffendu a tous masques de non faire aulcun exces aulx maisons ou ilz entrent & doibvent donner ordre que par leurs varletz ne soit emporte quelque chose par ce que leur honneur en sera charge.

Item est deffendu a tous marchans de draps de soie & de laine / chapelliers / plumaciers[40] / brodeurs valentins[41] / vendeurs de masques / & parfumz de ne refuser prester bailler a credit leurs[42] denrees aulx

---

33 *supposer* : emprunter.

34 *mesmement* : surtout, en particulier.

35 *luy* : soi (emploi réfléchi du pronom).

36 *charger* : sans doute au sens d'« aborder ».

37 *prudhommie* : probité, moralité.

38 *laisement* : sans doute pour « laissement », qui serait ici employé au sens de « permission ».

39 *sauf aux damoiselles leurs deffences au contraire* : sans qu'il soit porté atteinte aux droits des demoiselles de formuler des arguments en sens contraire.

40 *plumaciers* : les fabricants et vendeurs d'ouvrages en plumes.

41 Un *valentin* était « un marchand de bijoux et de petites nippes que les galants donnaient à leurs maîtresses » (Godefroy).

42 Nous corrigeons la graphie fautive « leur » (maintenue dans l'édition de 1541).

compaignons masquiers sans fraulde depuis la veille de la sainct martin diver jusques a la sepmaine saincte inclusivement en baillant par lesdictz masquez leur grivellee[43] pourveu que au precedent ilz nayent este cadellez[44] ou atachez[45] lequel temps passe se[46] lesdictz masquez ne paient le pris contenu en leur grivellee desapresent comme deslors ilz sont privez des privileges aux masquez ottroiez declarez inhabiles de jamais masquer. Et est permis ausdictz marchans de les poursuyvir par ataches : plaquars[47] : ou cadeleures[48] : & aultres voyes deues & raisonnables sans ce que iceulx masquez puissent alleguer aucune exception soit de filz de famille minorite macedonian[49] ou arrest de court contre les presteurs.

Item a semble estre bon & honneste oudit conseil damours que lesdictz masques arrivez avec tabourin en compagnie ou il ya damoiselles qui jouent au cent[50] ou autre jeu : icelles damoiselles estre par honneur tenues laisser le jeu : pour dancer et deviser avec iceulx masques et ou lesdictz masques ne ameneroient tabourin : de ce que elles doivent faire leur a este remis a leur discretion. Nonobstant que si elles estoient en perte : et lesdictz masques les voulsissent rembourcer elles seront tenues de laisser ledict jeu : et si elles gaingnoient et quelles

---

43 *grivellee* : reconnaissance de dette. Nicot fait de ce mot un synonyme de « cédule » : « Une grivelée, *id est*, schedule, pour ce qu'elle est noire et blanche ». Quant au mot « cédule », il en fait un équivalent de « *chirographum* », c'est-à-dire : « engagement écrit, reçu ». Il traduit « cognoistre sa cedule » par « *agnoscere debitum* » (« reconnaître une dette »). L'adjectif « grivelé » signifie : « qui présente de petites taches de couleurs différentes (comme le plumage de la grive), bariolé » *(DMF)*. Cotgrave reprendra cette définition de « grivelée » : « A bill, scroll, or schedule; because it is blacke, and white. »

44 Cadeler : écrire en cadeaux, c'est-à-dire en lettres capitales ornées.

45 Attacher : afficher.

46 *se* : si.

47 *ataches*, *plaquars* : affiches.

48 *cadeleures* : « affiche[s] en grosses lettres » (Godefroy, *Complément*). La Curne de Sainte-Palaye glose ainsi ce passage : « Comme les affiches étoient en grosses lettres, en lettres à gros traits, on a dit *cadeler* pour afficher; et, comme on affichoit les gens qu'on poursuivoit pour dettes, on a dit qu'on les *cadeloit*. C'est en ce sens qu'il faut entendre le mot *cadelés*, dans le passage suivant : « Il est défendu de refuser leurs marchandises aux gens qui se masquoient, pourvu que, au précédent, ils n'ayent été *cadelés*, ou attachés. » (Arresta Amorum, p. 418) ».

49 *macedonian* : l'exception du macédonien exonérait un père de la responsabilité des dettes contractées par son fils. Lacurne de Sainte-Palaye cite le *Grand Coutumier de France* : « "Filius familias ne se peut obliger, ne le pere n'en sera tenu de luy donner auctorité, mais aura recours à l'*exception du macedonien*, qui ne souffre pas que le pere soit contrainct pour la debte du fils" (Gr. Cout. De Fr. III, 344) ».

50 Le *cent* : ancien nom du piquet (jeu de cartes). Il fait partie des jeux auxquels s'adonne Gargantua (chap. XX).

voulsissent deviser avec lesdictz masques elles ne seront reputees avoir couppe la queue.

Item pource que par cy devant sont advenuz plusieurs grans inconveniens au moyen des revelations desdictz masques advenues par les menestriers & joueurs dinstrumens congnoissans lesdictz masques par leurs acoustremens / marche / contenance / maniere de dancer & autres signes & indices pour obvier a telz abuz est expressement deffendu ausdictz menestriers & joueurs dinstrumens de ne reveler dire ou descouvrir qui sont lesdictz masques sur peine de fraction de leurs tabourins & brisement de fleutes sur les testes pour la premiere fois de mille buffes[51] pour la seconde & pour la tierce de punition corporelle.

Item que tous masques entrans en salle auront la discretion / faire tenir leurs varletz a la porte sans entrer dedans / & sil advient que telz masques portent torches eulx en salle entrez les feront estaindre : pourveu que en ladicte salle y ait lumiere competente.

Item que ces presentes ordonnances auront lieu seulement entre les masques habitans de Paris & ceulx qui demeurent en court qui toutesfois vont & viennent & qui ont femmes residentes en ladicte ville de Paris.

Item que tous compaignons masquiers seront tenuz une fois lan lire ces presentes ordonnances & les garder a leur povoir.

Item que chascun an se renouvelleront ces presentes ordonnances selon les cas survenuz & exigences diceulx.

Lecta publicata registrata in parlamento amoris audito procuratore generali in vigilia regum. Anno. M. D. XXVIII[52].

Ainsi signe le Pamphile.

51 *buffes* : coups sur la joue, gifles.

52 « Lue, publiée, enregistrée au Parlement, le procureur général d'Amour ayant été entendu, la veille des Rois, en l'an 1528 ».

ANNEXE III

Edict et Ordonnance sur le faict des monoyes

Les ordonnances fictives étant des pastiches des textes législatifs authentiques, nous présentons ici au lecteur une ordonnance promulguée sous Henri II, de manière à lui permettre d'apprécier le travail du pasticheur. Peu antérieure aux *Ordonnances Generalles d'Amour*, elle offre l'intérêt d'avoir pour teneur un sujet dont il est traité aux articles XLVII et XLVIII du texte de Pasquier : la monnaie. En outre, elle a fait l'objet d'une édition publiée dans l'année de son enregistrement par le Parlement (1550), grâce à laquelle nous disposons de l'intégralité du texte officiel et non d'une version dépourvue des formules de Chancellerie relatives à son exécution, telle qu'elle se trouve dans les recueils d'édits et ordonnances. Elle a été en effet reproduite dans ceux de Rebuffi[1] et de Fontanon[2], qui datent respectivement de 1571 et de 1580. En revanche, elle ne figure pas dans celui d'Isambert, qui se contente d'en mentionner l'existence[3]. Elle porte la date du « quatorziesme jour de Janvier, lan de grace mil cinq cens quarante neuf », c'est-à-dire, puisqu'il s'agit de l'ancien style, du 14 janvier 1550, et elle a été enregistrée par le Parlement le 15 février 1550.

Nous reproduisons l'édition de 1550[4] sans modification de son orthographe, ni de sa ponctuation. En dehors de la dissimilation des « i » et

1 *Les Edicts et Ordonnances des Roys de France : Depuis l'An 1226. jusques à present : ensemble les Arrestz des Cours Souveraines sur la verification, declaration & modification d'icelles : Divisees en cinq livres* [...]. *Avec annotations de M. Pierre Rebuffi & autres* [...]. A Lyon, à la Salemendre en rue Merciere, M.D.LXXI. L'*Edict et Ordonnance sur le faict des monoyes* se trouve au livre II, p. 448-452.

2 *Les Edicts et Ordonnances des Roys de France depuis S. Loys jusques a present : avec les verifications, modifications, et declarations sur icelles : Divisees en quatre Tomes, par Antoine Fontanon, Advocat en la Cour de Parlement de Paris : Et par luy augmentées de plusieurs belles Ordonnances, anciennes & nouvelles, reduictes en leur vray ordre selon la nature des matieres.* A Paris, chez Jacques du Puys, à la Samaritaine. M.D.LXXX. L'*Edict et Ordonnance sur le faict des monoyes* se trouve au tome second, qui contient les textes relatifs aux finances royales (p. 940-944).

3 Isambert, *Recueil général des anciennes lois françaises* [...], tome XIII, Paris, 1828, p. 142.

4 D'après l'exemplaire conservé à la Bibliothèque nationale de France sous la cote RES-MF-14.

des « j », ainsi que des « u » et des « v », du remplacement des tildes par les consonnes nasales « m » ou « n » et de la résolution de quelques rares abréviations, nous avons respecté intégralement son « orthotypographie », notamment l'absence de cédille (« facon »), d'accent sur les « e » (« prive » pour « privé ») et les agglutinations (« lestablissement »). Les coquilles avérées ont été corrigées à partir du texte des recueils de Rebuffi et de Fontanon : ces corrections sont signalées en note. Les variantes entre l'édition de 1550 et le texte reproduit dans ces deux recueils sont également indiquées en note (à l'aide des lettres R et F), sauf quand elles ne concernent que la ponctuation ou l'orthographe.

Notre intention étant de fournir au lecteur un exemple du style de la Grande Chancellerie au temps d'Étienne Pasquier, avec ses formulations ritualisées de l'autorité royale, ses tournures syntaxiques et son lexique propres, nous n'avons pas accompagné l'ordonnance d'un commentaire historique. L'annotation du texte n'a d'autre ambition que d'éclairer le sens de certains mots appartenant aux lexiques techniques de la monnaie et du droit. Elle devrait permettre au lecteur non spécialiste de ces questions de saisir la portée générale du texte. Cet *Edict et Ordonnance sur le faict des monoyes* avait un double objet : d'une part créer une nouvelle pièce de monnaie : le henri d'or (art. I), d'autre part instaurer un certain nombre de mesures destinées à assurer un meilleur contrôle de la fabrication des monnaies et une justice plus efficace en matière monétaire. Le texte détermine le poids et le titre des testons et douzains (art. II), ordonne une vérification très précise de la conformité des pièces (art. III à V), définit les modalités de paiement des officiers des monnaies (art. VI) et dresse la liste des villes pourvues d'un hôtel des monnaies en précisant de quelle manière seront recrutés ceux qui y travailleront (art. VII et VIII). Il veille aussi à un contrôle plus strict, à échéance annuelle, des boîtes d'échantillons par la seule Chambre des monnaies (art. IX et X). Outre diverses mesures concernant le fonctionnement des hôtels des monnaies (art. XI à XIX), le texte réforme la justice relative aux monnaies, en refusant de reconnaître les privilèges liés au statut de clerc en cas de délinquance monétaire (art. XX) et en donnant à la Chambre des monnaies les moyens de trancher plus rapidement et plus souverainement les affaires relevant de sa compétence (art. XXI et XXII).

Le texte dut susciter des débats au Parlement comme l'indique la mention, dans la formule d'enregistrement, de modifications et restrictions, qui sont précisées à sa suite. On n'est pas surpris de constater que les réserves portent sur les limitations des prérogatives des parlements dans les procès relatifs aux questions monétaires. Quant au fait que les clercs devront être traduits devant les tribunaux ordinaires en cas de délinquance monétaire, le Parlement indique qu'il a été examiné par sa Grande Chambre et sa Chambre de la Tournelle qui, réunies en assemblée, ont conclu à sa pertinence.

EDICT ET ORDONNANCE

sur le faict des monoyes & nouvelle fabrication poids alloy[5] *& prix, ouverture & jugement des boettes d'icelles*[6]. *Sur le reiglement presentation gaiges & charges des Maistres particuliers*[7] *Gardes*[8] *Essayeurs*[9] *Tailleurs*[10] *Contregardes*[11] *& Prevostz*[12], *Ouvriers & Monoyers*[13], *& aultres officiers des monoyes. Avec declaration de lestablissement du lieu de l'ouverture d'icelles. Et sur le reiglement & charges des Changeurs, Orfevres, (leurs apprentifz) Joyauliers*[14], *Affineurs, Departeurs*[15] *& Batteurs*[16] *d'or & d'argent. Et de la justice & correction des faultes d'iceulx, & de tous lesdictz Officiers.*

---

5 L'aloi est le titre légal de l'or et de l'argent.

6 *boettes* : il s'agit des boîtes dans lesquelles le garde d'un atelier mettait des pièces prises au hasard pour en faire vérifier la qualité par la Chambre des monnaies. « Des pièces échantillons étaient envoyées à Paris en nombre proportionnel aux monnaies frappées – une pièce sur 200 pour les monnaies d'or, une pour 18 marcs (poids) de monnaies d'argent, une sur 720 pour les monnaies de billon d'argent. » (Frank C. Spooner, *L'Économie Mondiale et les Frappes Monétaires en France. 1493-1680*, Paris, Armand Colin, 1956, p. 217).

7 Un atelier monétaire était placé sous la responsabilité d'un « maître particulier ».

8 Le garde était un officier chargé de contrôler la qualité du travail effectué dans les ateliers. Il pouvait être assisté par un contre-garde, qui le remplaçait en cas de besoin et s'occupait spécialement de vérifier les achats de métaux précieux.

9 Les *essayeurs* étaient chargés de vérifier le titre du métal précieux dès son achat par les maîtres des ateliers, puis de préparer les alliages et, après la frappe, de contrôler le poids et le titre des pièces à partir d'échantillons pris au hasard. L'essayage se pratiquait à l'aide de la pierre de touche, qui est une variété de quartz ou de jaspe de couleur noire. On frottait sur la pierre d'abord la pièce à tester, puis le touchau, constitué d'un morceau du métal de référence. On aspergeait alors les deux marques d'acide et on comparait les résultats.

10 Le travail du tailleur consistait à graver en creux les coins destinés à frapper les monnaies.

11 *Contregardes* : voir *supra* la note sur les *Gardes*.

12 Le prévôt, élu par les officiers de l'atelier auquel il appartenait, était chargé d'y organiser le travail, de choisir les nouvelles recrues et de recevoir leur serment. Il exerçait aussi des pouvoirs de justice et de police en jugeant en première instance les délits concernant la vie de l'atelier : disputes, vols, etc. « À l'examen de ces tâches, on constate que dans la réalité, c'est le prévôt bien plus que le maître qui fait fonctionner l'atelier » (Yves Coativy, *Monnaies de Bretagne*, Skol Vreizh n° 25, oct. 1992, p. 59).

13 Les *Ouvriers* taillaient et arrondissaient les pièces métalliques, tandis que les *Monoyers* y imprimaient la marque du type voulu.

14 *Joyauliers* : joaillers.

15 Departeur : « ouvrier qui dépure, qui affine certains métaux, en particulier l'or et l'argent, en les séparant d'autres substances métalliques » (*DMF*).

16 Batteur : ouvrier qui réduit le métal en feuilles minces.

A PARIS
Chez Pierre Haultin, rue S. Jacques a la queue de Regnard.
&
Chez Jehan Dallier, sur le pont S. Michel a la Rose blanche.

Avec privilege du Roy, donné a Marc Bechot[17] graveur general des monoyes.
1550.

Henry par la grace de Dieu Roy de France, a tous ceulx qui ces presentes lettres verront salut.

Comme depuis nostre joyeux advenement[18] a la courone, aions faict faire plusieurs & diverses assemblées de bons & notables personaiges de divers estatz, avecq les generaulx de noz monoyes[19], le tout en la presence de certains personaiges nos speciaulx Conseillers & officiers, a ce expressement par nous commis & deputez, a fin de nous donner advis de ce qui estoit requis & necessaire pour donner ordre aux faultes, malversations & abus commis au faict de nosdictes monoyes, tant par les Maistres particuliers & officiers dicelles, Changeurs orfevres affineurs & departeurs d'or & d'argent, faulx monnoyeurs, rongneurs[20], que aultres. Et pour parvenir au faict de nosdictes monoyes estat & reiglement des officiers dicelles, & desdicts Changeurs orfevres, affineurs, & departeurs, & aultres, a fin que a ladvenir telles faultes malversations & abus cessassent, ce qu'ilz auroient faict, & icelluy advis finablement rapporte par devers nous en nostre conseil prive.

Auquel apres avoir le tout bien entendu par le menu avons par grande & meure deliberation de conseil statue, & ordonne ce qui sensuit.

---

17 Marc Béchot (1520-1557) fut le premier à détenir l'office de graveur général des monnaies créé par Henri II en 1547. Son rôle consistait à contrôler la fabrication des modèles.

18 Var. R et F : nostre advenement.

19 Les généraux des monnaies formaient la Chambre des monnaies, juridiction chargée du contrôle des monnaies. Elle resta subordonnée au parlement de Paris jusqu'en 1552, date à laquelle Henri II l'érigea en cour souveraine sous l'appellation de Cour des monnaies. Elle était consultée sur la fixation du cours des monnaies, vérifiait le travail des ateliers, examinait les boîtes contenant les échantillons, jugeait les crimes de fausse monnaie et l'ensemble des infractions aux règlements édictés par les ordonnances monétaires.

20 *rongneurs* : le terme désigne ceux qui rognaient la tranche des pièces de monnaie pour en prélever frauduleusement une petite quantité de métal précieux. En cannelant la tranche ou en y gravant des lettres, on parvint à empêcher le rognage, qui fut un abus courant au Moyen Âge.

I C'EST ascavoir, que nouvel ouvraige fabrication & espece sera faicte d'escus qui seront nommez Henrics[21], sur le prix de huict vingts douze livres marc[22] dor fin, a vingt trois carats, à un quart de carat de remede[23], de soixante sept escus au marc, a ung felin[24] & demy de remede pour marc, & de deux deniers vingt grains & demy trebuschants[25] piece, qui auront cours pour cinquante solds tournois piece.

Et pareillement des doubles & demys Henrics a l'equipolent[26].

II ET a fin de equipoler, largent & billon[27] avecques lor, & que les valeurs de nos monoyes se correspondent tant du rouge que du blanc, voulons qu'il soit[28] d'oresenavant donne en nos monoyes de chascun marc d'argent le Roy[29] au dessus de dix deniers, de loy[30] quinze livres tournois[31].

Et de chascun marc dargent le Roy en billon, au dessoubs desdictz dix deniers de loy[32], quatorze livres cinq sols tournois[33].

---

21 Cet édit crée le henri, monnaie d'or frappée en France sous Henri II, François II et Charles IX.

22 Le marc était une mesure de poids employée pour les métaux précieux. Il équivalait à huit onces.

23 *remede* : écart maximum toléré entre les poids et titres réels et ceux prescrits par les ordonnances. « La tolérance du titre était appelée remède de loi, et la tolérance du poids était nommée remède de poids » (Littré, *Dictionnaire*).

24 Le *felin* (ou ferlin) était une petite unité de poids en usage chez les orfèvres et les monnayeurs. D'après Godefroy, le marc aurait valu 640 felins.

25 *trebuschans* : qui sont du poids requis.

26 L'édit ordonne la fabrication des pièces suivantes : henri d'or, double henri d'or et demi-henri d'or.

27 *billon* : nom donné à un alliage d'argent et de cuivre dans lequel la proportion d'argent pur était inférieure à 50 % (voir Philip Grierson, *Les monnaies*, Turnhout, Brepols, 1977, p. 13 et 34).

28 1550 : qui'l (corrigé d'après R).

29 *le Roy* : complément déterminatif sans préposition du nom *marc* (*d'argent*). Il s'agit de la valeur du marc dans le système du roi de France.

30 Le denier de loi était une unité de titrage de l'argent. On évaluait la pureté de l'or par carats et celle de l'argent par deniers. Un argent à douze deniers était totalement pur.

31 La livre tournois et le sol tournois étaient des monnaies de compte. Sous l'Ancien Régime, on distinguait en effet la monnaie de compte, purement abstraite, servant à exprimer une valeur et à compter (livres, sols et deniers) et la monnaie matérialisée par des pièces (l'écu, le louis, le liard, etc.). La livre valait 20 sols et le sol 12 deniers.

32 La *loy* désigne ici le titre auquel les pièces doivent être fabriquées. Il s'agit d'un sens spécialisé du mot « loi », avec une probable contamination de « aloi ».

33 Var. R et F : quatorze livres cinq sols.

Et que sur ledit prix de quinze livres tournois marc dargent le Roy de haulte loy soit continuee la fabrication des gros & demys gros testons[34], en teles monoyes & en tele quantite qu'il sera ordonne par lesdictz Generaulx de noz monoyes, des poids & loy accoustumez, qui est de vingt cinq pieces & demye au marc, a ung huictiesme de piece de remede pour marc, qui est sept deniers unze grains trebuschans piece, & a unze deniers six grains de loy argent le Roy, a deux grains de remede.

Et sur ledict pris de quatorze livres cinq solz marc d'argent le Roy en billon, soit faicte nouvelle forme de douzains[35] de quatre vingts quatorze pieces au marc, a une piece de remede pour marc, & de deux deniers demy grain trebuschans piece, a trois deniers douze grains d'argent fin, a deux grains de remede, qui auront cours pour douze deniers tournois piece.

III ET A fin que la quantite de l'ouvrage qui sera faict[36] en chascune de noz monoyes, se puisse cognoistre & adverer : Ordonnons que les Maistres, Gardes, Essayeurs & Prevostz desdictes monoyes feront chascun en son regard[37] bon entier & loyal registre de tout l'ouvraige qui sera par chascun jour ouvré[38], monoyé, & delivré esdictes monoyes. Ensemble des baulx qui seront faicts aux ouvriers & monoyers. Et de la reddition qui sera faicte des breves[39] tant du net que de la scisaille[40], & assisteront lesdictz Maistres, Gardes, Essayeurs, & Prevostz aux delivrances[41] qui seront faictes esdictes monoyes.

Pour iceulx registres representer toutesfois qu'il sera ordonné, sur peine de mil livres Parisis d'amende, & d'estre punis comme faulsaires.

---

34 Le teston était une monnaie portant l'effigie royale, qui fut créée par Louis XII en 1514. Elle équivalait à dix sols tournois. On continua à en frapper jusque sous Henri III.

35 Le douzain, créé sous Charles VII, était une monnaie de billon valant 12 deniers tournois, c'est-à-dire un sol.

36 Var. R et F : qui sera faite.

37 *chascun en son regard* : chacun en ce qui le concerne.

38 *ouvré* : façonné, fabriqué.

39 Var. R et F : brevets. « On appelle *Breve* la quantité de l'ouvrage qu'on ha accoustumé de bailler à l'ouvrier ou monnoyeur pour forger, & ce nom vient de ce qu'elle est escrite en bref en un billet » (Henri Estienne, *De la Precellence du langage françois*, Paris, Mamert Patisson, 1579, p. 108).

40 *scisaille* (ou cisaille) : rognures de monnaie qu'on refond pour les remployer.

41 *delivrances* : remises, livraisons.

IIII ET deffendons bien expressement audictz gardes sur peine de punition corporele, & du dernier supplice, de ne passer a la delivrance aulcuns deniers d'or[42], testons, & douzains qu'ilz ne soient des poids, loy, & dedens les remedes dessusdicts, bien ouvrez & monoyez, & de bonne rotondite, assiette & impression, & que les lettres & cordons[43] y soient entiers.

Et a ceste fin leur enjoignons de remettre a la fonte aux despens desdictz ouvriers & monoyers, respectivement les deniers qui ne seront bien ouvrez & monoyez, comme dict est. Et ausquelz lesdictz ouvriers n'auront baille les facons qui s'ensuivent.

C'est ascavoir frapper quarreaulx[44], flestrir[45], elizer[46] & bonner[47].

---

42 Le denier n'est pas ici l'unité de titrage, ni l'unité de compte mentionnées *supra*, mais une pièce d'or correspondant à un multiple de cette dernière.

43 Il s'agit des lettres et des motifs décoratifs qui garnissent le bord d'une pièce de monnaie.

44 Les carreaux étaient des morceaux de métal découpés dans une plaque de l'épaisseur des pièces (la lame ou lingot). Ils étaient ensuite arrondis pour prendre la forme de flans, que l'on plaçait entre deux coins pour y imprimer, en frappant à l'aide d'un marteau, le dessin voulu. Furetière en donne une définition intéressante pour la lecture de cet édit. « CARREAU, en termes de Monnoyes, se dit des pieces d'or ou d'argent qu'on taille pour fabriquer les especes. La premiere façon qu'on donne en la fabrique des monnoyes au marteau, est de tailler *carreaux*, c'est-à-dire, couper les lingots ou lames d'or, ou d'argent en petits morceaux quarrez avec de grandes cisoires. La seconde façon est de battre ou frapper *carreaux* : ce qui se fait par un habile ouvrier sur une enclume oblongue qui est sur son banc dans sa fournaise. La troisiéme façon est de recuire *carreaux* : & la quatriéme de les ajuster, approcher, ou rebaiser pour les rendre de leur juste poids, & ensuite les rechausser & flatir, eslaizer et boicer, qui sont les cinq, six, sept & huitiéme façons qu'on leur donne, après lesquelles les *carreaux* s'appellent flans ou especes. »

45 *flestrir* ou flattir : « Terme de monnoyeurs. C'est, Battre une piece de monnoye sur le tas, sur l'enclume avec le marteau, ou le flattoir, pour lui faire prendre le volume & l'espaisseur qu'elle doit avoir » (Furetière). Le flattoir des monnayeurs est « un gros marteau pesant sept ou huit livres. Il est fait en façon de corne de bœuf, large par le bas du costé qu'on frappe, & pointu de l'autre » (Furetière).

46 *elizer* ou eslaizer : « aplanir les bords d'une pièce de monnaie » (Godefroy). Furetière précisait : « Terme de Monnoye, qui se dit de la septiéme façon qu'on donne aux monnoyes, quand on fabrique au marteau. C'est presque la même chose que *flattir*, sinon qu'on ne penetre pas tant la piece ; ce qui se fait sur l'enclume avec le flattoir. L'Ordonnance veut qu'on repete cette façon deux fois ».

47 *bonner* : on ne trouve pas d'entrée « bonner » dans les dictionnaires. Sans doute est-ce une faute d'impression : on pense au mot « bouer », tel que le définit Henri Estienne dans *La Precellence du langage françois*. Il précise en effet à propos des carreaux : « Lesquels il faut *battre*, *flattir*, *elizer*, *rechausser* & *bouer*, duquel dernier mot on use quand on les refrappe sur les coins pour les arrondir » (éd. citée, p. 106). On trouve une définition de « bouer » dans le *Complément du Dictionnaire de l'Académie française* (Paris, Firmin-Didot, 1881) : « Battre, avec le marteau nommé *Bouard*, plusieurs flans de monnaie placés les uns sur les autres ». On appelait « flans » les rondelles de métal non encore frappées.

Et seront tenus lesdicts ouvriers a chascun desdicts ouvraiges rechaulser[48] lesdicts escus testons & douzains.

V SIL SE trouve en procedant aux jugemens des boettes desdictes monoyes aulcuns deniers dor ou de blanc qui ne soient des poix & loy dessusdicts, & dedens lesdicts remedes, en ce cas tout l'ouvraige desdictes boettes sera adjugé de pareil foiblage[49] & escharcete[50]. Et seront lesdicts Maistres gardes & essayeurs respectivement privez de leurs estats & offices, & sera procede contre eulx par mulctes & emendes[51] tant pecuniaires que corporeles selon l'exigence des cas.

Et au cas quil se trouve aulcuns deniers d'or ou de blanc courans par les bourses plus foibles de poids ou eschars de loy[52], que les deniers desdictes boettes, en ce cas lesdicts Maistres gardes & essayeurs seront punis[53] de tele & semblable peine que les faulx monoyeurs, sans y faire aulcune difficulte.

VI AYANT esgard a la cherte du charbon eauforte[54], ciment & charges cy dessus specifiees, & a fin que lesdicts maistres tailleurs, ouvriers & monnoyers aient occasion de bien & deuement faire l'ouvrage qui se fera esdictes monnoyes, ordonnons que au lieu de seize solds six deniers de brassaige[55] pour marc, que ont de present les maistres particuliers de nos monoyes pour chascun marc d'or ouvré d'une part, & cinq solds six deniers pour chascun marc de douzains d'autre, ilz aient doresenavant pour chascun marc d'or ouvré vingt cinq solds tournois.

Et pour chascun marc de douzains six solds six deniers tournois.

48 Var. R et F : rechaufer. Selon Furetière, *rechaulser*, « en termes de Monnoye & d'orfevrerie, c'est rebattre une piece de metail, afin de la rendre plus épaisse, & de moindre volume. [...] La cinquiéme façon qu'on donne aux monnoyes au marteau est de les *rechausser*, c'est-à-dire, arrondir & rabattre les pointes des carreaux. »

49 On appelait *foiblage* une insuffisance de poids des monnaies.

50 Escharceté : insuffisance de titre des monnaies.

51 *emendes* : amendes. Le mot « mulcte » (ou « multe ») a le même sens (du latin *multa*).

52 *eschars de loy* : au titre insuffisant.

53 Var. F : seront tenus.

54 Eau forte : acide nitrique étendu d'eau.

55 « *Brassage*, c'est le salaire qu'on baille au maistre qui fait la monnoye, lequel distribue ce salaire en trois : à scavoir une partie à l'ouvrier qui taille, forge & arrondit les pieces pour faire monnoye : une autre partie au monnoyeur, qui est celuy qui marque ces pieces : la troisieme partie luy demeurant pour sa peine des fontes & alliages » (Henri Estienne, *De la Precellence du langage françois*, p. 107-108). Dans son sens premier, le mot « brassage » désigne « le travail des ouvriers qui brassent ou remuent les métaux dans les ateliers de monnaies » (Godefroy, *Complément*).

Et pour les testons & demys testons le salaire accoustumé.

A la charge de paier aux tailleurs desdictes monoyes pour chascun marc d'or monoyé deux solz tournois.

Et pour chascun millier d'œuvre desdicts douzains, cent solds tournois.

Et aux ouvriers pour chacun marc d'or ouvre trois solds tournois.

Et pour chascun marc de douzains vingt deniers tournois.

Et aux monoyers pour chascun marc d'or monoye, deux solds tournois.

Et pour chacun marc de douzains, dix deniers tournois.

Et pour les testons auront lesdictz Tailleurs ouvriers & monoyers les salaires accoustumez.

A la charge toutesfois que lesdictz Ouvriers seront tenus de fournir a leurs despens le charbon qu'il conviendra avoir pour ouvrer lesdictz escus, testons & douzains : & de rendre lesdicts ouvraiges sans aucun dechet, a une once de scisaille pour marc seulement.

VII QUE d'ores en avant & jusques a ce que autrement en soit par nous ordonne de toutes monoyes[56] de nos Royaulme, pays, terres & seigneuries de nostre obeissance, n'y aura ouvertes, & besoignans, que celles de Paris, Rouen, Troyes, Digeon, Lion, Grenoble, Turin, Marseille Montpeslier, Tholose, Bayone, Bordeaulx, la Rochelle, Limoges, Poictiers, Bourges, Tours, Angiers, & Rhenes.

Lesquelles respondront & seront les boettes dicelles monoyes ensemble des aultres que nous pourrons[57] cy apres faire ouvrir en nosdicts Royaulme, pays, terres & seigneuries jugees en la chambre de nos monoyes a Paris.

Et les Maistres & officiers prevosts ouvriers & monoyers desdictes monoyes punis des faultes malversations & abus par eulx commises, & qu'ilz[58] commettront au faict desdictes monoyes.

VIII ET A fin que l'ouvrage qui se fera esdictes monoyes soit bien & loyaulment faict & continue & par gens de bien, ordonnons que les villes ou sont establies lesdictes monoyes nous presenteront dores en avant les Maistres, Gardes, Tailleurs, Essayeurs & Contregardes desdictes monoyes, & nous certifieront iceulx estre gens de bien & de bonne renommee & conversation[59].

---

56 Le mot désigne ici les hôtels des monnaies, où se pratiquait le monnayage.

57 1550 : nous pourront (corrigé d'après F).

58 1550 : q'uilz (corrigé d'après R et F).

59 *conversation* : mode de vie, conduite.

Et lesquelz seront par nous pourveuz desdicts estatz a la susdicte nomination & non aultrement.

Et receuz par les Generaulx de noz monoyes a Paris, apres qu'ilz auront este par eulx examinez & trouvez suffisans pour exercer lesdicts estats & offices.

Et quant aux officiers qui sont de present ausdictes monoyes, nous voulons iceulx nous estre certifiez & nommez par lesdictes villes s'ilz cognoissent qu'ilz soient gens suffisans & de probite requise. Et a leur nomination ilz seront de nouvel par nous pourveuz.

Et ou lesdictes villes ne les vouldroient nommer & certifier, nous voulons & leur enjoignons nous en nommer d'aultres telz que bon leur semblera, idoines toutesfois & suffisans pour estre par nous pourveuz desdictes charges a leur nomination comme dict est.

IX SERONT tenus les officiers de chascune desdictes monoyes de clorre par chascun an le dernier jour de Decembre toutes les boettes de l'ouvraige qui aura este faict esdictes monoyes, & icelles envoyer en la chambre des monoyes a Paris, par l'un des Gardes, au jour qui leur sera mande[60] par lesdicts Generaulx.

Auquel jour le Maistre particulier sera tenu de comparoir en persone avecq la garde qui aura apporte lesdictes boettes pour assister a l'ouverture & jugement desdictes boettes, lequel jugement sera de tel effect comme s'il avoit este donne avecques tous les aultres Officiers de ladicte monoye.

Et ou ledit Maistre ne comparoistroit au jour a luy assigne, ou estant comparu se absenteroient lesdicts Maistre & Garde ou l'un d'eulx, non obstant leur absence sera procede a l'ouverture & jugement desdictes boettes, en la presence de nostre procureur, en la chambre desdictes monoyes.

Et le jugement qui en sera faict, sera de tel effect, comme s'il avoit esté donné avecques lesdicts Maistre, Garde[61] & aultres officiers de la monoye, de laquelle le jugement des boettes sera faict.

X ET Defendons tresexpressement aux gens de nos courts de Parlemens & des Comptes de nos pays de Languedoc, Provence, Bretaigne, Daulphine,

---

60 Var. R et F : qu'il leur sera mandé.

61 Var. R et F : lesdits Maistres, gardes.

Bourgoigne, Savoye & Piedmont, & Generaulx subsidiaires desdicts pays, & a tous aultres juges de ne entreprendre aulcune jurisdiction & cognoissance des boettes desdictes monoyes, ne sur les Maistres & officiers dicelles, en ce qui concerne le faict desdicts monoyes.

Et aussi deffendons a noz amez & feaulz les maistres des Requestes ordinaires de nostre hostel & gardes de noz seaulx, de ne expedier aulcunes lettres de relief d'appel des appellations[62] qui seront interjectees des commis & deputez desdicts Generaulx des monoyes, si ce n'est par devant lesdicts Generaulx des monoyes en leur chambre & auditoire a Paris.

Et ausdictes courts de ne prendre aulcune jurisdiction ou cognoissance desdictes appellations, ains les renvoyer par devant lesdicts Generaulx de nos monoyes a Paris, suivant l'ordonnance faicte sur le faict desdictes monoyes, le dixneufiesme jour de Mars, mil cinq cens quarante[63].

Et de ne empescher que lesdicts maistres & officiers desdictes monoyes soient tirez en la chambre desdictes monoyes a Paris. Et sans ce que lesdicts commis & deputez desdicts Generaulx ou leurs huissiers[64] ou sergens executeurs de leurs mandemens & commissions, soient tenus de demander aulcunes lettres de visa placet, ne[65] pareatis[66]. Non obstans quelconques privileges & libertez pretendus par lesdicts pays, gens de

---

62 *appellations* : appels. Il est fait défense aux maîtres ordinaires de l'Hôtel du Roi de considérer comme recevables les appels interjetés contre les décisions des commis et députés des généraux des monnaies, sauf à porter l'appel devant la Chambre des monnaies elle-même.

63 Ordonnances de Blois du 19 mars 1540 (a. s.). Voir Rebuffi, *op. cit.*, p. 428-440 (*Ordonnances du Roy François sur le faict des monnoyes, estat & reigle des officiers d'icelles*).

64 Var. F : les huissiers.

65 *ne* : ni.

66 *pareatis* : litt. « que vous obéissiez ». Ragueau en donne la définition suivante : « PAREATIS. *Placet*, *visa*, congé, permission ou annexe, que les huissiers, sergens ou autres commissaires sont tenus de demander aux juges des lieux avant qu'executer les Arrests, sentences, jugemens ou commissions » (*Indice des droicts Royaux et Seigneuriaux, des plus notables dictions, termes et phrases de l'Estat, et de la Justice, & practique de France : recueilli des Loix, Coustumes, Ordonances, Arests, Annales, & Histoires du Roiaume de France & d'ailleurs*, Paris, Nicolas Chesneau, 1583, p. 238). La définition de Furetière est plus large : « s. m. Terme Latin usité en Chancelerie & en Pratique. Un *pareatis* est une lettre de Chancelerie qui s'obtient pour faire executer un contract, ou un jugement hors du ressort de la Justice où il a été rendu. Le *pareatis* du grand sceau est executoire par toute la France. Il faut donner une requeste au Juge des lieux pour avoir une ordonnance de *pareatis*, ou une permission de faire executer dans son ressort une sentence donnée par un autre Juge. Les Edits & declarations portent une clause dans leur commission, qui donne pouvoir de les mettre par tout à execution sans demander *placet*, *visa*, ni *pareatis* ».

parlemens, des Comptes & Generaulx subsidiaires & lettres qu'ilz pourroient avoir obtenues au contraire tant de nous, que de nos predecesseurs.

Ausquelles de nostre certaine science, pleine puissance & auctorité royale avons derogé & derogeons par ces presentes, & a la derogatoire de la derogatoire.

XI ET POUR oster toute occasion descharcete de loy & foiblage[67] de poids es monoyes qui se forgeront d'ores en avant a nos coing & armes, voulons & ordonnons, que au lieu de ce que lesdicts Tailleurs, Essayeurs, Gardes, & Contregardes ont cy devant accoustumé d'estre payez de leurs gaiges par les mains des Maistres desdictes monoyes, des deniers procedans desdictes escharcetez & foiblaiges, ilz soient d'ores en avant payez par les Receveurs ordinaires des lieux ou sont establies lesdictes monoyes[68], en raportant certification desdicts Generaulx de nos monoyes, qu'il ny aura eu chomage en chascune desdictes monoyes, excedant le temps de trois mois. Pour lequel temps ne voulons & n'entendons[69] suivant les anciennes ordonnances, que lesdicts Gardes, Tailleurs, Essayeurs & Contregardes soient payez de leursdicts gaiges.

XII SUIVANT les anciennes ordonnances, nous avons statué & ordonné que les Affineurs & departeurs d'or & d'argent, ne fondront & n'affineront aulcune matiere d'argent au dessoubs de dix deniers de loy.

Et ne pourront affiner[70] les laveures[71] des orfevres ou d'aultres sans conge & permission desdicts Generaulx de nos monoyes a Paris, quand a ceulx qui sont demourans a Paris, & ceulx des aultres villes sans permission des Gardes ou Prevostz desdictes monoyes.

XIII LES Orfevres ne achepteront, fondront, ne difformeront aulcunes especes[72] d'or ou dargent ayans cours, ou descriees[73], pour employer en leurs ouvraiges, sur peine de confiscation de corps & de biens.

---

67 1550 : foiable (corrigé d'après R et F).

68 Les receveurs ordinaires étaient chargés de l'administration des finances dans des circonscriptions correspondant en général aux baillages, prévôtés ou vicomtés.

69 1550 : n'entendous (corrigé d'après R et F).

70 Var. F : Et pourront.

71 Les lavures sont les parcelles d'or et d'argent recueillies après la lavure, opération consistant à séparer le métal précieux des cendres et scories auxquelles il est mêlé.

72 Aucune sorte de monnaie d'or ou d'argent.

73 *descriees* : voir la note sur l'article XLVII des *Ordonnances Generalles d'Amour*.

XIIII Et Seront tenus lesdicts orfevres de faire leurs ouvraiges d'or fin[74] ou d'or a vingt deux carats aux remedes contenus en l'ordonnance de lan mil cinq cens quarante trois[75].

Et seront aussi tenus douvrer dargent a unze deniers douze grains fins aux remedes de deux grains fins[76].

Et ce sur peine de confiscation des ouvraiges qui ne seront de ladicte loy, ou dedens lesdicts remedes, & d'amende arbitraire[77].

XV LESDICTS orfevres & Joyauliers seront tenus de bailler[78] bordereaulx escripts & signez de leurs mains a ceulx qui achepteront aulcunes chaisnes, vaisselles, tasses & aultres ouvraiges dor ou dargent contenants les poids & loy de ce qu'ilz vendront, & les prix tant de la matiere que de la facon.

Et vendront l'or & l'argent a part, & les facons a part, afin que si ceulx qui auront achepte d'eulx vouloient revendre lesdictes ouvraiges, ilz soient tenus de les faire bons de la loy, pour laquelle ilz auront faict la vente.

XVI ET pour eviter[79] au nombre excessif des Maistres dudict mestier d'orfaverie[80], & aux faultes malversations & abus qui se y commettent chascun jour, defendons tresexpressement ausdicts Generaulx des monoyes de ne recevoir aulcun apprentif au serment de maistre orfevre, qu'il n'ait esté prealablement par eulx examiné sur la bonté[81] & empirence[82] tant d'or que d'argent, sur les alleages[83] diceulx, & aultres choses contenues es ordonnances dudict mestier.

Et que iceulx apprentifz aient esté par eulx trouvez suffisans & capables, & des qualitez requises par lesdictes ordonnances.

---

74 *fin* : pur.

75 Édit de Sainte-Ménehould, du 20 septembre 1543, enregistré au Parlement de Paris le 23 octobre 1543 (Isambert, *Recueil général des anciennes lois françaises*, t. XII, p. 828-834).

76 1550 : douze grains fin aux remedes de deux grains fin (corrigé d'après R et F).

77 *amende arbitraire* : dont le montant est laissé à l'appréciation de l'instance qui l'ordonne.

78 Var F : seront tenus bailler.

79 Var. R et F : obvier.

80 *orfaverie* : orfèvrerie. Var. R et F : orfevrerie.

81 Bonté (d'une chose) : excellente qualité.

82 Var. F : emperience. L'*empirence* est l'altération d'une monnaie.

83 *alleages* : alliages. 1550 : arreraiges (corrigé d'après R et F).

XVII LES Maistres jurez & gardes du mestier de l'orfaverie[84] de ladicte ville de Paris, feront leurs visitations en la maniere accoustumee, & dicelles feront leurs rapports par devant lesdicts Generaulx de nos monoyes a Paris, sur ce quilz auront trouve tant contre les orfevres Joyauliers, Merciers, Lapidaires, que aultres, pour en estre faict jugement & y estre pourveu par lesdicts Generaulx comme de raison.

Et quant a ceulx des aultres villes, feront leurs rapports pardevant les juges ordinaires en la presence des Gardes des monoyes des lieux ou il y a monoyes.

XVIII ET Faisons expresses inhibitions & defenses aux Maistres des monoyes Changeurs, Orfevres, Joyauliers, Affineurs, Departeurs & Batteurs dor & dargent de ne achepter ou vendre les Marcs d'or & d'argent a plus hault prix qu'il est cy dessus contenu, qui est de huict vingts douze livres tournois, marc d'or fin.

Quinze livres tournois marc d'argent de haulte loy,

Et quatorze livres cinq solds marc d'argent en billon,

Sur peine de confiscation de l'or & argent qui aura esté vendu, & de cent livres Parisis d'amende pour la premiere fois.

Et pour la deuxiesme de semblable confiscation & amende, & en oultre de bannissement perpetuel de nos Royaulme pays, terres & seigneuries.

XIX ET SUR mesmes peines & de punition corporele[85] enjoignons ausdicts Maistres des monoyes, Changeurs, Orfevres, Joyauliers, Affineurs, Departeurs & Batteurs d'or & d'argent de tenir bon entier & loyal registre. Auquel ilz escriront de leurs mains toutes les matieres d'or & d'argent qu'ilz achepteront & vendront, contenant les poids, loy, & les noms de ceulx de qui ilz auront achepte, & ausquelz ilz livreront & vendront ledict or & argent, soit en œuvre masse[86] ou aultrement.

Ensemble les prix[87] qu'ilz auront acheptě & vendu leurdict or & argent pour icelluy presenter[88] quand il sera ordonné.

84 Var. R et F : orfevrerie.

85 Var. R et F : mesmes peines & punition corporelle.

86 *masse* : lingot (par opposition au métal précieux travaillé : l'*œuvre*).

87 Var. R : Et semblablement les prix ; F : Et semblablement le prix.

88 1550 : representer (corrigé d'après R et F).

XX ET Oultre suivant l'Indult[89] de nostre sainct pere, & ordonnances de nos predecesseurs, par lesquelles si aulcuns de nos officiers sont trouvez delinquens en leurs offices, ilz doibvent estre privez de leurs clericatures, declarons par ces presentes, que non seulement lesdicts Maistres, Gardes, Tailleurs, Essayeurs & contregardes de nos monoyes, mais aussi les Prevosts, ouvriers & monoyers dicelles, Changeurs, Orfevres, Affineurs & Departeurs, qui ont serment a nous.

Ensemble tous faulx monoyeurs roigneurs & billoneurs[90], ou leurs receleurs ne seront receuz en cas de delict commis au faict de nosdictes monoyes, a alleguer ne eulx ayder d'aulcunes lettres de clericature[91].

Et declarons en oultre, que ceulx qui seront trouvez saisis de roigneures ou billon procedant des roigneures de monoye, & attaincts et convaincus d'avoir achepté roigneures de monoyes, ou scientement avoir participé avec les roigneurs, faulx monoyeurs, et achepté d'eulx scientement de la monoye faulse ou billon procedent des roigneures de Monoye, soient punis de semblable & mesme punition que les faulx monoyeurs, sans y faire aulcune difference[92].

XXI ET Pource que lon ne peult descouvrir & adverer les falsifications, adulterations, roigneures, & aultres malversations qui se commettent au faict desdictes monoyes, sinon avecques grandes difficultez. Et encore icelles cogneues est mal aise de scavoir dont elles vienent, ceulx qui en sont participans & responsables, voulons statuons & ordonnons suivant ladicte ordonnance du dixneufiesme jour de Mars, mil cinq cens quarante[93], Qu'aux jugemens des proces concernans les faultes malversations & abus commis au faict desdictes monoyes qui sont ou seront cy apres devoluts en nostre court de parlement a Paris par appel desdicts Generaulx des monoyes, Prevost de Paris, Baillis, Seneschaulx & aultres

---

89 *Indult* : « Privilège accordé par le Pape à une personne ou à une communauté de personnes, et dérogeant à la règle générale » (*TLF*).

90 Billonneur : qui altère la monnaie en trichant sur son titre.

91 Le recueil de Rebuffi précise en marge dans une note (reprise par Fontanon) : « Auparavant ceste ordonnance privilege de clericature ne se perdoit pour crime de fausse monnoye : car encores que ledit crime soit privilegié, si est-ce que les clercs accusez dudit crime estoyent renvoyez par devant le juge d'eglise, retenu le jugement du privilege, comme fut dit par arrest de Paris, le 6 juillet 1437 ».

92 Considéré comme un crime de lèse-majesté, le faux-monnayage était puni d'une peine très sévère pouvant aller jusqu'à l'ébouillantage.

93 Ordonnances de Blois du 19 mars 1540 (a. s.).

juges, dont les appellations ressortissent en ladicte court soit appellé, intervienne[94] & assiste le president des Generaulx desdictes monoyes, ou en son absence deux deputez desdicts Generaulx, sans diminution du nombre des Presidens & Conseillers, auquel on a accoustumé juger[95] par arrest.

En enjoignant par ces presentes a nostre dicte court, de ainsi en user d'ores en avant, sans y faire faulte.

XXII SEMBLABLEMENT Pource que lesdicts Maistres & officiers desdictes monoyes Changeurs, Orfevres, Affineurs, Departeurs, Roigneurs, faulx monoyeurs, & aultres delinquens au faict desdictes monoyes pour eviter correction & punition desdicts crimes & malefices, interjectent[96] plusieurs appellations desdicts Generaulx comme de Juges incompetens. Et pour obtenir leurs reliefz d'appel, taisent lesdicts Maistres, officiers, Changeurs, Orfevres, Affineurs & Departeurs, leurs qualitez. Et lesdicts Roigneurs, faulx monoyeurs, & aultres ne donnent a entendre qu'il est question des faultes & malversations par eulx commises au faict de nosdictes monoyes.

Et soubs ceste couleur different lesdicts Generaulx passer oultre a la capture des persones, & perfection des proces des delinquens.

A cause de quoy par le moyen dudict appel lequel souvent prend long traict[97], & n'est incontinent decidé[98], la preuve desdictes faultes & malversations se deperit[99], tant par les subornations, que par la mort des tesmoings qui intervient, en attendant la decision dudict appel comme de juges incompetens. Statuons & ordonnons pour le bien de justice, & a fin que lesdictes faultes ne demeurent impunies, que lesdicts Generaulx passeront oultre a la perfection des proces[100] d'iceulx Maistres & Officiers desdictes monoyes, Changeurs, Orfevres, Affineurs, Departeurs, Roigneurs, Faulx monoyeurs, & aultres qui auront delinqué[101]

---

94 1550 : intervenu (corrigé d'après R et F).

95 Var. R et F : ont accoustumé juger.

96 1550 : interjectees (corrigé d'après R et F).

97 Prendre long trait : traîner en longueur.

98 *decidé* : tranché.

99 *se deperit* : disparaît.

100 « Poursuivront les procès jusqu'à leur achèvement » (sans tenir compte des appels interjetés, motivés par une contestation de la compétence des juges).

101 Délinquer : commettre un délit.

au faict desdictes monoyes, dont la cognoiscance leur appartient, tant privativement, que par prevention[102].

Et ce non obstant ledict appel comme de juges incompetens, comme estant notoirement frivol[103], & aultres appellations quelconques, & sans prejudice dicelles, & pour lesquelles ne voulons & entendons estre par eulx differé de proceder a la perfection desdicts proces.

En defendant a nos amez & féaulx Conseilliers[104] les Maistres des requestes de nostre hostel[105], de ne expedier aulcun relief des appellations qui seront interjectees desdicts Generaulx comme de Juges incompetens, sans avoir sceu & entendu desdicts Generauls les causes pour lesquelles ilz auront decerné les prinses de corps, adjournemens personelz, & a trois briefz jours contre ceulx qui pourchasseront lesdicts reliefz d'appel comme de juges incompetens, a fin de scavoir & entendre si la cognoiscance en appartient audicts Generaulx, pour apres denyer ou expedier lesdicts reliefz d'appel, selon l'exigence de la matiere.

SI DONNONS en mandement par ces presentes a nos amez & feaulx les gens de nosdictes courts[106] de Parlemens, gens de nos Comptes[107], Thesauriers de France, & de nostre Espargne, Generaulx de noz monoyes, Prevost de Paris, Baillis, Seneschaulx, & aultres nos justiciers & officiers, & a chascun d'eulx si comme a luy appartiendra, que ceste presente ordonnance facent lire publier & enregistrer, entretienent gardent & observent, facent entretenir, garder & observer selon sa forme & teneur.

Non obstans oppositions ou appellations[108] tant de nos Procureurs scindics des pays[109], que aultres privileges & libertez par nous & nos

102 Les Généraux des monnaies sont habilités à connaître des affaires relatives aux monnaies soit parce qu'elles sont directement de leur ressort (« *privativement* ») soit parce qu'ils en auront dessaisi une juridiction subalterne (« *par prevention* »).

103 Un appel est dit « frivole » quand il n'est pas recevable, n'étant fondé sur aucun argument véritable.

104 1550 : En defendant par nous a nos amez & féaulx Conseillers (corrigé d'après R et F).

105 Les maîtres des requêtes de l'Hôtel du roi, en plus de leur rôle essentiel dans l'administration du royaume (à la Grande Chancellerie et au Grand Conseil), avaient des attributions judiciaires, notamment en matière d'offices, de falsifications de sceaux et de récusations de juges.

106 Tout ce qui suit « de nosdictes courts », jusqu'à « Donné à Fontainebleau », est omis dans R et F (et remplacé par « &c. »).

107 Les gens du roi, tant dans les parlements qu'à la Chambre des comptes, sont le procureur général et les avocats généraux.

108 *non obstans oppositions ou appellations* : « sans qu'y puissent faire obstacle les oppositions ou appellations ».

109 Les syndics ou procureurs syndics étaient les représentants des communautés rurales, notamment dans la conduite des procès.

predecesseurs donnez ausdicts pays, courts de Parlement, chambres des Comptes, & aultres.

Ausquelz de nostre certaine science pleine puisance & auctorite royale, nous pour le bien de justice & utilité universele de nos royaulme pays, seigneuries & subjects avons derogé & derogeons par ces presentes, & a la derogatoire de la derogatoire.

ET POURCE que de ces presentes lon pourra avoir affaire en plusieurs lieux nous voulons que au duplicata & vidimus[110] dicelles faict soubs seel royal, foy soit adjoustee comme au present original. Auquel en tesmoing de ce nous avons faict mettre nostre seel.

Donné a Fontainebleau le quatorziesme jour de Janvier, lan de grace mil cinq cens quarante neuf, et de nostre regne le troisiesme.

Ainsi signé sur le reply, Par le ROY en son conseil. Auquel monsieur le Duc Daubmale[111], le Sire de Montmorency Conestable[112], vous messire Francois Olivier Chancellier[113], les Sires de Sedan[114], & de Sainct André[115], chevaliers de lordre[116], mareschaulx de France, levesque de Soissons[117], Maistre Jehan de la chesnaye general des finances[118], & aultres estoient[119].

Du Thier[120].

---

110 Un *vidimus* est une copie d'un acte officiel authentifiée par une autorité constituée, qui certifiait « l'avoir vue ».

111 François de Guise, duc d'Aumale (1519-1563).

112 Anne de Montmorency (1493-1567), connétable de France à partir de 1538.

113 François Olivier (1487-1560), chancelier de France de 1545 à 1560. Disgracié par Henri II en 1551, il garda néanmoins le titre de chancelier. François II lui rendit les sceaux en 1559.

114 Robert IV de La Marck (1512-1556), prince de Sedan, fait maréchal de France par Henri II en 1547.

115 Jacques d'Albon de Saint-André (vers 1505-1562), qui, en 1547, fut appelé au Conseil et fut fait maréchal de France et chevalier de l'ordre de Saint-Michel.

116 1550 : chevaliers le lordre.

117 Mathieu de Longuejoue (vers 1485-1557), évêque de Soisson de 1534 à 1557. Il fut chargé de la garde des sceaux en 1538 et en 1544.

118 Les généraux des finances étaient chargés de l'administration des finances extraordinaires du royaume, c'est-à-dire des revenus provenant de la collecte des impôts. À partir du règne de Charles VII, chacun des quatre généraux était responsable des finances pour une généralité. Jean de La Chesnaye était le général des finances pour la généralité d'Outre-Seine-et Yonne.

119 Cette phrase, mentionnant les membres du Conseil présents le jour où la décision a été prise, ne figure pas dans R et F. Il était d'usage de porter les noms des conseillers du roi sur le repli de l'acte. Grands seigneurs du royaume, dignitaires ecclésiastiques, chancelier, experts (ici le général des finances) sont ainsi associés à la décision royale.

120 Jean du Thier était l'un des quatre « secrétaires des commendements et des finances » créés par Henri II. Par lettres patentes d'avril 1547, celui-ci désigna en effet comme « ses

Lecta publicata & registrata audito procuratore generali Regis hoc requirente, sub modificationibus tamen & limitationibus in registro super hoc facto contentis, & absque praejudicio oppositionis Magistrorum juratorum aurifabrorum hujus urbis Parisiensis. Actum Parisiis in Parlamento, tertia decima die Februarii, Anno domini millesimo quingentesimo quadragesimo nono[121].

Sic signatum,

Du Tillet[122].

DECLARATIONS & modifications lesquelles la court a ordonné estre mises sur les lettres patentes decernees par le Roy le quatorziesme jour de Janvier dernier passé[123].

ET PREMIEREMENT.

Quant au dixiesme article desdictes lettres, portant inhibitions & defenses aux courts de Parlement de ne cognoistre des appellations qui seront interjectees des commis & deputez par les Generaulx des monoyes, & aux Maistres des Requestes de ne bailler reliefz desdictes appellations que pardevant eulx, sera ledict article modifié, pourveu que ce ne soit es cas desquelz par les ordonnances & edicts il est permis aux accusez de venir directement omisso medio[124] es courts de Parlement.

---

conseillers et secrétaires » Bochetel, De L'Aubespine, Clausse et Du Thier, pour qu'ils « ayent la charge des expéditions en ses affaires d'Estat » (R. Doucet, *Les Institutions de la France au XVIe siècle*, Paris, Picard, 1948, t. I, p. 160).

121 « Lue, publiée et enregistrée, le procureur général du Roi, qui a été entendu, le requérant, avec cependant les modifications et restrictions contenues dans le registre fait à ce sujet, et sans préjudice de l'opposition des maîtres orfèvres jurés de cette ville de Paris. Fait à Paris, au Parlement, le treizième jour de février, l'an du seigneur mille cinq cent quarante-neuf ».

122 Jean du Tillet a été greffier du parlement de Paris de 1521 à sa mort (en 1570). Il fut aussi l'auteur d'études sur le droit et l'histoire (*Recueil des Roys de France, leurs couronne et maison, Ensemble, le rengs des grands de France*, Paris, Jacques du Puys, 1580).

123 Var. R et F : Declarations & modifications de la cour sur l'ordonnance precedente du quatorziesme de janvier. 1549.

124 *omisso medio* : sans intermédiaire. Se dit d'un appel qui va directement à un parlement, sans passer par des juridictions intermédiaires.

ET QUANT a l'article vingt uniesme[125] par lequel est ordonné que les faulx monoyeurs Roigneurs, Billoneurs, & aultres persones denommez audict article non estans officiers, ne jouiront du privilege de clericature, sera faicte remonstrance au Roy de faire insister envers le Pape par son Ambassadeur, a fin d'obtenir indult general & declaration pareille, que celle qui est contenue audict article.

Et neantmoins la matiere mise en deliberation la grande Chambre & Tournelles assemblees[126] ou estoient les Conseilliers, Clers & lays[127], si telles persones doibvent jouir dudict privilege, a esté deliberé & conclu, que par les constitutions Ecclesiasticques & Canonicques, attendu la gravité du cas, dommaige inestimable, & insupportable des subjects du Roy, procedans desdicts crimes & delicts, les persones denommees audict article chargees desdicts crimes, seront privees du pretendu privilege de clericature, & ne seront rendus aux juges d'eglise, mais sera procedé par les juges laiz, a la punition desdicts crimes, selon l'exigence d'iceulx.

ITEM & pour le regard du vingtdeuxiesme article[128], contenant que les Presidens des monoyes & deux desdicts Generaulx en l'absence dudict President seront appellez aux jugemens des Appellations, qui seront interjectees en ladicte court des sentences desdicts Generaulx, & aultres jugemens qui seront donnez par les juges ordinaires esdicts crimes, a ladicte court ordonné, & ordonne que lesdicts President & Generaulx ne seront appellez aux jugemens desdictes[129] appellations. Mais pourra la court (ainsi que quelque fois elle a accoustumé de faire) les faire appeler pour soy informer d'eulx ainsi & quand bon luy semblera.

ET QUANT au vingt troisiesme article[130], portant defences aux Maistres des Requestes de ne bailler reliefz en cas d'appel, a ceulx qui seront appellans desdicts Generaulx comme de juges incompetens, sans premierement appeller lesdicts Generaulx des monoyes, a ladicte Court ordonné & ordonne que sans avoir regard audict article, quant a ce, que lesdicts Maistres des Requestes pourront bailler lesdicts reliefz

125 Il s'agit en réalité de l'article XX.

126 La Grande Chambre était le cœur du Parlement, la Tournelle la chambre spécialement chargée des affaires criminelles.

127 Les conseillers au Parlement étaient, dans une proportion à peu près similaire, les uns clercs, les autres laïques.

128 En réalité, le XXIe article.

129 1550 : desdicts (corrigé d'après R et F).

130 En réalité, le XXIIe article.

sans appeller lesdicts Generaulx ainsi qu'ilz ont accoustumé de faire es aultres matieres.

Faict en Parlement[131], le treziesme jour de Febvrier, Lan mil cinq cens quarante neuf.

Signé Du Tillet.

131 Var. R et F : Faict en la cour de Parlement.

BIBLIOGRAPHIE

DICTIONNAIRES

BIDLER, Rose M., *Dictionnaire érotique : ancien français, moyen français, Renaissance*, Montréal, CERES, 2002.

COTGRAVE, Randle, *A dictionarie of the French and English tongues*, Londres, Adam Islip, 1611.

Dictionnaire du Moyen Français, 1330-1500 (*DMF*), sous la direction de Robert Martin, version 2010, ATILF-CNRS & Université de Lorraine, Site internet : http://www.atilf.fr/dmf.

DI STEFANO, Giuseppe, *Dictionnaire des locutions en Moyen français*, Montréal, CERES, 1991.

DU CANGE, Charles, *Glossarium mediae et infimae latinitatis*, Graz, Academische Druck-u. Verlagsanstalt, 1954, 5 vol.

ESTIENNE, Robert, *Dictionaire Francoislatin, autrement dict Les mots Francois, avec les manieres duser diceulx, tournez en Latin*, Paris, Robert Estienne, 1549.

FURETIÈRE, Antoine, *Dictionaire universel*, La Haye-Rotterdam, Arnout et Reinier Leers, 1690.

GODEFROY, Frédéric, *Dictionnaire de l'ancienne langue française et de tous ses dialectes du IXe au XVe siècle*, Vaduz, Scientific Periodicals Establishment ; New York, Kraus Reprint Corporation, 1961, 10 vol.

GUIRAUD, Pierre, *Dictionnaire érotique*, Paris, Payot, 1978.

HUGUET, Edmond, *Dictionnaire de la langue française du seizième siècle*, Paris, Librairie ancienne Édouard Champion [puis Didier], 1925-1967, 7 vol.

LA CURNE DE SAINTE-PALAYE, Jean-Baptiste de, *Dictionnaire historique de l'ancien langage françois ou Glossaire de la langue françoise depuis son origine jusqu'au siècle de Louis XIV*, Niort-Paris, L. Favre, H. Champion, 1875-1882, 10 vol.

LAROUSSE, Pierre, *Grand Dictionnaire universel du XIXe siècle*, Paris, Administration du Grand Dictionnaire universel, 1866-1877, 17 vol.

LE VER, Firmin, *Firmini Verris Dictionarius*, éd. par Brian Merrilees et William Edwards, Turnhout, Brepols, 1994.

LITTRÉ, Émile, *Dictionnaire de la langue française*, Paris, Hachette, 1863-1877 (éd. consultée : Paris, Gallimard-Hachette, 1970, 7 vol.).

NICOT, *Thrésor de la langue françoyse, tant ancienne que moderne*, Paris, David Douceur, 1606.

OUDIN, Antoine, *Curiositez françoises, pour supplement aux Dictionnaires. Ou Recueil de plusieurs belles proprietez, avec une infinité de Proverbes & Quolibets, pour l'explication de toutes sortes de Livres*, Paris, Antoine de Sommaville, 1640.

RAGUEAU, François, *Indice des droicts Royaux et Seigneuriaux, des plus notables dictions, termes et phrases de l'Estat, et de la Justice, & practique de France : recueilli des Loix, Coustumes, Ordonances, Arests, Annales, & Histoires du Roiaume de France & d'ailleurs*, Paris, Nicolas Chesneau, 1583.

Trésor de la langue française (*TLF*), sous la direction de Paul Imbs, puis de Bernard Quemada, Paris, Éditions du C.N.R.S.-Gallimard, 1971-1994, 16 vol.

VIOLLET-LE-DUC, Eugène, *Dictionnaire raisonné de l'architecture française du XI*[e] *au XVI*[e] *siècle*, Paris, Bance et Morel, 1854-1868.

WARTBURG, Walther von, *Französisches Etymologisches Wörterbuch* (*FEW*), Leipzig/Bonn/Bâle, Schroeder/Klopp/Teubner/Helbing & Lichtenhahn/Zbinden, 1922-2002, 25 vol.

SOURCES BIBLIOGRAPHIQUES

BARBIER, Antoine-Alexandre, *Dictionnaire des Ouvrages anonymes et pseudonymes composés, traduits ou publiés en français et en latin, avec les noms des auteurs, traducteurs et éditeurs*, Paris, Barrois l'aîné, 1823.

BRUNET, J.-Ch., *Manuel du libraire et de l'amateur de livres*, Bruxelles, Société belge de librairie, 1838 (4e édition).

Dictionnaire bibliographique, historique et critique des livres rares, précieux, singuliers, curieux, estimés et recherchés, Paris, Cailleau et fils, 1790.

Dictionnaire des imprimeurs, libraires et éditeurs des XVe *et XVI*[e] *siècles dans les limites géographiques de la Belgique actuelle.* Par Anne Rouzet, Nieuwkoop, B. de Graaf, 1975.

LA CROIX DU MAINE, *Premier volume de la Bibliotheque du Sieur de La Croix du Maine. Qui est un catalogue general de toutes sortes d'Autheurs, qui ont escrit en François depuis cinq cents ans et plus, jusques à ce jourd'huy*, Paris, Abel L'Angelier, 1584.

LA CROIX DU MAINE, DU VERDIER, *Les Bibliothèques françoises de La Croix du Maine et de Du Verdier, Nouvelle édition… augmentée d'un Discours sur le progrès des lettres en France, et des remarques historiques, critiques et littéraires de M. de La Monnoye et de M. le président Bouhier,... de M. Falconet,... par M. Rigoley de Juvigny*, Paris, Saillant et Nyon, Michel Lambert, 1772-1773, 6 vol.

RENOUARD, Philippe, *Répertoire des imprimeurs parisiens, libraires et fondeurs de caractères en exercice à Paris au XVIIe siècle*, Nogent-le-Roi, Jacques Laget, Librairie des Arts et Métiers-Éditions, 1995.

Répertoire bibliographique des livres imprimés en France au seizième siècle, 28e livraison, par Jean-Marie Arnoult, René Badogos et Louis Torchet, Baden-Baden, Éditions Valentin Koerner, 1978.

THICKETT, Dorothy, *Bibliographie des œuvres d'Estienne Pasquier*, Genève, Droz, 1956.

ŒUVRES D'ÉTIENNE PASQUIER UTILISÉES POUR CETTE ÉDITION

Lorsque les œuvres de Pasquier ont fait l'objet d'éditions critiques, ce sont ces éditions que nous mentionnons. Dans le cas contraire, nous donnons les références des éditions originales.

Exhortation aux princes et seigneurs du conseil privé du Roy, pour obvier aux seditions qui occultement semblent nous menacer pour le faict de la Religion, s. l., 1561.

La Puce de Madame Des-Roches, Paris, Abel L'Angelier, 1582.

Les Lettres d'Estienne Pasquier, Paris, Abel L'Angelier, 1586.

Les Lettres d'Estienne Pasquier, Paris, Laurent Sonnius, 1619, 2 vol.

Le Catéchisme des Jésuites ou examen de leur doctrine, éd. Claude Sutto, Sherbrook, les Éditions de l'Université de Sherbrook, 1982.

La Jeunesse d'Estienne Pasquier et sa suite, Paris, Jean Petit-Pas, 1610.

Œuvres d'Estienne Pasquier, Amsterdam, Aux depens de la Compagnie des Libraires Associez, 1723, 2 vol.

L'Interprétation des Institutes de Justinien, éd. Ch. Giraud, Paris, Videcoq et Durand, 1847.

Le Monophile, éd. E. Balmas, Milano-Varese, Istituto Editoriale Cisalpino, 1957.

Pourparlers, éd. Béatrice Sayhi-Périgot, Paris, Honoré Champion, 1995.

Recherches de la France, édition critique établie sous la direction de Marie-Madeleine Fragonard et François Roudaut, Paris, Honoré Champion, 1996, 3 vol.

Les Jeus Poetiques, éd. Jean-Pierre Dupouy, Paris, Honoré Champion, 2001, p. 325.

ŒUVRES DE L'ANTIQUITÉ, DU MOYEN ÂGE, DE LA RENAISSANCE ET DU XVIIe SIÈCLE

ANDRÉ LE CHAPELAIN, *Traité de l'amour courtois*, éd. Claude Buridant, Paris, Klincksieck, 2002.

ARBEAU, Thoinot, *Orchésographie et traicté en forme de dialogue, par lequel toutes personnes peuvent facilement apprendre & practiquer l'honneste exercice des dances*, Langres, Jehan des Preyz, 1589.

AULU-GELLE, *Nuits attiques*, éd. René Marache, Paris, Les Belles Lettres, 1989.

BELLEAU, Rémy, *Les Amours et nouveaux eschanges des Pierres précieuses*, Paris, Mamert Patisson, 1576.

BÉROALDE DE VERVILLE, *Le Moyen de parvenir*, éd Michel Renaud, Paris, Gallimard, « Folio classique », 2006.

BOUCHET, Guillaume, *Troisiesme livre des Serées*, Rouen, Robert Valentin, 1615.

BRANTÔME, *Recueil des Dames*, éd. Étienne Vacheret, Paris, Gallimard, « Bibliothèque de la Pléiade », 1991.

Les Caquets de l'accouchée, nouvelle édition revue sur les pièces originales et annotée par M. Édouard Fournier avec une introduction par M. Le Roux de Lincy, Paris, P. Jannet, 1855.

Les Cent Nouvelles Nouvelles, éd. Franklin P. Sweetser, Textes Littéraires Français, Genève-Paris, Droz-Minard, 1966.

CHARTIER, Alain, BAUDET HERENC, ACHILLE CAULIER, *Le Cycle de* La Belle Dame sans Mercy, éd. David F. Hult et Joan E. McRay, Paris, Honoré Champion, 2003.

CICÉRON, *De inventione*, éd. G. Achard, Paris, Les Belles Lettres, 1994.

CICÉRON, *Discours*, t. VII, éd. André Boulanger, Paris, Les Belles Lettres, 1961.

Conteurs français du XVIe siècle, éd. Pierre Jourda, Paris, Gallimard, « Bibliothèque de la Pléiade », 1965.

COQUILLART, Guillaume, *Œuvres*, éd. M.-J. Freeman, Paris-Genève, Droz, 1975.

DANEAU, Lambert, *Brieve Remonstrance sur les jeux de sort, ou de hazard. Et principalement de Dez & de Cartes. En laquelle le premier inventeur desdits jeux, & maux infinis qui en adviennent, sont declarez. Contre la dissolution de ce temps.* s. l., Jacques Bourgeois, 1574.

DANEAU, Lambert, le *Traité des danses, auquel est amplement resolue la question, asavoir s'il est permis aux Chrestiens de danser*, s. l., 1579.

DES PÉRIERS, Bonaventure, *Nouvelles Récréations et Joyeux Devis*, éd. K. Kasprzyk, Paris, Société des Textes Français Modernes, 1997.

DIOGÈNE LAËRCE, *Vies et doctrines des philosophes illustres*, traduction française sous la direction de Marie-Odile Goulet-Cazé, Paris, Librairie Générale Française, 1999.

DU FAIL, Noël, *Les contes et discours d'Eutrapel, par le feu Seigneur de la Herissaye, gentilhomme breton*, A Rennes, pour Noël Glamet de Quinpercorentin, 1585.

DU FAIL, Noël, *Les Baliverneries d'Eutrapel*, éd. Gaël Milin, Paris, Klincksieck, 1969.

ÉRASME DE ROTTERDAM, *Les Adages*, sous la direction de Jean-Christophe Saladin, Paris, Les Belles Lettres, 2011, 5 vol.

ESTIENNE, Henri, *De la Precellence du langage françois*, Paris, Mamert Patisson, 1579.

FORCADEL, Étienne, *Cupido jurisperitus*, Lyon, Jean de Tournes, 1553.

FORCADEL, Étienne, *Œuvres poétiques. Opuscules, chants divers, encomies et élégies*, éd. Françoise Joukovsky, Genève, Droz, 1977.

GUILLAUME DE LORRIS, JEAN DE MEUN, *Le Roman de la Rose*, éd. Armand Strubel, Paris, Librairie Générale Française, 1992.

JOUBERT, Laurent, *Traité du ris, contenant son essance, ses causes, et mervelheus effais, curieusement recherchés, raisonnés & observés*, Paris, Nicolas Chesneau, 1579.

HOTMAN, Antoine, *Traicté de la dissolution du Mariage par l'impuissance & froideur de l'Homme, ou de la Femme*, Paris, Mamert Patisson, 1581.

LA ROCHE-FLAVIN, Bernard de, *Treze livres des parlemens de France*, Bordeaux, S. Millanges, 1617.

LE CARON, Louis, *Dialogues*, éd. Joan A. Buhlmann et Donald Gilman, Genève, Droz, 1986.

LE COURT, Benoît, *Aresta Amorum. Cum erudita Benedicti Curtii Symphoriani explanatione.* Lyon, Sébastien Gryphe, 1533.

Le jardin de plaisance et fleur de Rethoricque, Paris, Antoine Vérard, s.d. [1501]. *Fac-similé* (t. I), *Introduction et notes* (t. II) par E. Droz et A. Piaget, Paris, Firmin-Didot, 1910 et 1925.

LEMAIRE DE BELGES, Jean, *La Concorde des deux Langages*, éd. Jean Frappier, Textes Littéraires Français, Paris, Droz, 1947.

L'ESTOILE, Pierre de, *Journal pour le règne de Henri IV*, t. I (1589-1600), éd. Louis-Raymond Lefèvre, Paris, Gallimard, 1948.

L'HOSPITAL, Michel de, *Discours pour la majorité de Charles IX et trois autres discours*, présentation de Robert Descimon, Paris, Imprimerie nationale Éditions, 1993.

MACROBE, *Les Saturnales*, éd. Charles Guittard, Paris, Les Belles Lettres, 1997.

MAHIEU LE POIRIER, *« Le Court d'Amours » de Mahieu le Poirier et la suite anonyme de la « Court d'Amours »*, éd. T. Scully, Waterloo (Ontario), Wilfrid Laurier University Press, 1976.

MAROT, Clément, *Œuvres poétiques*, éd. Gérard Defaux, Paris, Bordas, « Classiques Garnier », 1990-1993, 2 vol.

MARTIAL D'AUVERGNE, *Les Arrêts d'Amour*, éd. Jean Rychner, Paris, Picard, 1951.

MARTIAL D'AUVERGNE *Les Matines de la Vierge*, éd. Yves Le Hir, Genève-Paris, Droz-Minard, 1970.

MAYNARD, François, *Les Œuvres de Maynard*, Paris, Augustin Courbé, 1646.

MOLINET, Jean, *Les Faictz et dictz*, éd. Noël Dupire, Paris, Société des Anciens Textes Français, 1936-1939, 3 vol.

MONLUC, Blaise de, *Commentaires*, éd. Paul Courteault, Paris, Gallimard, « Bibliothèque de la Pléiade », 1964.

MONTAIGNE, Michel de, *Essais*, éd. Villey-Saulnier, Paris, P.U.F., 1992, 3 vol.

Le Parnasse satyrique du quinzième siècle, publié par Marcel Schwob, Paris, H. Welter, 1905.

PLATON, *La République*, livres I-III, éd. Émile Chambry, Paris, Les Belles Lettres, 1932 ; livres IV-VII, éd. Émile Chambry, Paris, Les Belles Lettres, 1933.

QUINTILIEN, *Institution oratoire*, livres VI et VII, tome IV, éd. Jean Cousin, Paris, Les Belles Lettres, 1977.

RABELAIS, François, *Pantagruel*, éd. Gérard Defaux, Paris, Librairie Générale Française, « Le Livre de poche », 1994.

RABELAIS, François, *Gargantua*, éd. Gérard Defaux, Paris, Librairie Générale Française, « Le Livre de poche », 1994.

RABELAIS, François, *Le Tiers Livre*, éd. Jean Céard, Paris, Librairie Générale Française, « Le Livre de poche », 1995.

RABELAIS, François, *Le Quart Livre*, éd. Gérard Defaux, Paris, Librairie Générale Française, « Le Livre de poche », 1994.

RABELAIS, François, *Les Cinq livres*, [réunit] *Gargantua*, *Pantagruel*, *Le Tiers Livre*, *Le Quart Livre*, *Le Cinquième livre*, éd. critique de Jean Céard, Gérard Defaux et Michel Simonin, préface de Michel Simonin, Paris, Librairie Générale Française, 1994.

Recueil de poésies françoises des XVe *et* XVIe *siècles, morales, facétieuses, historiques*, publié par Anatole de Montaiglon, Paris, P. Jannet (puis P. Daffis), 1855-1878, 13 vol.

RICHEOME, Louis, *La Chasse du renard Pasquin, descouvert et pris en sa tannière du libelle diffamatoire faux-marqué le Cathechisme des Jesuites, par le Sieur Foelix de La Grace, gentil-homme François*, Villefranche, Le Pelletier, 1603.

SAINT-AMANT, *Les Œuvres* (1629), éd. Jacques Bailbé, Paris, Société des Textes Français Modernes, Librairie Marcel Didier, 1971.

SUÉTONE, *Vie des douze Césars*, éd. Henri Ailloud, Paris, Les Belles Lettres, 1964.

TABARIN, *Inventaire universel des œuvres de Tabarin, contenant ses fantaisies, dialogues, paradoxes, gaillardises, rencontres, farces et conceptions*, Paris, P. Rocollet et A. Estoc, 1622.

TABOUROT, Étienne, *Les Bigarrures du Seigneur des Accords* (Premier livre), éd. Francis Goyet (fac-similé de l'édition de 1588), Genève, Droz, 1986, 2 vol.

TAHUREAU, Jacques, *Les Dialogues*, éd. Max Gauna, Paris-Genève, Droz, 1981.

TRONCY, Benoît du, *Formulaire fort recreatif de tous Contractz, Donations, Testamens, codicilles et autres actes qui sont faicts et passez par devant Notaires et tesmoings Faict par Bredin Le Cocu, Notaire Rural et Contrerolleur des Basses-marches au Royaume d'Utopie*, éd. Gabriel-André Pérouse, Michèle Clément, Marthe Paquant et André Tournon, Paris, Éditions classiques Garnier, 2009.

VIGNEULLES, Philippe de, *Les Cent Nouvelles Nouvelles*, éd. Charles H. Livingstone, Genève, Droz, 1972.

VILLON, François, *Œuvres*, éd. Louis Thuasne, Paris, Picard, 1923 ; Genève, Slatkine Reprints, 1967.

VIRGILE, *Les Géorgiques*, éd. E. de Saint Denis, Paris, *Les Belles Lettres*, 1956.

ÉTUDES D'HISTOIRE ET DE DROIT

BART, Jean, *Histoire du droit privé de la chute de l'Empire romain au XIXe siècle*, Paris, Montchrestien, 1998.

BASTIEN, Pascal, « *Aux tresors dissipez l'on cognoist le malfaict* : Hiérarchie sociale et transgression des ordonnances somptuaires en France, 1549-1606 », *Renaissance et Réforme*, XXIII, 4, Toronto, 1999, p. 23-43.

BASDEVANT-GAUDEMET, Brigitte, GAUDEMET, Jean, *Introduction historique au droit. XIIIe-XXe siècles*, 2e édition, Paris, L.G.D.J., 2003.

COATIVY, Yves, *Monnaies de Bretagne*, Skol Vreizh n° 25, oct. 1992.

DAUBRESSE, Sylvie, *Le Parlement de Paris ou la voix de la raison (1559-1589)*, Genève, Droz, 2005.

DION, Roger, *Histoire de la vigne et du vin en France des origines au XIXe siècle*, Paris, Flammarion, 1977.

DOUCET, Roger, *Les Institutions de la France au XVIe siècle*, Paris, Picard, 1948, 2 vol.

Les Eaux et Forêts du 12e au 20e siècle, Éditions du Centre National de la Recherche Scientifique, Paris, 1987.

FONTANON, Antoine, *Les Edicts et Ordonnances des Roys de France depuis S. Loys jusques a present : avec les verifications, modifications, et declarations sur icelles : Divisees en quatre Tomes* [...]. A Paris, chez Jacques du Puys, à la Samaritaine. M.D.LXXX.

FOURNIER, Édouard, *Histoire du Pont-Neuf*, Paris, E. Dentu, 1862.

GIRY, Arthur, *Manuel de diplomatique*, Paris, Hachette, 1894.

GRIERSON, Philip, *Les monnaies*, Turnhout, Brepols, 1977.

HOULLEMARE, Marie, « Un avocat parisien entre art oratoire et promotion de soi (fin XVIe siècle) », *Revue historique*, 2004/2, n° 630, p. 283-302.

HOULLEMARE, Marie, *Politiques de la parole. Le Parlement de Paris au XVIe siècle*, Genève, Droz, 2011.

ISAMBERT, François-André, *et al.*, *Recueil général des anciennes lois françaises, depuis l'an 420 jusqu'à la Révolution de 1789*, Paris, Belin-Leprieur, 1822-1833, 29 vol.

LOUISON-LASSABLIÈRE, Marie-Joëlle, *Études sur la danse. De la Renaissance au siècle des Lumières*, Paris, L'Harmattan, 2003.

MEHL, Jean-Michel, *Les jeux au royaume de France du XIIIe siècle au début du XVIe siècle*, Paris, Fayard, 1990.

MICHAUD, Hélène, *La Grande Chancellerie et les écritures royales au XVIe siècle*, Paris, P.U.F., 1967.

OLIVIER-MARTIN, François, *Histoire du droit français des origines à la Révolution*, Paris, CNRS éditions, 1995 [1re édition : Paris, Domat Montchrestien, 1948].

Ordonnances des Rois de France. Règne de François Ier, Académie des Sciences Morales et Politiques, Paris, Imprimerie nationale, 1902-1940, 6 vol.

PICHOT-BRAVARD, Philippe, *Conserver l'ordre constitutionnel (XVIe-XIXe siècle). Les discours, les organes et les procédés juridiques*, Bibliothèque d'histoire du droit et du droit romain, tome 24, Paris, L.G.D.J., 2011.

REBUFFI, Pierre, *Les Edicts et Ordonnances des Roys de France : Depuis l'An 1226. jusques à present : ensemble les Arrestz des Cours Souveraines sur la verification, declaration & modification d'icelles : Divisees en cinq livres* [...]. A Lyon, à la Salemendre en rue Merciere, M.D.LXXI.

SPOONER, Frank C., *L'Économie Mondiale et les Frappes Monétaires en France. 1493-1680*, Paris, Armand Colin, 1956.

TESSIER, Georges, *Diplomatique royale française*, Paris, Éditions A. et J. Picard et Cie, 1962.

THIREAU, Jean-Louis, « Cicéron et le droit naturel au XVIe siècle », *Revue d'histoire des facultés de droit et de la science juridique*, Paris, 1987, n° 4, p. 55-85.

VAN GENNEP, Arnold, *Manuel de folklore français contemporain*, Paris, A. et J. Picard, 1937-1958, 3 tomes en 9 vol. [rééd. *Le Folklore français*, Paris, Robert Laffont, 1999, 4 vol.].

WÉRY, Anne, *La Danse écartelée, de la fin du Moyen Âge à l'Âge classique. Mœurs, esthétiques et croyances en Europe romane*, Paris, Honoré Champion, 1992.

ZELLER Gaston, *Les Institutions de la France au XVIe siècle*, Paris, P.U.F., 1948, 2e édition, 1987.

ÉTUDES LITTÉRAIRES

BAKHTINE, Mikhaïl, *L'œuvre de François Rabelais et la culture populaire au Moyen Âge et sous la Renaissance*, Paris, Gallimard, 1970.

BECKER, Karin, « La mentalité juridique dans la littérature française (XIIIe-XVe siècles) », *Le Moyen Âge*, t. CIII, 1997, p. 309-327.

BIET, Christian, *Droit et littérature sous l'Ancien Régime : le jeu de la valeur et de la loi*, Paris, Honoré Champion, 2002.

BJAÏ, Denis, « Une *requeste* de d'Aubigné aux Grands Jours de Poitiers (1579) : discours juridique et expression amoureuse à l'automne de la Renaissance », *Discours juridique et amours littéraires*, sous la direction de Jean-Pierre Dupouy et Gabriele Vickermann-Ribémont, Paris, Klincksieck, 2013, p. 149-164.

BJAÏ, Denis, « La bibliothèque d'Étienne Pasquier au miroir de sa correspondance », *Les labyrinthes de l'esprit. Collections et bibliothèques à la Renaissance*, sous la direction de R. Gorris-Camos et d'A. Vanautgaerden, Genève, Droz, 2015, p. 403-419.

BOUHAÏK-GIRONÈS, Marie, *Les clercs de la Basoche et le théâtre comique (Paris, 1420-1550)*, Paris, Honoré Champion, 2007.

CATACH, Nina, *L'Orthographe française à l'époque de la Renaissance (Auteurs – Imprimeurs – Ateliers d'imprimerie)*, Genève, Droz, 1968.

CLÉMENT, Michèle, *Le Cynisme à la Renaissance*, Genève, Droz, 2005.

Discours juridique et amours littéraires, sous la direction de Jean-Pierre Dupouy et Gabriele Vickermann-Ribémont, Paris, Klincksieck, 2013.

DUFOURNET, Jean, *Nouvelles recherches sur Villon*, Paris, Honoré Champion, 1980.

DUPIRE, Noël, *Étude critique des manuscrits et éditions des poésies de Jean Molinet*, Paris, Droz, 1932.

DUPOUY, Jean-Pierre, « *Le heurt du caillou avec l'acier* ou les effets du dialogue selon Étienne Pasquier », *Les États du dialogue à l'âge de l'humanisme*, sous la direction d'E. Buron, P. Guérin et C. Lesage, Presses universitaires François-Rabelais de Tours, Presses universitaires de Rennes, 2015, p. 145-153.

Écrivains juristes et juristes écrivains du Moyen Âge au siècle des Lumières, sous la direction de Bruno Méniel, Paris, Classiques Garnier, 2015.

FEUGÈRE, Léon, *Essai sur la vie et les ouvrages d'Étienne Pasquier*, Paris, Firmin Didot, 1848.

GOODRICH, Peter, *The Laws of Love. A brief Historical and Practical Manual*, Basingstoke (Hampshire)-New York, Palgrave Macmillan, 2006.

HAYAERT, Valérie, « *Serio ludere* et humanisme juridique : les gloses de Benoît Le Court aux *Arrêts d'Amour* de Martial d'Auvergne », *Des « arrests parlans ».*

Les arrêts notables à la Renaissance entre droit et littérature, études réunies et publiées par Géraldine Cazals et Stéphan Geonget, Genève, Droz, 2014, p. 103-126.

LACORE-MARTIN, Emmanuelle, « Portraits d'Alexandre : des anecdotes exemplaires de Rabelais à leur écho dans le *Pourparler d'Alexandre* d'Étienne Pasquier », *Figures d'Alexandre à la Renaissance*, éd. Corinne Jouanno, Turnhout, Brepols (« *Alexander redivivus* » 2), 2012, p. 133-151.

LANGER, Ullrich, « Jean Molinet : allégorie et textualité », *Bulletin de l'Association d'étude sur l'Humanisme, la Réforme et la Renaissance*, 1979, vol. 9, p. 37-46.

LAUVERGNAT-GAGNIÈRE, Christiane, « Le faict des masques », *Bibliothèque d'Humanisme et Renaissance*, 30, 1968 (3), p. 471-482.

Les mondes théâtraux autour de Guillaume Coquillart (XVe siècle), études réunies par Jean-Frédéric Chevalier, Langres, Dominique Guéniot, 2005.

MAGNIEN-SIMONIN, Catherine, « Réflexions sur l'anonymat au XVIe siècle : l'exemple d'Estienne Pasquier (1529-1615) », *Écriture, Identité, Anonymat, de la Renaissance aux Lumières*, études réunies par Nicole Jacques-Lefèvre et Marie Leca-Tsiomis, *Littérales* n° 39, 2007, p. 9-28.

Philippe Desportes (1546-1606). Un poète presque parfait entre Renaissance et Classicisme, études réunies et publiées par Jean Balsamo, Paris, Klincksieck, 2000.

PSICHARI, Michel, « Les jeux de Gargantua », *Revue des études rabelaisiennes*, t. VI, Paris, Honoré Champion, 1908.

RAYNAUD DE LAGE, Guy, « *Natura* et *Genius* chez Jean de Meung et chez Jean Lemaire de Belges », *Les premiers romans français et autres études littéraires et linguistiques*, p. 15-28, Genève, Droz, 1976.

ROBERTS, Hugh, « L'euphémisme comique et les limites de l'obscénité au début du XVIIe siècle », dans *Obscénités renaissantes*, sous la direction de Hugh Roberts, Guillaume Peureux et Lise Wajeman, Genève, Droz, 2011, p. 247-261.

ROY, Bruno, *Une culture de l'équivoque*, Paris, Champion-Slatkine, Montréal, Presses de l'Université de Montréal, 1992.

SAINÉAN, Lazare, *L'influence et la réputation de Rabelais*, Paris, libr. J. Gombert, 1930.

SAINÉAN, Lazare, *La langue de Rabelais*, Paris, De Boccard, 1923.

SINGER Julie, « La nomenclature de la justice dans la querelle de *La Belle Dame sans Mercy* », *Discours juridique et amours littéraires*, sous la direction de Jean-Pierre Dupouy et Gabriele Vickermann-Ribémont, Paris, Klincksieck, 2013, p. 89-103.

THICKETT, Dorothy, *Estienne Pasquier (1529-1615). The versatile barrister of 16th century France*, Londres, Regency Press, 1979.

ZUMTHOR, Paul, *Le masque et la lumière. La poétique des grands rhétoriqueurs*, Paris, Éditions du Seuil, 1978.

INDEX DES MOTS ET EXPRESSIONS EXPLIQUÉS

Cet index rassemble les mots et expressions expliqués en notes de bas de page.

INDEX NOMINUM

TABLE DES MATIÈRES

ORDONNANCES GENERALLES D'AMOUR

Achevé d'imprimer par Corlet Numérique,
à Condé-sur-Noireau (Calvados). N° d'impression : 147062
Imprimé en France